秦濤 著

三國之英雄亂世

從黃巾起義到三足鼎立

《實用歷史叢書》出版緣起

王榮文

歷史就是大個案

《實用歷史叢書》的基本概念，就是想把人類歷史當做一個（或無數個）大個案來看待。本來，「個案研究方法」的精神，正是因為相信「智慧不可歸納條陳」，所以要學習者親自接近事實，自行尋找「經驗的教訓」。

經驗到底是教訓還是限制？歷史究竟是啟蒙還是成見？——或者說，歷史經驗有什麼用？可不可用？——一直也就是聚訟紛紜的大疑問，但在我們的「個案」概念下，叢書名稱中的「歷史」，與蘭克（Ranke）名言「歷史學家除了描寫事實『一如其發生之情況』外，再無其他目標」中所指的史學研究活動，大抵是不相涉的。在這裡，我們更接近於把歷史當做人間社會情境體悟的材料，或者說，我們把歷史（或某一組歷史陳述）當做「媒介」。

從過去了解現在

為什麼要這樣做？因為我們對一切歷史情境（milieu）感到好奇，我們想浸淫在某個時代的思考環境來體會另一個人的限制與突破，因而對現時世界有一種新的想像。

通過了解歷史人物的處境與方案，我們找到了另一種智力上的樂趣，也許化做通俗的例子我們可以問：「如果拿破崙擔任遠東百貨公司總經理，他會怎麼做？」或「如果諸葛亮主持自由時報，他會和兩大報紙持哪一種和與戰的關係？」

從過去了解現在，我們並不真正尋找「重複的歷史」，我們也不尋找絕對的或相對的情境近似性。「歷史個案」的概念，比較接近情境的演練，因為一個成熟的思考者預先暴露在眾多的「經驗」裡，自行發展出一組對應的策略，因而就有了「教育」的功能。

從現在了解過去

就像費夫爾（L. Febvre）說的，歷史其實是根據活人的需要向死人索求答案，在歷史理解中，現在與過去一向是糾纏不清的。

在這一個圍城之日，史家陳寅恪在倉皇逃死之際，取一巾箱坊本《建炎以來繫年要錄》，抱持誦讀，讀到汴京圍困屈降諸卷，淪城之日，謠言與烽火同時流竄；陳氏取當日身歷目睹之事與史實印證，不覺汗流浹背，覺得生平讀史從無如此親切有味之快感。

觀察並分析我們「現在的景觀」，正是提供我們一種了解過去的視野。歷史做為一種智性活動，也在這裡得到新的可能和活力。

如果我們在新的現時經驗中，取得新的了解過去的基礎，像一位作家寫《商用廿五史》，用企業組織的經驗，重新理解每一個朝代「經營組織」（即朝廷）的任務、使命、環境與對策，竟然就呈現一個新的景觀，證明這條路另有強大的生命力。

我們刻意選擇了《實用歷史叢書》的路，正是因為我們感覺到它的潛力。我們知道，標新並不見得有力量，然而立異卻不見得沒收穫；刻意塑造一個「求異」之路，就是想移動認知的軸心，給我們自己一些異端的空間，因而使歷史閱讀活動增添了親切的、活潑的、趣味的、致用的「新歷史之旅」。

你是一個歷史的嗜讀者或思索者嗎？你是一位專業的或業餘的歷史家嗎？你願意給自己一個偏離正軌的樂趣嗎？請走入這個叢書開放的大門。

目錄

導言　三國前夕的時間與空間

我們愛讀三國。但嚴格說起來，我們喜愛的三國故事和三國人物，大多在三國之前。三國的第一個王朝曹魏，始於西元二二〇年曹丕稱帝。這一年，黃巾起義、官渡之戰、三顧茅廬、火燒赤壁、大意失荊州等等精彩回目，都已經結束；董卓、呂布、袁紹、曹操、郭嘉、荀彧、關羽、張飛、龐統、周瑜、魯肅、呂蒙這些亂世英雄，也已經死去。在亂世的殘酷競爭中存活下來的三大帝國，像三位絕頂高手，謹慎地互相試探，在對手犯下致命錯誤之前，誰也不敢輕易出手。這樣的故事，陰柔有餘，陽剛不足。老年人愛看，少年人卻不耐煩。

我少年時代讀《三國演義》和《三國志》，讀到關羽死後，就興味索然。現在可能是「未老已沾秋氣味」的緣故，更喜歡三國成立後的隱忍與圖謀，先後寫了《權謀至尊司馬懿》、《道濟天下諸葛亮》，描述後三國的陰陽兩面。而您現在手上這冊《三國之英雄亂世》，則是償少年心結的作品。具體的寫作情形，可以參考後記，此處談談三國之前的時間與空間。

三國之前是東漢。東漢是中國史上最缺乏存在感的王朝之一，小說、影視、遊戲都懶於眷顧。實際上，在「漢」的統一名號之下，洛陽時代的東漢，相較長安時代的西漢，已經發生了潛移默運的變化。

歷史上但凡做到最高統治者，沒有不想把全部權柄牢握在自己手中的，只在能不能耳。漢高祖一生都在對外作戰，建國之後，削平了幾個地方諸侯王就死了，沒有工夫建立集權的體制。他把政府託付給自己最信任的相國蕭何。後來，文景無為、蕭規曹隨，這個局面延續到漢武帝時代。此時，經歷漢初半個多世紀的積累，府庫充盈；同樣經歷漢初半個多世紀的消耗，元老功臣死亡殆盡。漢武帝時機成熟，便設法集中權柄。

集權不是一句空頭口號，而是一門技術活兒。這裡面涉及到君國意識形態的重構，由「君主無為」的黃老道家，轉為「三綱五常」的儒家學說；涉及到選拔人才制度的轉變，由有利於貴族子弟的「門蔭」（看出身）和「貲選」（拚財力），轉為有利於平民子弟的「孝廉」（看品德）和「茂才」（拚學問）；涉及到官僚制度的消長，由宰相獨斷的丞相制，轉為君主決策、宰相執行的內外朝制。

漢武帝在位半個世紀，幾乎完成了這一轉變。獨裁者最大的問題，多半是繼承人問題，漢武帝亦複如此。到他晚年，能立為繼承人的，只有一位八歲的弱子劉弗陵。主少國疑，只好委任外戚霍光輔政。所以，漢武帝費盡心力集中到內朝的權柄，一下子便交到外戚霍光的手裡去了。西漢後半期，偶爾也有幾位能幹的君主，試圖奪回權柄。但大多時候，只能由外戚領袖以大司馬大將軍的身份執掌內朝，惡性發展成王莽篡位的結局。

東漢開國君主，是光武帝劉秀。開國君主，往往是建國戰爭的軍事領袖，乾綱獨斷。對於開國君主而言，權力集中並不難，難的是如何將這權柄由子孫世世代代寶有，而不至於太阿倒持、授人以柄。

劉秀想到的主意，是在官制上動腦筋。他把西漢獨任的丞相制，一分為三，變成太尉、司徒、司空的三公制。他又把皇帝的私人祕書——尚書，擴建為中樞機構尚書台，並以擬定政策的權力歸之。他以為這樣一來，政權可以穩固。遺憾的是，劉秀的做法並沒有獨出心裁的地方，而不過是重拾漢武帝的故智。所以，權柄越集中越容易被竊，這是武帝的覆轍，光武帝也只能重蹈。東漢的皇帝，最大的特點是壽命短。一個皇帝短壽，下一個皇帝只能以幼年即位。稚子無從執掌朝政，只能寄權於最親近的人。

與皇帝最親近的人，無非兩種：一是血緣最親近的內親外戚，二是距離最親近的宦官。父系的內親，是皇位的潛在繼承人，歷朝歷代無不在嚴防死守之列，故只剩下母系的外戚和宦官。東漢的皇權，便長久在外戚、宦官這兩種皇權的寄生物之間來回倒手。

漢武帝集中權柄的另兩項措施——獨尊儒術、選舉孝廉茂才，經過百年的發酵，到此時產生了一個意想不到的效果。儒術經學可以獲取官位，經學世家可以累代顯宦。所以東漢形成了門閥士族，以學術為中心，進以俯拾金紫、位至公卿，退則耕田置產、世居豪右。

東漢內朝長期把控於外戚、宦官之手，政治壞爛不可收。外朝士大夫與外戚、宦官暗通款曲者，被斥為「濁流」；堅持走正常選舉途徑，與外戚、宦官抗爭者，被譽為「清流」。漢末，宦官勢力獨大，外戚被迫與士族的清流聯手，試圖發動武裝政變，結果功敗垂成，釀成慘烈的「黨錮之禍」，這在《權謀至尊司馬懿》和《黑白曹操》中有詳細的描寫，此處不贅。

黨錮之禍以後，清流士大夫只好流往地方避禍，借助豪族的力量，主宰州郡，形成了巨大的離心力。漢代的選舉，本就以郡為單位向上推舉，郡守往往是被舉薦者的恩公。如今中央一團漆黑，不值得效忠，被薦者更是視郡守為主公，只知有州郡，不知有國家。加上黃巾之亂，州郡各自招兵買馬，形成了割據的事實，這就開啟了群雄割據之局面，三國的序幕就此拉開了。

再說說三國之前的空間。

漢末有十三州，一百多個郡，一千多個縣，大小軍閥難以計數。但是，真正具有全國性影響力的大軍閥，大致以山川的自然阻斷為依託、以國家的政區切割為疆界，形成了十三個軍事單元。

最具核心競爭力的，是關中、中原、河北。

關中以長安為中心，是西漢核心統治區，雖然此時已經殘破，但瘦死的駱駝比馬大。漢末，長期屬於董卓系涼州軍閥的勢力範圍。

中原以洛陽為中心，是東漢核心統治區。曹操在洛陽附近的許都，挾天子以令諸侯，經過長期浴血奮戰，立定腳跟、開啟霸業。

河北以鄴城為中心，漢末最大的軍閥袁紹在此盤踞，曹操建立的魏國，後來就在此地。河北的東北方是幽州，袁紹最大的勁敵公孫瓚割據於此。幽州臨近匈奴、烏桓，既有邊患，又是精銳騎兵的產地。

稍旁邊一些的，是徐州。徐州物阜民豐，臨近中原。即便不參與逐鹿，亦可以對中原政權造成巨大的壓迫感。但徐州幾乎無險可守，漢末幾經易手。陶謙、呂布、劉備都曾在此稱霸，最後名歸曹魏，實則處於臧霸的控制之下。

漢代，南方得到開發。沿長江流域，一字排開益州、荊州、揚州三個大的單元。上游益州先屬劉焉、劉璋父子，後來成為蜀漢立國的根基。下游揚州早期群雄割據，後來成為孫策、孫權的囊中之物。中游荊州先屬劉表，後成為三方的角力場。魏、蜀、吳三國，大體就是北方

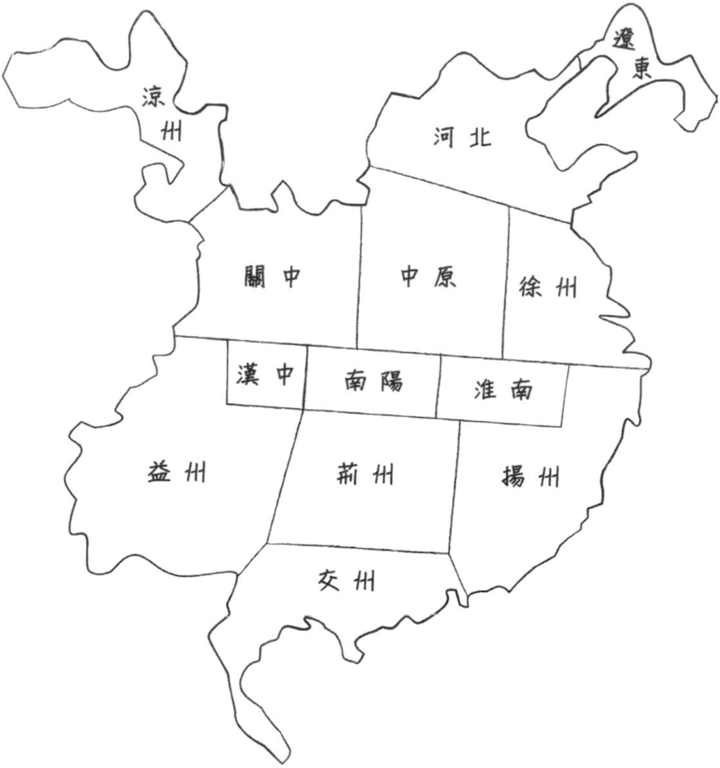

圖 1　漢末政區地理

一個強勢政權和南方兩個弱勢政權的鼎峙。

南北之間，有三個緩衝區域，分別是從屬益州的漢中、從屬荊州的南陽、從屬揚州的淮南。這三塊地方，面積不大，但地處要衝，若屬北，是防禦南方的據點；若屬南，則是進取北方的橋頭堡。漢中在漢末由張魯的五斗米道控制二十多年。南陽先後由張繡、劉備割據，是劉表北防的門戶。淮南是袁術稱帝的大本營。

更旁邊的，還有三塊區域，分別是西北的涼州、東北的遼東、嶺南的交州。這三塊地方，秦漢時代才納入中國控制，但直到漢末，仍常被視為塞外邊徼。進取不足，但保守有餘，在漢末成為二三等軍閥的巢穴，也是中原士人避亂的安樂窩。涼州由韓遂、馬騰割據三十年之久，交州由士燮一族盤踞近四十年，遼東則由公孫氏祖孫三代占有近五十年。[1]

行文至此，三國的空間舞台已經搭建完畢，三國的時間序幕亦已徐徐開啟。三國的亂世風雲，從下一頁開始。

1 本書圖片均起示意之用，不反映各政區的準確地理位置，本書出現的具體地名及位置，參考譚其驤主編《中國歷史地圖集》秦漢、魏晉卷（中國地圖出版社，一九八二年），關於三國地理對政局的影響，參考趙春陽《英雄的棋局》（台海出版社，二〇一七年）。

第1章

張角：吹響亂世的號角

我們先來看一組統計數據。

東漢最後一次人口統計，是在桓帝永壽三年（西元一五七年），全國在籍人口為五六四八萬[2]。

三國歸晉的咸寧六年（西元二八〇年），在籍人口是七八〇萬[3]。

而且，黃巾起義開始（西元一八四年）之前，人口沒有明顯的減少；赤壁之戰（西元二〇八年）以後，人口有所回升。

現在我們可以得出結論了：從西元一八四年到二〇八年，短短二十年間，中國人口銳減了85%以上！

當然，我們不得不排除大量不在編籍的「黑戶口」：在山澤林藪之間到處流竄的流民，以及豪強私屬的奴婢部曲。[5]但這個結論也是相當驚人的，由於戰爭而死這麼多人，顯然沒有道理。即使是中國古代史上戰爭規模最大的戰國、戰爭最殘酷的五胡十六國和五代十國，也未見人口減少五千萬之巨。

顯然戰爭不是全部原因。翻開史書，字裡行間的零星記載帶給我們的是撲鼻而來的怪疫腐臭：瘟疫橫行。

這場瘟疫從靈帝在位時期就開始蠢蠢欲動，最終的暴發是在建安時代。曹操文采最好的兒子曹植有一段描寫：「家家有僵屍之痛，室室有號泣之哀，或闔門而殪，或覆族而喪。」每戶人家都有死去已久的屍體，每戶人家都在號啕痛哭。有人全家死了，有人全族死了。這個描寫毫不誇張，建安時代最優秀的文學家，除了曹操父子，就是「建安七子」。建安七子中，有五個都死於這場瘟疫。養尊處優的御用文人尚且如此，平民百姓自不必說。

---

2 《晉書．地理志》：「至桓帝永壽三年，戶千六十七萬七千九百六十，口五千六百四十八萬六千八百五十六。」

3 《三國志．孫皓傳》注引《晉陽秋》記載，孫皓降晉時，吳國「男女口二百三十萬」；《續漢書．郡國志》注引皇甫謐《帝王世紀》：「（曹魏）景元四年，與蜀通計民戶九十四萬三千四百二十三，口五百三十七萬二千八百九十一人。」兩者相加，大概就是當時的在籍總人口。

4 根據最新研究估計，東漢三國間的人口谷底大致在二二二四萬到二三六一萬之間。「雖然遠遠談不上『十不存一』，但也是中國歷史上人口下降幅度最大的幾次災禍之一。」參見葛劍雄著《中國人口史》第一卷，復旦大學出版社二〇〇二年，第四四八頁。

瘟疫橫行的結果，一個便是毀滅了上千萬人的性命，另一個便是成就了兩位張姓人氏。

第一位，是與華佗齊名的「醫聖」張仲景。張仲景回憶：「我的家族，原本有二百多口人，一場瘟疫，死了三分之二。」[5]冷靜的筆調掩飾不住無能為力的沉痛。從此以後，張仲景廣搜古方，刻苦研求，從而撰定了《傷寒雜病論》這部醫學史上的曠世巨著。

第二位，就是現在要講的張角。中國人平時都是無神論者，一遇到過不去的坎，就成了雜神論者。當瘟疫開始悄無聲息地奪人性命時，我們東漢時代的老祖宗們就遇到過不去的坎了。在這樣的時候，中國人習慣於期盼救世主的出現，這位救世主並不是精通醫學並著有《傷寒雜病論》的張仲景，而是落第秀才兼「赤腳醫生」——張角。

張角，巨鹿（今河北平鄉）人。他有兩個兄弟，一個叫張梁，一個叫張寶。關於他的身世，我們今天就只知道這麼多了。他大概是個下層知識分子，並且和當時才剛開始建立的道教很有關聯。他靠一手鬼畫符的本領抬高了自己的威望，又靠自己讀過些書的腦袋看到了社會矛盾的叢生和機會的降臨。

我們不知道他具體是怎樣思考的，甚至由於史料的缺失，我們連這個人的性格都不知道，所以我一廂情願地把他想像成洪秀全式的人物。

這位東漢的洪秀全也許很早就已經開始了他的傳教生涯，他曾派了八個弟子去外省拓展業務。十幾年後，他已經發展到大半個中國，擁有幾十萬信徒，並且把組織的觸角深入到大內。當政者有所察覺的時候，他們已經是有組織有紀律有規模有理論指導的一個完整系統了，並且編撰了一句押韻而有號召力的句子來做為口號：「蒼天已死，黃天當立；歲在甲子，天下大吉。」

最高當局得知此事是在中平元年（西元一八四年）。西元一八四年正是甲子年。事件的導火線是組織內出了叛徒。張角一個傳道弟子叫做馬元義的，和布置在大內的線人來往太密切了，被另一個弟子出賣。當局把馬元義車裂在首都洛陽，同時捕殺了好幾千名張角的信徒。於是張角發動起義。

張角替自己起了個名號叫做「天公將軍」。同時又為自己的弟弟起了名號，一個叫做「地公將軍」，一個叫做「人公將軍」。從這幾個名號基本可以看出張角文化水準不高，但煽動民眾並不需要大學文憑。史書上說「旬日之內，天下回應，京師震動」（《後漢書．皇甫嵩傳》）就是例證。當政府把話說得哪個老百姓都聽不懂，而張角把話說得哪個老百姓都能聽懂的時候，大家自然就跟著能聽懂的人幹了。

---

5 〈傷寒雜病論序〉：「余宗族素多，向餘二百，建安紀年以來，猶未十稔，其死亡者，三分有二，傷寒十居其七。」

圖 2　黃巾軍的大致勢力及活動範圍

張角軍隊的服飾也很有特點，「皆著黃巾為標幟」，所以大家都管他們叫「黃巾」；又因為這樣的頭飾實在很像蛾子頭上的觸角，所以又被人叫做「蛾賊」。

當黃巾軍像鋪天蓋地的蛾子般席捲青、徐、幽、冀、荊、揚、兗、豫八州的時候，「州郡失據，長吏逃亡」，朝廷被打了個措手不及。

歷史教科書上常說黃巾起義是「第一次有組織有預謀的大規模農民起義」。但是我們可以看到這樣一點，這個起義是由小知識分子領導的，並且是以宗教的形式組織起來的。這支起義軍有兩個致命弱點：一個是戰鬥力不強，全倚仗人數上的優勢；一個是沒有傑出的領導人，沒有能打硬仗的將軍和能運籌帷幄的謀士。這支起義軍的領導層的品質，在中國歷屆大規模起義軍中，也許是最差的。

所以當東漢政府穩住陣腳，並且派出精銳的職業軍人來鎮壓的時候，張角兄弟就束手無策，黃巾軍就七零八落作飛蛾散了。這是後話。

此時的東漢政府有本事車裂馬元義，卻拿張角沒有辦法。朝廷起用了河南尹何進做大將軍，而何進做的第一件事情是加固了首都洛陽周邊的八個關口，形成了一個強有力的防禦圈，拱衛帝國的心臟。

東漢政府另一方面派出了皇甫嵩和朱儁兩位將領主動出擊。

身為外戚的何進只知道修築工事，皇甫嵩、朱儁這兩位東漢最後的名將，卻懂得把黃巾軍分割包圍，再一塊塊吃掉。

第2章

皇甫嵩、朱儁：最後的名將

如果沒有這場突如其來的大起義，已經年逾不惑的皇甫嵩，大概就只能以一個官宦子弟、地方大員的身分出現在史書裡了。

北國的早春猶是春寒料峭，北地郡的大地卻已經不復平靜。北地太守皇甫嵩接到調動進京的聖旨時，大概只是輕嘆了口氣，緊了緊皮裘。具體情狀我們已經不得而知，但可以肯定的是，他遠不如朱儁那麼興奮。

朱儁是為戰爭而生的。

在這之前，他本人已經在交州打過一次中等規模的平叛戰役，指揮七個郡的軍隊剿滅了數萬叛軍。這次，當皇甫嵩還在朝堂上建議解除黨禁、解決軍隊後勤問題的時候，他已經先一步在河南長葛和黃巾軍的將領波才打了起來，並且還打了敗仗。所以當皇甫嵩解決了政治上的問題姍姍來遲的時候，局勢已經很被動。

皇甫嵩冷靜地觀察了形勢，然後用他溫和的聲音和向來不緊不慢的語氣，分析了敵軍的弱勢和己方的機會：起義軍沒有戰鬥經驗，依草結營。

這樣情況就很明確了，火攻是最佳方案。於是火攻。

軍士的喊殺、叫囂與劈劈啪啪的燃燒聲一齊打破了夜空的寧靜，黃巾軍的覆亡就在這一夜開始了。按理說，東漢王朝這架朽爛不堪的機器，由於有了皇甫嵩和朱儁這樣優秀工人的維修，還要繼續運轉下去。當皇甫嵩和朱儁聯軍追殺黃巾殘軍的時候，命定要終止東漢運轉的巨人出現了。

「賊驚亂奔走，會帝遣騎都尉曹操將兵適至。」

這兩位名將也許現在並不認識眼前這位年輕的將官，更不會知道他日後會一手架空並覆亡現在他們所極力挽救的東漢王朝。他們只認得這位將官和他的兵丁們身穿漢軍服飾，於是達成了默契一起追殺殘軍。他們現在還是同事。

就在這樣一個並不寂靜的夜晚，我們有理由相信，這三個人現在的目標只是早日肅清黃巾軍。至於幾年後乃至幾十年後所發生的重大變故和精彩故事，是他們所意料不到的。

東漢的大反撲是迅速的。

皇甫嵩和朱儁又聯合在汝南、陳國、陽翟、西華打了四仗，都大獲全勝。至此，鬧得最凶的潁川黃巾軍主力已經遭全殲。於是兩人分道揚鑣，皇甫嵩往東郡，朱儁往南陽，去繼續展現各自的軍事才能，也繼續各自在波譎雲詭的漢末危局中表演。皇甫嵩在東郡打了一仗，消滅了七千多人，擒獲了梟首，於是轉向河北——黃巾的大本營。

負責河北戰事的是盧植。盧植是漢末一位文武全才的人物。他師承東漢大儒馬融，與鄭玄是師兄弟，他還教授了許多弟子，其中最傑出的兩位，公孫瓚和劉備——偏偏不混學術圈。

此前，盧植已經在河北打了若干次具有戰略意義的勝仗，並且把張角主力圍困在廣宗城裡。皇帝派了個小太監來傳達對三軍將士的問候，有「懂事」的人叫盧植賄賂太監，盧植不肯「懂事」。於是太監回去打小報告，結果盧植被裝進檻車押回去。接替他的，是一位叫做董卓的西北軍官。不知為什麼，職業軍人董卓的戰績卻並不如儒生出身的盧植，董卓因為無功停職反省。接替董卓的，正是從東郡風塵僕僕趕來的皇甫嵩。

盧植打的是勝仗，卻差點判了死罪；董卓不曾贏過，卻只不過停職反省。並且我們讀了董卓的傳記也可以看到，這是一個屢仆屢起的「福將」。為什麼有福，對照一下盧植相信大家就會明白。董卓的軍事才能未必高明，但政治手腕絕對是一流的。他接盧植的班，盧植差點丟了性命，他卻不過免了官職；將來他做皇甫嵩的部下，做了幾年居然爬到皇甫嵩的頭上去了。這就是東漢當時的政治。

皇甫嵩在盧植奠定的基礎上，略施小計取了廣宗。張梁的頭顱被砍下來，送到京師；張角有幸已經先一步病死，卻不幸被開棺戮屍，那顆頭顱也被砍下來，一併送到京師。

我們很容易想像這個時候黃巾軍的感受。原來「大賢良師」也會病死，也會被砍頭。打敗仗並不可怕，可怕的是支援你打仗的信仰崩潰。張寶現在就面臨這樣一個信仰崩潰的危局。

做為黃巾軍核心領導層三兄弟的僅存果實，張寶心境之淒涼，之感慨萬千，已經不是我所能形容的了。我能做到的，只是轉抄這樣一句話：「嵩復與巨鹿太守馮翊郭典攻角弟寶於下曲陽，又斬之。」[6]

幾乎同時，朱儁急擊南陽黃巾趙弘，斬之；聲東擊西消滅韓忠，取宛城；追破孫夏——以及時有效的行軍和高超的軍事藝術，廓清了在荊北一帶活動的黃巾軍，有力配合了皇甫嵩在河北戰場的作戰。

黃巾起義失敗了，但這次起義打破了東漢末年的原有格局。許多有眼光的高明人物已經開始尋找破局的機會了。閻忠顯然是其中最早的一個。

閻忠是甘肅人，是皇甫嵩的手下。現在皇甫嵩的地位就像是平定太平天國以後的曾國藩。曾的部下彭玉麟給曾寫了封信：「東南半壁無主，老師其有意乎？」這個時候，閻忠也來問皇甫嵩「其有意乎」了。

兩人之間的對話很長，但閻忠的大致意思，卻不外乎兩點，一是誘，二是嚇。閻忠認為，皇甫嵩建立的是「不賞之功」，侍奉的又是「昏主」，所以性命難保；正確的作法是領兵進京，殺死宦官和貪官汙吏，進行整頓；機會到了，就廢掉皇帝，南面稱制。皇甫嵩被嚇出了一身冷汗，當然不敢採用。閻忠想，你既然沒有膽子採用我的計策，那麼想必連保守我為你獻計這個祕密的膽子也沒有。於是出走。

這個閻忠後來被西北的叛軍劫持為首領，卻「感恚病死」。大概閻忠是想讓朝堂之上的權臣挾天子令諸侯，名正言順取得政權以成大功，卻被這夥盜匪式的人物劫為首領，於是怨恨死去。他實在不得不說是漢末一個奇人。

其實閻忠找錯了人。

皇甫嵩自小接受的是正統的儒家思想教育，忠君愛國，造反始終是他不敢邁出的一道底線。而閻忠是戰國縱橫之風的繼承者，縱橫家找儒家做搭檔取天下，真是找錯了人。

皇甫嵩是典型的士人，深深地保留了東漢士人之風。那時候的讀書人，還是文武兼修的，

---

6 《後漢書・皇甫嵩傳》。

文能治國武能安邦。史書上說皇甫嵩「少有文武志介，好詩書，習弓馬」就是明證。皇甫嵩的叔叔皇甫規曾擔任度遼將軍，東漢後期最負盛名的名將組合「涼州三明」之一，前輩軍事家；爸爸皇甫節是雁門太守。出身於這樣一個官宦世家，皇甫嵩接受的是高等教育，有著良好的修養。而朱儁則是商賈家庭的，脾氣就比較急躁而剛烈。

兩人脾氣雖然不同，但有一點是相同的。皇甫嵩的士人身分，朱儁的剛烈心氣，都決定了他們不可能看得起武人出身的董卓，也注定了他們不可能看得起以諂媚取悅人主的宦官張讓和趙忠。

第3章

張讓、趙忠：被閹割的漢王朝父母

東漢末年是中國歷史上第一個「宦官時代」。秦末固然也有趙高弄權，但趙高憑藉的乃是他個人的權術，宦官這個群體並沒有特殊的地位。做為這第一個「宦官時代」的領軍人物，張讓和趙忠既不如他們的前輩趙高般顯赫，更不及他們的後輩唐明兩朝的宦官般勢焰衝天。

張讓是河南人，趙忠是河北人，大概都是窮苦人家的小孩，所以自小就淨身入宮。他們進宮後不久，就趕上桓帝聯合五個宦官消滅了外戚梁氏集團。趙忠在這次事件中有功勞，被封了都鄉侯。

宦官真正的顯赫是在靈帝一朝。這一朝有十二個宦官界的巨頭，都是「中常侍」。而張、趙是其中的「大哥大」，因為漢靈帝說過：「張常侍是我爸爸，趙常侍是我媽媽。」漢靈帝即位時才十二歲，一個看動畫片的年紀，大概還不清楚如何扮演好多重社會的角色。對於這樣一個小朋友，只要陪他玩好就行了。陪小孩子玩耍，名士陳蕃、外戚竇武不在行，名將皇甫嵩、朱儁更不在行，張讓、趙忠卻拿手得很。

皇帝玩的遊戲自然不是幾塊錢可以辦下來的，所以他們要先籌集資金。辦法很簡單——賣官。道理也很簡單，財富是一種資源，權力也是一種資源，以資源易資源，有什麼不可以。

有了錢，就可以做遊戲了。張讓、趙忠在御花園裡造了個菜市場，讓宮女扮演小販，然後漢靈帝拿了錢進去買東西。這在現代是治療購物狂的一個好辦法，但用來教育皇上卻不見得高明。

張讓、趙忠並且和張角還有私弊。他們未必想造反，而僅僅是尋找一種精神寄託。當時有個張鈞，上書彈劾張讓，靈帝卻把這封彈劾書丟給了張讓。過了好久，張鈞看靈帝沒反應，就再上了一封彈劾書。結果是張鈞被「收掠死獄中」。

從上面幾個例子可以看出，張讓和趙忠實在不是很有文化的人物。既然沒有文化，便不見得有多大的野心——歷代的宦官裡面，趙高算是讀過書的，所以後來想篡奪帝位。並且他們也並不見得非與名士勢不兩立頑抗到底。

這裡有一個例子：張讓的老爸死了，張讓想搞風光大葬。結果當時弔唁的人雖然很多，但一個名士也沒有來，張讓十分惱火。正在尷尬的時候，名士陳寔提著禮物來了，好歹挽回了點面子。所以張讓對陳寔異常感激，在後來捕殺黨人的時候，也因這件事情而放過了不少人。

從這裡來看，張讓其實對所謂社會上流的名士所抱持的是一種親近和巴結的態度，只是這些名流並不看得起張讓。於是張讓打骨子裡生出一種自卑感，心理產生扭曲，便想把所謂的名流通通打碎在地踩在腳底。這實在不能不說是黨錮之禍的一個原因。

宦官，其實很可憐。既為家境所迫而喪失了做為男人的尊嚴，又因身分特殊而為名流所看不起。沒有權力，要受盡傾軋；有了權力，又成為萬世詬罵的對象。

宦官是制度下的犧牲品，宦官制度是讓皇帝妻妾成群、後宮龐大的產物。而皇帝之所以有如此眾多的妻妾，自然是男子本位主義在作怪。

男權至上竟然導致了這樣一部分男人被剝奪了做男人的權利，實在是絕妙的諷刺。

金庸說過，人世間最骯髒的地方是皇宮和妓院。

說多了皇宮的事情，難免有股陰腐之氣揮之不去。那就讓我們把視線轉往金戈鐵馬的戰場，轉往蒼黃寥廓的大西北——韓遂和他的夥伴們已經在那裡點燃了大規模兵變的燎原烈火。

第4章

韓遂和他的夥伴們：涼州的事情

漢靈帝中平元年（西元一八四年）是多事之秋。

黃巾軍起來了，何進做了大將軍，召集天下精銳鎮壓。號令一下，各州軍隊浩浩蕩蕩開馳入京，其中兵源最好、民風最烈的涼州自然不能例外。涼州軍的領隊正是西涼名士韓遂。

韓遂此行，不僅是送兵進京，更為何進獻計。他以為，黃巾乃纖芥之疾，宦官才是心腹之患。何進應該趁兵權在手，誅殺宦官。何進正忙著集中力量解決主要矛盾黃巾軍，於是沒有採納。韓遂是個謹慎人，見計不用，速返涼州。

韓遂馬不停蹄地剛回涼州，還沒等喘過氣來，就遇上四派不同勢力聯合造反，為首的是北宮伯玉和李文侯。這四派勢力是湟中義從胡、先零羌、隴西枹罕、河關群盜。河關在甘肅的積石山，枹罕在臨夏。枹罕的頭頭叫做宋建，後來自稱「河首平漢王」，並且居然改元置百官。

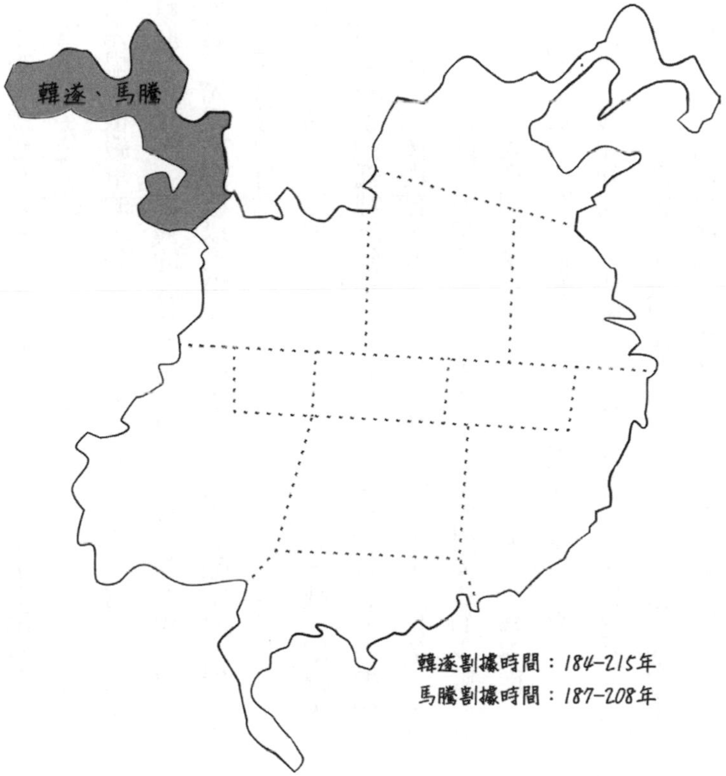
韓遂、馬騰
韓遂割據時間：184–215年
馬騰割據時間：187–208年

圖 3　涼州及涼州軍閥

過了三十年才被曹操想起來有這麼一股勢力的存在，派了夏侯淵在進攻韓遂的時候順便滅掉。

下面來說說「先零羌」和「湟中義從」。

東漢的羌禍是很嚴重的，先零羌則是羌族最強大的一支。自西元一世紀初以來，羌族就一直和東漢政府打打鬧鬧。東漢的許多名將，包括馬援、趙充國、虞詡以及「涼州三明」，無不與羌族交戰過。先零羌長期以來扮演的是遭到東漢政府強壓與殺戮的角色，此時東漢政府自顧不暇，自然就起來趁火打劫。

而湟中義從的名字則比較費解。湟中是湟水中上游流域，屬臨羌、安夷、破羌三縣，那義從呢？胡三省《資治通鑑注》解釋：「義從，自奮願從行者。」換句話說，就是志願軍。考察史書，最早大概是《後漢書．西羌傳》的說法了：「湟中月氏胡……分在湟中及令居。又數百戶在張掖，號曰義從胡。」按這說法，義從胡是對歸附漢族的少數民族的稱呼。而考其起源，是鄧禹的兒子鄧訓在義從胡中選拔出「少年勇者數百人，以為義從」。可見，義從和義從胡是兩回事。義從胡是負有作戰義務的胡人。不管義從究竟是什麼，湟中義從的戰鬥力是很強的。《後漢書》把湟中義從列為特別能戰鬥的幾大兵源之一，稱之為「天下強勇」。

天下強勇的領頭羊北宮伯玉大概感覺自己勇則勇矣，卻沒啥文化，不配做首領，於是找來文化人韓遂和邊章。韓遂和邊章「俱著名西州」卻不肯做首領，直到被北宮伯玉的駁殼槍頂著腦袋才勉強就範。

這股四大勢力組成的聯軍遇神殺神、遇佛殺佛，一路輕取金城、隴西、漢陽三郡，兵鋒直指三輔長安。其間朝廷三易刺史仍然無法挽回敗局，其時已是漢靈帝中平二年（西元一八五年），黃巾起義基本上已經撲滅。於是朝廷派出當時名震天下的皇甫嵩為主將，並且以董卓為副將來抵抗這股叛軍。

但是涼州邊人驍勇善戰，非黃巾的烏合之眾可比。所以即便皇甫嵩，也一時拿他們沒有辦法。張讓、趙忠一向與皇甫嵩有過節，好不容易逮著這個機會，趁機奏他一本，於是皇甫嵩被免職，接替他的是張溫。張溫的手下頗有幾個能打仗的人，一個是身經百戰的董卓，一個是平叛的好手孫堅。

張溫出征之前，董卓遲到。孫堅提議：把董卓殺掉。張溫嚇了一跳。孫堅列出了殺董卓的三個理由：第一，董卓對張溫無禮；第二，董卓曾說過這仗不好打，沮喪軍心；第三，遲到。也許孫堅還有第四條理由，但他放在心裡，沒說。張溫認為這三條理由還不足以殺董卓，就沒採納。

庸人是無法理解梟雄的眼光的。

皇甫嵩只能保持不敗，張溫卻有本事輸掉幾仗。剛與叛軍接觸，孫堅部就遭到了重創，死了千把人，而且根據董卓後來的回憶錄，孫堅當時也很狼狽，差點戰死。但是這個時候，天時幫了政府軍的忙。

首先，叛軍出戰的時候是夏天，穿的都是單衣；現在天冷了，他們沒帶冬衣，於是都想回家穿衣服。正好這個時候一個掃帚星拖著長長的尾巴劃過遙遠的東漢天幕，大家都覺得不吉利。董卓消息靈通得很，知道了這件事情，趁著叛軍軍心不穩，大舉進攻，取得大捷。叛軍分兩股逃跑，一股是先零羌，一股是湟中義從。

張溫覺得事不宜遲，於是也兵分兩路追擊，一路由董卓率領追殺先零羌，一路由周慎率領追殺湟中義從。孫堅跟著周慎。孫堅建議周慎斷叛軍糧道，周慎不聽。叛軍倒覺得這是個好主意，反過來斷周慎的糧道。周慎餓到沒招，只好撤退。叛軍趁機反追殺，大勝。所謂禍不單行。另一方面董卓也被斷糧，他卻略施小計全身而退。

韓遂剛開始做叛軍首領似乎是被逼的。但現在他越做越順，感覺到做首領的甜頭了，而北宮伯玉和李文侯也終於認識到做首領和有沒有文化並沒有必然連繫。於是出現矛盾。當矛盾不可調和的時候，就發生了武裝衝突。衝突的結果是：已經掌握了槍桿子的韓遂殺死了邊章、北宮伯玉和李文侯，成為叛軍中最後一個大老。

而這個時候新任涼州刺史叫耿鄙，他上任的最大成效是把隴西太守李相如逼上梁山，並且沒能阻止漢陽的黃巾首領王國與韓遂走向聯合。

在這情況下，他居然還敢組織六個郡的兵馬主動進攻韓遂，結果是被自己人殺死。

不過耿鄙統領的官兵方面，倒是有兩個人可以提一提。一個是耿鄙的軍司馬馬騰，一個是漢陽太守傅燮。

馬騰比較有名，因為他有個兒子叫馬超。馬騰，據說是東漢開國名將馬援的後裔，繼承了祖先的體格，「長八尺餘，身體洪大，面鼻雄異」。當韓遂造反的時候，官軍為了平叛，招募兵員，馬騰應徵入伍。也許徵兵的覺得長得這麼威風的人不應該做小兵，於是上來就給了他一個軍從事。後來打了幾次仗，積了點功勞，升為軍司馬。如果耿鄙不死，他也許還可以在仕途上穩穩地升上去。可惜韓遂的叛亂給了他機會又奪走了他的機會。馬騰只好帶領部眾投降了韓遂，走上了叛亂這條前途模糊的道路。

傅燮是名士，也是當時「保涼派」的代表。當韓遂造反的時候，朝廷上有些大臣認為涼州老是添亂，又是兔子不拉屎的窮地方，不如棄之不顧。這和一千七百年後阿古柏入侵新疆時的「海防派」是一個論調，而當時的李鴻章則是司徒崔烈。傅燮在朝堂之上對崔烈的論調氣不過，怒氣沖沖地吼出了一句話：「斬司徒，天下乃安！」趙忠掌權的時候，大家都說傅燮立的功多，應該封侯，趙忠也覺得很有道理，於是派自己的弟弟去放風：「只要你去我哥哥那裡請個安，封你個萬戶侯不在話下。」但傅燮是個血性漢子，不為萬戶侯折腰。後來被調去漢陽做太守，耿鄙死了以後鎮守孤城。叛軍很敬重他，派使者放話說只要肯歸降，就讓他做帶頭大哥。傅燮拔劍把使者罵了回去，並且安排完後事出城殉陣，終於用自己的生命踐行了做人的信念。中國歷史上往往有黑暗不堪的腐朽朝廷，有殺戮無數的暴虐軍閥，但正是有了傅燮這樣的好漢子，才使得即便這樣的時代也不至於過分陰鬱和醜惡。

這時候叛軍名義上的首領是前次與韓遂勝利會師的黃巾頭領王國，帶著大家包圍了要塞陳倉。而朝廷方面，則把張溫罷免了，理由是不及時發兵幫助耿鄙。然後起用了賦閒在家的皇甫嵩，和董卓一起去打西北的王國、韓遂。董卓認為兵貴神速，皇甫嵩則認為叛軍一時拿陳倉不下，我們不妨從從容容走，以逸待勞。這個時候皇甫嵩是以左將軍的身分「督」董卓，官大一級壓死人，於是就按皇甫嵩的指示，慢慢行軍。叛軍方面也奇怪，十幾萬人拿陳倉這個彈丸小城沒有辦法，打了三個月打不下來，於是撤軍。皇甫嵩休息夠了，就追擊。董卓上次跟張溫的時候追怕了，這次保持低調說窮寇莫追，皇甫嵩理都不理帶兵就追，消滅了叛軍好幾萬人。董卓覺得跟著皇甫嵩打仗比較邪門，從此以後再也不肯跟著皇甫嵩打了。

叛軍跑了一陣看皇甫嵩不追來，於是停下來搞整頓，追究起責任來，把王國免職，強把閻忠——就是前幾年勸皇甫嵩造反的那位——拉來做頭頭，閻忠怨恨而死。叛軍內部出現權力真空，開始爭奪領導權。但結果是誰也沒能吃掉誰，諸部漸漸離散。韓遂只好先待在西北養力，等候時機。

陳倉這個地方似乎很詭異，四十年後諸葛亮十萬大軍也是受挫在此城下。但現在諸葛亮還只有七歲。這次陳倉之戰是東漢中央軍最後一次出現在歷史舞台上。隨著一個月後靈帝的死去，一個轟轟烈烈的大時代就要到來了。

還是讓我們收起思緒，回到中平四年（西元一八七年）韓遂造反的第四年，也就是耿鄙死的那年。這一年朝廷的日子並不好過，先是韓遂打到長安，北京的張純、張舉又鬧兵變稱皇帝，湖南一個叫觀鵠的自稱「平天將軍」，休屠各胡人也造反湊熱鬧，甚至洛陽附近的滎陽老百姓也發動起義。

到了下一年，平叛的老手孫堅已經把觀鵠打了下去，公孫瓚也開始進攻張純張舉，但休屠各胡卻越戰越勇，而西河白波谷的黃巾軍在一位郭太的率領下死灰復燃，汝南的黃巾軍也重新活躍起來，同時益州有個叫馬相的，本來與黃巾無干，現在也趕潮流自稱黃巾軍益州分舵舵主，造反做皇帝。實在是熱鬧得很。

問題主要在四個方向：豫州的汝南，益州，幽州的漁陽，以及西北方面。這個時候，有個皇族的遠親叫劉焉，建議恢復州牧制度，也就是給地方放權讓他們放手去招兵買馬、平定叛亂。中央覺得自己只有能力對付西北一路，於是設置州牧，首批任命了三個州牧：幽州牧劉虞，豫州牧黃琬，以及這位益州牧劉焉。

第5章 西蜀王氣：益州的事情

劉焉實在堪稱漢末最大的野心家之一，而且是一個有條不紊的野心家。當東漢末年局勢還不甚明朗時，劉焉進一步把它挑明朗了：進言改刺史為州牧。

劉焉，字君郎，江夏人。他是有據可查根正苗紅的皇族後裔。他憑著自己的宗室身分，當上了中郎，又憑著自己的本事，從雒陽令到冀州刺史到南陽太守到宗正，最後爬到了太常這樣的高位。太常，是九卿之一，掌管禮儀祭祀一類事情的。劉焉幹這份工作幹得太投入了，搞得自己相當迷信。在這個官位任職，影響了劉焉的一生。

太常是高位，已經屬於東漢政府的權力核心。但同時這又實在是個清水衙門，無權無錢。劉焉目光如炬，看到了東漢政府垂垂危矣，於是開始為自己謀後路。他向朝廷上書改刺史為州牧。東漢行政單位分郡縣兩級，大概相當於今天的地級市和縣。在郡之上，又設了「州」做為監察區。刺史，是為了鞏固中央集權而派去各州搞監察的，制約並監督著各地方實力派，讓他們不要背離朝廷的路線。而州牧就不同了，是一州軍政的絕對一把手，在地方上一手遮天，想怎麼樣都成。東漢政府同意這個建議，並非病急亂投醫，實在是有點像晚清政府允許漢族地方武裝勢力壯大以鎮壓「長毛」的不得已。

不管劉焉的目的是什麼，這份上書無疑改變了東漢政府的命運，更為後來的統一造成了巨大的障礙。目前的效用，則似乎只是為許多人提供了在亂世闖蕩的資本和機會。但熱鬧是別人的，劉焉什麼也沒有。因為他最初想謀的，是交州牧的位子。

交州在今天的兩廣，以及越南部分地區。廣東，今天是中國大陸最發達的省分，在當時卻還是蠻荒之地。劉焉選這樣一個位子，純屬逃難性質。他大概是預見到即將來臨的大戰亂大災難，能逃多遠逃多遠。幸好這個時候，有個董扶來求見。

董扶在《後漢書．方術列傳》裡有傳記，說他是四川廣漢人。既然是〈方術列傳〉裡的人物，自然是有些超人手段的。他的本事是搞政治預言，《三國志》裴松之注引陳壽的另一本書《益部耆舊傳》說他「究極圖讖」。圖讖就是當時的政治預言。董扶還會望氣，說益州有天子氣。前面說了，劉焉是個很迷信的人，於是改主意了，覺得還是去益州比較有前途。董扶的預言準不準呢？準。不過這天子氣輪不到劉焉，而是輪到了劉備。正好這個時候黃巾軍益州分舵在馬相率領下造反，靈帝很生氣，後果很嚴重。這後果便是讓劉焉去益州。

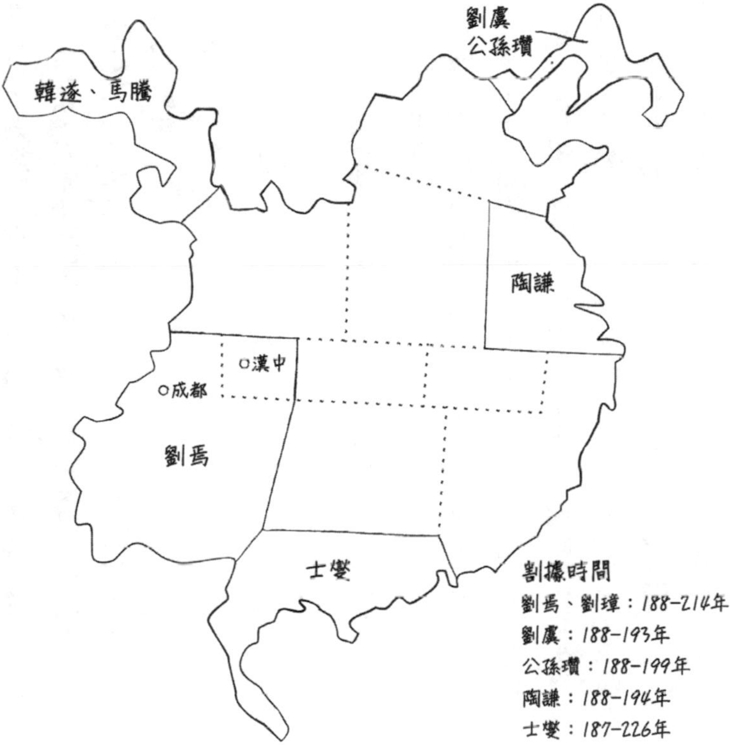
劉虞
公孫瓚
韓遂、馬騰
陶謙
○漢中
○成都
劉焉
士燮
割據時間
劉焉、劉璋：188-214年
劉虞：188-193年
公孫瓚：188-199年
陶謙：188-194年
士燮：187-226年

圖4　各地割據軍閥

靈帝特地召見了劉焉，「宣示方略，加以賞賜，敕焉為益州刺史：『前刺史劉雋、郤儉皆貪殘放濫，取受狼籍，元元無聊，呼嗟充野，焉到便收攝行法，以示萬姓，勿令漏露，使癰疽決潰，為國生梗』」[7]。這一段記載說明，靈帝很看好劉焉，同時也向劉焉攤牌：益州牧的擔子不好接，形勢很嚴峻。

於是劉焉上路。

他不像劉表一樣書生氣，單槍匹馬也敢去荊州上任。他帶了一套自己的班子，核心成員有這樣幾個：

頭一個就是預言家董扶。這傢伙在忽悠完劉焉以後，立馬向上司提交調任報告，要求擔任蜀郡西部屬國都尉，獲准。

第二個是趙韙，也是四川人，正在做京城倉庫管理員，也拋了官跟劉焉混了。

第三個是吳懿，未來蜀漢的車騎將軍。吳懿有個妹妹，有算命瞎子說她面相好，大富貴。於是劉焉把她納為兒媳婦，嫁給自己的兒子劉瑁。這個瞎子自然也沒有瞎說，後來劉瑁死了，這位吳小姐守了若干年寡，正好趕上劉備的大姨太甘夫人死了，小姨太孫夫人跑了。一個失意的男人撞見了一個守寡的女人，於是吳小姐就成蜀漢的穆皇后了。

第四個是呂常。本來是來送劉焉的，兩人感情太好捨不得分離，一送就送到了益州，又買不到回去的火車票，於是就留下來。後來他的兒子呂乂做到了蜀漢的尚書令，相當於宰相的位子。

這些都是後話，當時這些人還只知道跟著劉焉興匆匆地往益州趕，但沒想到交通太不發達，道路堵塞了。於是劉焉從湖北繞，順便觀光旅遊一下。這一繞繞了半年多，等他到益州的時候，已經有一位能幹的從事賈龍打敗了馬相，並且打開大門迎劉焉。

劉焉白撿了個餡餅，歡歡喜喜上任，這以後的事情就全是情境喜劇了：一方面封賞了立功的賈龍，任作校尉；另一方面「徙治綿竹，撫納離叛，務行寬惠」。《三國志．劉二牧傳》裡對這一段時間劉焉的作為有十六字的概括，我剛才引的是前面十二個字，省去了最後四個字：「陰圖異計」。暫時劉焉或許還沒有這個想法，也沒有時間有這個想法。

舊情才展，又被新愁分了。現在擺在劉焉面前的，至少有兩個問題：一、平衡內部派系；二、處理外部關係。

攘外必先安內。益州內部，有三派主要勢力：一個是賈龍、任岐為代表的益州土著豪強的勢力，一個是董扶、趙韙為代表的益州新興豪強的勢力，再一個是所謂「東州士」。《後漢書．

7 《三國志．劉二牧傳》注引《漢靈帝紀》。

劉焉傳》說：「初，南陽、三輔民數萬戶流入益州……焉悉收以為眾，名曰『東州兵』。」這就是東州士的由來，其實這一派並不能十分代表相關利益集團。目前這派勢力的存在，其全部意義就在於壯大劉焉的實力。至於到了劉璋時代幫著鎮壓分裂分子趙韙，那是後話。

所以問題就很清晰了：當賈龍幫和董扶幫發生矛盾，矛盾不可調和時，劉焉就必須站在其中一方。劉焉選的是董扶。理由有兩個：第一，董扶是自己一手帶來的班底；第二，董卓當時已經進京執政，而賈龍居然擅自對董卓做出了親近的表示。

劉焉搞了一次有預謀的大清洗。

他首先「託他事殺州中豪強王咸、李權等十餘人」，打草驚蛇逼賈龍做出反應。賈龍的反應是造反。劉焉準備很充分，不但嚴陣以待，而且聯合了很能打的少數民族——青羌，將賈龍殺掉。

同時，劉焉還要想辦法對付名存實亡的東漢政府。他想了個絕招，利用張魯的五斗米道。

張魯，字公祺，江蘇人，出身教主世家。他爺爺叫張陵，從江蘇跑到四川學道。畢業以後自己成立了個「天師道」，自己做教主。這個「天師道」，每個入會者都要上繳五斗米。因了這個規矩，天師道又被叫做「五斗米道」，其成員被政府叫做「米賊」，和張角的「蛾賊」相映成趣。張陵死了以後，他兒子張衡做教主；張衡死了以後，張魯就是教主了。

張魯的媽媽很會傳教，並且可能長得很有幾分成熟女人的風韻，可惜老公死得早，帶著個小愣頭青張魯，只能慨嘆晚妝知為誰紅。這個成熟女人在一個滿地黃花堆積的秋季認識了成功的男人劉焉。從此兩人便溫柔鄉醉芙蓉一帳春曉。劉焉嫌張魯礙事，就讓他做了督義司馬，與張修一齊去攻打漢中。張魯取了漢中，又把張修殺掉，於是自成一家，在此割據。同時又受了劉焉的命令，毀掉了入川的通路，把來往的使者一律殺掉，從此漢中就成了益州的北大門，張魯替劉焉看守門戶。劉焉導演完這一切，就心安理得地給董卓軍政府寫信，說益州和中央的連繫被米賊切斷了，不能再進貢了。

至此，劉焉在州裡立定了腳跟，又和政府切斷了連繫，儼然已經是一方土皇帝了。他感到得意，就造了千餘乘乘輿車具，就是皇帝御用的車子，自己偷偷過皇帝癮。這個行為很猥瑣，與他先前的雄才大略甚不相符，以至於荊州的劉表上書檢舉揭發。

劉表這個舉動也很有意思，就好像剛上大學的愣頭青上課舉手打小報告說，我同桌在抽屜裡看課外書，這個舉動搞得被檢舉的同學很尷尬，老師也很尷尬。尷尬的東漢政府派了個使者去譴責劉焉。這個使者叫劉璋，劉焉的小兒子。

劉焉來益州上任的時候，四個兒子中三個被扣押下來做人質，只剩一個長子劉瑁帶在身邊。現在政府遣還一個，劉焉自然很高興，把劉璋留下。這時候政府又換屆了，董卓死了，他的部曲李傕、郭汜打進長安建立政府。西邊馬騰不安分，又起兵犯長安。一直窩在成都不肯參與集體行動的劉焉這時候心血來潮，派了一支軍隊配合馬騰進攻長安。同時讓自己在長安繼續做人質的兩個兒子內應。

結果是，馬騰很不爭氣地輸掉了。兩個兒子很爭氣地寧死不屈了。又一個晴天霹靂打下來，劉焉先前造的若干輛車子居然被燒掉了。面對這一連串的打擊，劉焉心理沒能承受得了，進而發作為背上長東西，最後病死。我們可以這樣想像，劉焉躺在榻上，只感覺惆悵舊歡如夢，覺來無處追尋。星星向他眨著眼睛，他感到很神奇。在這片光怪陸離的星光之中，劉焉斷氣。

這時候是漢獻帝興平元年（西元一九四年），劉焉來蜀的第七個年頭。

綜觀劉焉一生，有兩個特點。一個是迷信。當初他本是想到交趾避難，像士燮一樣優游終世的。只因信了圖讖之說，竟激起野心，去益州圖謀雄業；又因迷信而與張魯的母親有了交往，從而親手培植了雄踞漢中三十年的一方軍閥；最後因迷信天火不吉利，一病不起鬱鬱而終。另一個是全靠政治經驗積累的一些謀略，來進行自己的活動。所以他有時顯得老到狠辣，有時又顯得稚嫩可笑。他和後來的曹操、劉備、孫權的差別就在於，他是在和平年代成長起來的一個老到的政客，而不是在戰亂中搏出來的一代梟雄。

所以當他死了以後，這高樓便漸漸坍塌了。

首先是老臣趙韙起來造劉璋的反，被鎮壓下去。接著張魯對劉璋傲慢了一點點，他的母親和弟弟便被劉璋殺掉，從此劉璋、張魯勢同水火。再後來曹操在赤壁打了敗仗，劉璋的謀士張松招來了無處落腳的劉備，打了若干年仗，劉備把劉璋的地盤吃掉，把劉璋送到南郡。京劇《取成都》裡面劉璋臨行前有段唱詞，實在是很好，現摘錄在這裡：「聽說一聲要餞行，好一似狼牙箭穿心！捨不得成都花花美景，實難捨西川老少子民。狠心忍淚換衣巾，辭別了宗兄就要起行。但願你把曹早滅盡，但願你早把東吳平，但願你在此多安穩，但願你在此享太平！」再然後孫權偷襲荊州，把劉璋當作戰利品一併帶走。劉璋禁不起這顛簸，死了。劉璋的兒子劉闡被孫權封了有名無實的益州刺史，到劉備死後，孫權利用他勾引過南中的孟獲造反。

劉焉的子孫竟被劉備、孫權這樣的後輩利用來利用去，不知他在天有靈當作何感想。而張魯，則在「雄踞巴、漢，垂三十年」之後被曹操的大軍滅掉。張魯被封閬中侯，他的一個女兒被曹操納為兒媳。益州的事情，到底還是由曹劉這些後起的外人解決掉了。

我們翻書似乎太快了些，竟一下跳過了三十年。但好在益州自成一個單元，與中原的紛爭幾乎沒有連繫，便先敘完這一節。

益州王氣猶自未發，西涼卻有人覬覦起了皇帝的寶座。

第6章 董卓：覬覦天下的西北之虎

董卓，是大家非常熟悉的人物了。看到這名字，人們立刻會想到一個滿臉橫肉絡腮鬍的黑胖子，一個混世魔王，一個壞蛋中的集大成者。然而，是不是呢？

透過前面的敘述我們知道，東漢政府現在面臨著足以影響國運的四個問題：頭一個便是黃巾軍，以及由此而起的各地民變；第二個是西北的韓遂，時不時地會打到長安，嚇唬一下皇帝；第三個是太監們鬧得比較不像話，而以屠夫何進為首的外戚集團已經開始準備對他們有所行動；最後一個就是地方割據的勢力，像一個個不斷擴大的惡性腫瘤，隱蔽但迅速地吞噬著東漢帝國的生命。

在這樣的大環境下，董卓也很忠心地為政府奔波了一陣子：他在東邊配合盧植打過黃巾軍，在西邊又曾先後在皇甫嵩、張溫的手下打過韓遂。他在東邊並不如意，在西邊卻打得順手。

我們有必要正式認識一下這位董卓。

董卓，隴西臨洮人。據說秦始皇在臨洮造過一個銅人，董卓一出生，這銅人就崩潰了。後來的史家一口咬定是因為董卓出世所以銅人崩潰，可見董卓從小就是個天怒人怨的大魔頭。

董卓的少年時代，是跟一群古惑仔在一起混的。大家都知道，青少年時代是一個人學好學壞的關鍵時期。董卓的爸爸媽媽怕他學壞了，覺得應該給他找份工作，不能讓他閒著，於是買了頭牛讓他在家耕田。董卓在家耕田，感覺很無聊。當董卓在一個寧靜的夏天，感受回憶裡寂寞的香氣時，他以前的古惑仔兄弟們來看他了。兄弟夥聊得興起，董卓把耕牛殺掉招待大家，吃了個痛快。兄弟們很感激，於是拍著胸脯說要報答，各自回去找了九千餘頭牲畜送還了董卓。

出生得驚天動地的董卓活到了該服兵役的年紀，由於出生在小康家庭，所以被徵為「羽林郎」。羽林郎是皇家近衛軍軍官。董卓也確實比較了得，能左右開弓騎馬射箭。於是跟著當時的名將——「涼州三明」之一的張奐出去打仗，因為軍功，逐次升作郎中、廣武令、蜀郡北部都尉、西域戊己校尉。

升到了戊己校尉這個位子，《三國志．董卓傳》上突兀地來了個「免」字。《後漢書》上也不過加作「坐事免」。具體情形我們已不得而知，但好在這是個並不缺少機會的動盪年代，不久董卓就東山再起被拜作并州刺史、河東太守，又變作中郎將，到東邊去打黃巾軍。這一連串的官職轉換極快，第一可見黃巾事發突然，第二可見東漢政府的行政之混亂。董卓拿黃巾軍並沒有辦法，所以打了敗仗，把辛苦升起來的官職丟掉了。

上面說了，這個時代並不缺少機會，韓遂又在西北鬧事了，於是董卓又被拜為中郎將，去打韓遂。如前所說，這期間他連續換過兩次頂頭上司，從皇甫嵩到張溫再到皇甫嵩。同樣如前所說，皇甫嵩不曾打過勝仗而被撤換成張溫。張溫不肯聽孫堅的建議殺掉董卓，卻聽了董卓的建議打了個勝仗，又貿然追擊結果吃了虧回來。當時追擊的六支軍隊只有董卓一支施了個小計全身而退。於是被升作前將軍，斄鄉侯。

我們應該看到，在這整個過程中董卓是在不斷成長的。他前後官職變過十一次，被免官兩次。政府的行政指令必須具有穩定性和連貫性，否則等同於自己打自己的嘴巴。東漢政府繁瑣而多變的政策早已使其在董卓心目中失去了公信力。董卓早年還傻乎乎地為朝廷四處奔波賣命，現在已經過了不惑的年紀，於是開始對人生進行系統的反思。反思的結果是董卓如夢初醒，而後瞇起眼睛重新打量了一下這個亂世，嘴角浮現出一絲笑意。

董卓是個注重實幹的人，立刻開始採取措施。措施的第一條便是蓄養私兵。

在西北作戰期間，董卓蓄養起一支屬於自己的軍隊，從而擁有了和中央討價還價的資本，也引起了中央的警惕與不安。中平五年（西元一八八年），朝廷拜董卓為少府，讓他把自己的兵送到皇甫嵩手裡。少府不是小官，是九卿之一，俸祿中二千石，屬於高層領導核心，在朝廷是排得上名的。但我們來看看少府是管什麼的。《後漢書．百官志》告訴我們：「少府……掌中服御諸物，衣服寶貨珍膳之屬。」一箇而言之，就是管後宮的衣食——住行不由他管，管行的是太僕，管住的是將作大匠。是內務大總管，手下可以帶領許多太監。

董卓這樣粗獷的西北漢子，是不可能脫下明盔亮甲，換上圍裙高帽子去做大廚的。更何況現在的董卓已經在心底有了全盤的打算。他上了一封書，重點有兩個：一個是涼州還亂得很，我不該走；一個是孩兒們攔著我的車馬，哭著鬧著不讓我走。結論是，我暫時還是先在這前將軍的位子上待著，看看情況再說吧。朝廷拿他沒有辦法。中平六年（西元一八九年），靈帝死前一個月，下了一道命令：恢復州牧；同時開了一份名單讓幾位人士去上任。這幾位人士都是當時「海內清名之士」，但其中卻有一個另類——董卓。

當時委任董卓為并州牧。并州包括今天的山西大部分地區，外帶內蒙古和河北的一塊。總之也是民風剽悍的所在。而且并州左接三輔，右挨司隸，背靠大漠，屬於涼州和洛陽之間的戰略緩衝，實在是個好地方。對於這樣一個好地方，董卓自然是巴著去的。但這道委任狀還有個附帶條件：讓董卓把自己的兵轉交給皇甫嵩。這其實已經相當於朝廷在和董卓做交易了：你交出兵權，我給你肥缺。

但這個交易，董卓卻並不想做。古語有雲魚與熊掌不可兼得，董卓卻有辦法兼得。他的辦法是給朝廷上第二封書：我在甘肅混了十年了，這邊廂的兄弟夥都熟得很。大家都推舉我做老大，只有跟著我才肯好好打仗。所以我請求讓他們跟著我一起去并州，好捍衛邊疆為國出力。

在這封上書中，董卓的驕橫口氣表露無遺，並且也充分顯現了他的私兵與他之間的依附關係。奇怪的是，朝廷同意了他的提議，讓他帶著原部兵馬上任。這在漢朝歷史上恐怕是史無前例的。董卓得了這個便宜，自然更加大膽，開始一步步試探朝廷容忍的底線。

這個時候又要提到那位好脾氣的儒雅名將皇甫嵩了。

朝廷這次要董卓把兵馬交給皇甫嵩並遭到拒絕的時候，皇甫嵩有個侄子叫做皇甫酈，找到叔叔，要做繼閻忠之後的第二次努力。他說：「現在天下大亂，有本事安定局面的只有叔叔你和董卓兩位。你上次和董卓一起打西北叛軍，已經得罪了他。」從上面的意思來看，皇甫嵩和董卓不能並立。那麼誰才是救世主呢？皇甫酈接著說：「董卓這人，兩次違抗朝廷的命令，朝廷裡面鬧得不可開交，他卻在一邊看熱鬧，可見是個混蛋。你老人家應該代表萬民檜斃了他，就可以挽救危亡啦！」最後皇甫酈總結說，這樣皇甫嵩就可以成「桓文之事」。桓文指的是齊桓公和晉文公，兩人都在王室式微的時候專任殺伐，一來匡扶王室，二來也成就了自己的霸業。

這番說辭確實很藝術，既順應當時的時局，也照顧了皇甫嵩的性格特點，不比閻忠的激進。但皇甫嵩還是感覺太大逆不道，只是把董卓的不臣稟報上去。然而這樣做，只能徒增兩人之間的嫌隙。

這樣的年頭，餓死膽小的撐死膽大的。大膽的董卓兵駐并州，窺望洛陽。而這時候，何進的外戚集團與張讓、趙忠的宦官集團已經鬥得像一團淤爛的破布堵塞在下水道裡，急需董卓這樣強悍的管道工來通一通了。

洛陽城裡的大當家何進向董卓伸出了友好的橄欖枝，董卓的機會來了。

第7章 何進：如此當家

在講何進之前，有必要先敘述一段背景。

東漢的政治史，從第四任皇帝漢和帝以後，就跌入了一個可怕的輪迴。漢和帝以後，東漢皇帝普遍壽命短。壽命短帶來兩個問題：要麼還沒有接班人，要麼接班人年紀太小無法執政。總的來講就是皇權失靈了。

皇權失靈沒有關係，任何權力真空，都會被迅速填補。東漢皇帝年紀小，填補權力真空的一定是皇帝的親戚。一個人的親戚分兩類，內親與外戚。父親這邊的叫內親，母親那邊的叫外戚。內親與皇帝同姓，本身處於皇位繼承的序列之中，只不過排序低於現任皇帝而已。所以對內親而言，最大的好處，就是現任皇帝死掉。這樣的企盼，並不利於小皇帝安全成長。所以掌權的，一定是外戚。名義上是太后，實際上是太后的兄長，也就是國舅。

小皇帝總會長大。小皇帝長大以後，想要重掌朝政。外戚當然不給。小皇帝沒有辦法，只好找人對付外戚。小皇帝身處深宮，唯一的親信就是身邊的宦官。小皇帝聯合宦官，發動政變，才能推翻外戚。

前門驅狼，後門進虎。外戚推翻以後，宦官自然執掌政權。於皇帝何有哉？皇帝既患於宦官，便又想連絡親近除掉宦官。可資借力的，無非還是外戚。

這就是東漢一朝，外戚、宦官輪流執政的惡性循環。

此外，還有一批「從道不從君」的人，叫做名士。名士，都是讀孔孟書、行堯舜道的人。名士朝聞道夕死可矣，連皇帝都未必看在眼裡，自然更瞧不上外戚、宦官。但是名士不成緊密的集團，勢力單薄。反對外戚時，常遭外戚的毒手；反對宦官時，又常遭宦官的傾軋。

如此直到漢末，名士沒有辦法，只好姑且站在外戚一面，結成鬆散聯盟，以抗衡宦官。原因一是漢末宦官更為得勢，逼名士與外戚聯合；二是宦官較之外戚，名聲更惡。兩惡相權，取其輕者。

好了，到了靈帝一朝，由於靈帝有幸生了兩位龍子劉辯、劉協，於是後宮主要有這樣幾派勢力：

一派便是「保協派」的董太后，以及她一位做驃騎將軍的侄子董重；另一派便是「保辯派」的何皇后，以及她哥哥大將軍何進。

再有第三派，便是前面提過的張讓、趙忠為首的「十二常侍」。他們並不明確表示自己的政治主張，只是一切向利益看齊。

興許名士、外戚、宦官還會就此繼續鬥幾個回合，但黃巾起義打破了一切舊的格局，首先便是保辯派的何進被任作大將軍。

何進，南陽宛人，屠夫出身。請不要因為這個身分而將其想像成和董卓類似形象的絡腮橫肉男。早年何進的妹妹被選入宮中，並且得到靈帝寵幸，可見很有姿色；而何進的孫子何晏是魏晉時期著名的帥哥。從基因遺傳的角度來講，何進更應該是個風度翩翩的氣質型中年男子。

何進在黃巾之亂期間的表現是整備了京師的防衛，偵破馬元義的謀反，並且有賴他弟弟何苗平定了臨近京師的一次暴動。

做為朝廷的一把手，何進只做了這些小修小補的工作，實在是缺乏見識。倒是軍人皇甫嵩，能夠處理政治上的問題，以解除黨禁為解決軍事問題的前提。這一手非常厲害，完全避免了把被禁錮的黨人推到義軍一邊，從而降低了義軍領導層品質提高和實力壯大的可能。

到了中平五年（西元一八八年），叛亂就比較嚴重了。何進聽信了一位望氣者的話，邀請皇帝去洛陽西門外一個叫做「平樂觀」的戲台子參加了一次軍事演習。靈帝參加演習以後很有感觸，於是回來在京師洛陽練了八隊人馬以加強防衛，這八隊兵各有校尉一名做為隊長。這八個隊長裡面不乏人傑，其中便有袁紹和曹操。然而靈帝既看不上袁紹，更看不上曹操，卻揀了一個肥壯的太監叫做蹇碩的做為總管這八隊兵的元帥。這個元帥權力之大，連大將軍何進也要受其轄制。

漢靈帝突然拔出個蹇碩來自然是有他的用意的。他有兩個兒子，一個是何進的妹妹何皇后生的劉辯，一個是王美人生的劉協。靈帝認為劉辯「輕佻無威儀」，想立劉協。但一來與嫡長制的宗法制度不符，二來何皇后正受寵幸，國舅何進又是本朝大將軍，能量大得很。靈帝想來想去竟沒有辦法，於是在死前，雖則心不甘情不願指定劉辯為接班人，同時暗暗把劉協託付給擁有八隊兵馬的元帥蹇碩。

試問蹇碩又哪裡能夠使動那八隊兵呢，這裡面的幾位角色，袁紹是貴族子弟，一向與名士派交好；曹操的乾爺爺雖則是太監，曹操卻與袁紹等高幹子弟打成一片。然而蹇碩竟企圖誅殺何進再擁立劉協。他想：你何進雖然手握天下兵馬百萬，但這百萬兵馬總不能天天帶在身上吧？於是在宮裡伏了軍隊。沒料到，他身邊有個何進安插的間諜，在何進進宮的路上對何進使眼色。何進警覺得很，連忙跑回家，蹇碩唯一的機會終於失敗。

何進遭了這次大險，對蹇碩懷恨在心。他聽從了袁紹的建議，廣納天下名士，其中重要人物有這樣幾位：袁紹、伍孚、荀爽、荀攸、王允、鄭泰、華歆、孔融、劉表、王匡、鮑信、蒯越、陳琳、鄭玄、何顒、逢紀、邊讓。其中有不少都是當年黨人中的頭面人物，另有一些熟悉的名字，都是未來三分時的各家謀主。可以說，何進的大將軍幕府一時真是人才濟濟。倘若何進能任用好這些人物，漢家出現中興也未可知。

然而何進能不能善用這些人呢？其中一位名士鄭泰就對荀攸說過：「何公未可輔也。」而其他人物，似乎也並不熱心於誅滅宦官，在他們的傳記上幾乎找不到這期間的絲毫作為。可以想見，責任並不主要在他們，而在何進。何進所熱心的，只是消滅蹇碩。至於其他宦官，或者至於消滅了宦官以後怎麼辦的問題，都不是他那顆腦袋所曾思考的。

真正思考過的，是袁紹。袁紹是何進的謀主。像他這樣一位人物，竟不像劉焉一般急著找個天高皇帝遠的地方割據，可見見識確實高明。他要通過對政府運轉的核心施加影響，既而操控整個局勢。而施加影響的第一步，便是協助何進，剪除蹇碩。

蹇碩很有危機感。因為至少，大將軍府第門面上是興旺發達英才咸集的。蹇碩其實孤單得很，他表面上有八隊人馬，實際可以操控的不過自己的一隊；而他身為一名太監，所能拉攏的勢力，也不過是太監而已。於是他去尋求「十二常侍」帶頭大哥之一趙忠的幫助，要求聯手吃掉何進。「十二常侍」竟也對蹇碩的意見不很熱心，原因是何進並不曾侵害他們的利益，他們卻曾對何進的妹妹有過恩情。這恩情是當年何進的妹妹嫉妒王美人生了劉協而把王美人毒死的時候，「十二常侍」幫著勸諫勃然大怒的靈帝收回了廢掉何皇后的主張。

蹇碩叫天天不應，叫地地不靈，於是被何進看好時機吃掉。幾乎同時，何進又聽了妹妹的話帶兵包圍了「保協派」的驃騎將軍董重的府第。董重自殺。董重是董太皇太后的侄子。董太后和何太后婆媳倆常吵架，就像我們小時候和小朋友吵架被打哭了總說：「我叫我爸來揍你！」董太后也總說：「我叫驃騎將軍把你那個何屠夫的腦袋割了來！」現在何屠夫把驃騎的腦袋割來了，董太后心理落差太大，死了。

何進大概到這時已經滿足了；但袁紹並不滿足。他要求趁熱打鐵，把「十二常侍」一併消滅。何進耳根子軟，感覺有道理。他不願意獨享這番道理，於是跑去說給妹妹何太后聽。何太后只用一句話來反駁：「沒有了太監，你讓誰來伺候我？」其實，何進在外面的凶險，豈是她這個婦道人家所能知曉的。而何進在外面的凶險，恐怕也不是何進本人所能知曉的，否則他斷然不會覺得妹妹的這句話也很有道理，而跑回去分享給袁紹聽了。

真正明白其中凶險的，只有袁紹。他依舊極力向何進曉以利害。而另一方面，張讓、趙忠也不閒著，先後買通了何進的媽媽舞陽君和弟弟何苗，一起到何太后耳邊吹風。何進夾在這中間，用他那記憶體並不大的腦袋苦苦思索和掙扎，並不時跑進宮裡和妹妹像商量家裡到底要不要添置一台彩色電視一樣，爭論要不要殺掉宦官。

袁紹認識到了問題所在。他所說的利害關係過於抽象，何太后理解不了。於是他打算來點具體的，便建議何進召了武猛都尉丁原假裝造反，在洛陽附近放火。何太后居然毫不畏懼。何進便又從了袁紹的妙計，召董卓進京。丁原、董卓造反的理由都是要誅殺宦官。對於董卓軍隊的紀律不良，大概何太后是耳聞過的，終於害怕了，把大小太監一律罷免遣送回家。這些太監出了宮門竟不知路在何方，便跑來大將軍府請教何去何從。袁紹建議何進立刻把他們全部殺掉，何進不從，只是讓他們回家。袁紹只好假傳命令，告訴太監們家鄉的政府，說等太監們一回家就格殺勿論。然而張讓卻有辦法通過娶了何太后的妹妹為兒媳婦這一層特殊關係，讓大小太監又官復原職。

何進想殺太監，全世界都已經知道了，太監們自然也不例外。張讓認為先下手為強，於是趁何進又進宮商量要不要添置彩色電視的機會把他控制住。張讓帶著哭腔委屈地怒斥：「你也不想想，你一個屠戶，如何能有今日的榮光？倘不是老奴，你妹子能坐穩皇后的位置？你為何一再苦苦相逼？何況今日天下之敗壞，豈盡是宦官的責任？滿朝公卿以下，有幾個是乾淨的？」這些問題，何進一個都答不出。宦官們便亂刀砍死何進，斬下首級，扔出門外。同時劫持了何太后、少帝劉辯以及陳留王劉協做人質，在宮殿之上與聞風而來的大臣和軍士對峙。何太后在大臣盧植與常侍談判之際跳下樓來，未曾摔死。失了一名人質的張讓連忙挾持當今天下身價最高的兩個小孩子逃走，而趙忠則因緩了一步被殺掉。然而袁紹、袁術兄弟倆，與何進一位忠心的部下吳匡，以及何進已經覺醒過來的弟弟何苗，卻並不急於追回皇帝，而是熱心於殺戮太監。他們殺入宮中，殺死了除逃逸的張讓之外的全部太監。這次殺得比較狠，以至於有若干沒長鬍子並且手腳不利索沒來得及自己脫掉褲子驗明正身的倒霉蛋也被錯殺，史書上說「死者二千餘人」。其中吳匡頭腦還比較冷靜，想到何進之死何苗也有一份責任，於是呼籲了軍士把何苗也殺死。

當大夥集中力量殺戮太監的時候，真正的大老張讓已經逃出宮去。這個時候已經是滿天星斗了，八月白晝的暑氣剛剛消去，張讓感嘆原來再熾烈的暴日也有變涼的時候。張讓挾著少帝，深一腳淺一腳地在黑暗中向更黑暗的去處跌跑著，不知何時是個盡頭。

並不是所有人都遺忘了皇帝的安危，尚書盧植孤身一人追來了。何進拔用的河南尹王允不放心，派了個手下閔貢帶著兵馬緊隨盧植而來。張讓跑到小平津，感覺再也沒有跑下去的必要了，於是哭著說了句「唯陛下自愛」，便轉身投入黃河的滾滾濁流，和淤泥一起沖進了太平洋。

盧植救回兩個孩子，連忙抱在馬上，一行人在這樣露氣漸濃的夜晚寂寞地往回走。遠處宮城猶自火光衝天，隱隱聽見殺聲。在這樣的殺聲中，東漢末年各派勢力的第一次洗牌已經接近尾聲。

這個時候，一隊人馬挾著邊陲的肅殺之氣絕塵而來，為首的董卓厲聲喝道：「天子何在？」或者此時真如《三國演義》所說：「陳留王勒馬向前，叱曰：汝來保駕耶，汝來劫駕耶？」想必董卓先是一愣，然後便浮出一絲笑意。

這絲笑意，或者便決定了這位九歲的陳留王、日後的漢獻帝一生的命運。

第8章

漢獻帝：靜觀亂世的局外人

熟讀《三國演義》的人所最熟悉的年號，想必既不是黃初、正始，更不是什麼章武、赤烏，而是建安。建安，正是東漢最後一任皇帝漢獻帝的年號。但現在漢獻帝還不是漢獻帝，而是陳留王劉協。《後漢書．獻帝紀》似乎是做為漢末大事記的形式出現的，於傳主劉協本人卻惜墨如金，於是我們只好到其他篇章中尋找劉協的事蹟。

劉協，父親是靈帝劉宏，母親是王美人。王美人是一位朝臣的女兒，既漂亮又有文化，還聰明賢淑，頗得靈帝寵愛。她懷了劉協，竟能懂得避何皇后的嫉妒，服了多少藥下去，肚子依舊穩穩地隆起來，直到生下劉協。好強的何皇后終究未肯放過王美人，而用了一杯酒把她毒死。靈帝因此大怒，差點廢掉何皇后，得了張讓的勸諫方才甘休，只好把小劉協送到祖母董太后處撫養。

然而不久，董重自殺，董太后也被何進逼死，自此劉協便孤苦伶仃一無依靠了，直到何家也在這次火拚中覆亡。

書接上回。

董卓帶了兵馬趕來時，少帝劉辯已經嚇得不行了，驚險了半天，這個時候終於回過神來哇哇大哭。但劉協卻不一樣。董卓把他抱到自己馬上，他不願意，於是另騎一匹馬，並轡而行。董卓邊走邊和劉協聊天，問這次火拚是怎麼鬧起來的；劉協從頭說到尾，井井有條，沒有一點遺漏。董卓於是有了廢立之心。

董卓回宮以後的第一件事，便是唆使呂布殺了執金吾丁原，並且吞併了他的人馬。執金吾是京城保衛司令。呂布當時是丁原下面的主簿，主簿就是祕書長。呂布雖未必如《三國演義》所說般無敵，卻也臂力過人，號為「飛將」；呂布與丁原雖未必如《三國演義》所說般是父子，丁原卻也待呂布好得很；丁原雖未必如《三國演義》所說般忠義，卻也輪不到呂布來殺。然而呂布卻將他殺了，做為見面禮來見董卓，而董卓竟也將這樣的人認作乾兒子。

董卓回宮的第二件事情，便是以長時間不下雨為藉口罷免了現任司空，自己做了起來。緊接著又把自己升作太尉，並且準備把少帝廢掉。

董卓講究民主。他說：「我準備廢掉劉辯立劉協。有不同意的可以舉手，我立刻把他拖出去殺掉。」然而東漢朝廷雖不是完全噤聲，卻也只有大臣盧植站出來力爭。董卓十分惱火，卻因盧植德高望重而沒有辦法。於是第二天不搞民主了，直接撕破臉皮廢掉少帝而立了劉協做為漢獻帝，稍後又遣了親信李儒用一杯藥酒將少帝和何太后一併毒死。而盧植被董卓免了官回去隱居，三年後病死在家裡。

盧植是漢末朝堂之上最值得稱道的好漢子。他年輕時能夠精研學問，並且踐行「有教無類」的思想在家授徒，教出了公孫瓚和劉備這一對寒族年輕人；他在朝為官三十年，未曾對不起自己的良心；他在太平時節能搞學問並且成為大儒，在戰亂年代又能披掛上陣儼然一派名將風範。他先是不肯賄賂小太監被裝進檻車，現在又不願折節於橫暴的董卓而遭遇免官。在大家熱衷於殺戮宦官的時候，又只有他偏偏能夠記掛皇帝的安危而竟至於忘記了自己的安危，孤身一人前去追還。范曄在《後漢書》裡用了「風霜以別草木之性，危亂而見貞良之節」十六個字來稱讚他，我這裡再引一句魯迅的話來表示敬意：「我們自古以來就有為民請命的人，捨身求法的人，埋頭苦幹的人，拚命硬幹的人……這便是中國的脊梁。」

有的人死了，他還活著。有的人活著，他已經死了。董卓現在便活得很好。

因為他不但收容了何苗遺留下來的軍隊，又略施小計以自己的三千兵馬嚇跑了擁有八隊精兵的袁紹。袁紹走時不曾帶走這八隊兵，而被董卓接收。而他的堂弟袁術與夥伴曹操，也在不久後以各自的辦法脫身往東邊去了。

董卓辦完這幾樁大事，便以為自己的基業猶如鐵打一般穩固，於是開始做混帳事。他帶著自己的兵丁開著戰車在洛陽城裡馳行。見到人多的地方便衝去將百姓按男女分開，男的砍掉腦袋繫在車上帶回來集中焚毀，女的載在車上帶回來給部下享用。董卓自己卻不肯享用這民間的村婦，而是奸亂公主和宮女。這樣的人，簡直是千百年難得一出的強盜。

然而這樣的強盜卻還懂得沽名釣譽。他聽信了尚書周毖和城門校尉伍瓊的話，將他們所薦舉的名士韓馥、劉岱、孔伷、張資、張邈等悉數派到地方上擔任要職，並且又聽信他們的話，為了安撫逃出洛陽的袁紹而把他任作渤海太守。他哪裡知道，周伍二人正是看不慣這豺狼的行徑而有意薦舉這幾位人物的呢。所以這些名士一到地方上，便聚合了人馬打算反董。

對於董卓這樣的混蛋，年幼而無權的漢獻帝只能靜靜旁觀，而新當選的盟主袁紹，卻有本事揪了十一路諸侯來進行討伐。

第9章

袁紹：領袖群倫的新一代盟主

袁紹，字本初，河南汝陽人。袁家的歷史，要從他爺爺的爺爺袁安說起。袁安是漢明帝時的司徒，第二代的袁敞是司空；第三代的袁湯是太尉，袁湯的三兒子袁逢是司空，四兒子袁隗是太尉。連續四代人都做到「三公」的位子，所以號為「四世三公」，而不是四代人只出了三個公。「三公」在東漢末年是指太尉、司徒、司空，是宰相之職，是朝廷之上頂顯赫的大官。袁家是漢末無與倫比的第一流大世家。

袁湯還有個大兒子袁成，死得比較早，沒留下子嗣。而袁逢一脈香火比較旺盛，既有正妻生的袁術，也有小妾生的袁紹。正妻生的稱為嫡子，小妾生的稱為庶子。袁逢便將庶子袁紹過繼給大哥袁成繼承香火。

袁紹這樣顯赫的家世，做官自然不必發愁。他未成年便做了一個「郎」。郎一般是由官宦子弟擔任，負責宮廷侍衛的清顯之職。剛二十歲便做了濮陽的行政長官。然而這時候很不巧，母親死了。按舊時的禮制，袁紹棄官回家服喪三年。喪期剛滿，袁紹心想，既然已經耽誤了三年，不在乎多耽誤三年。於是又追行父親的喪期三年。

六年苦行僧般的日子過下來，袁紹竟不願做官了，而是與當時的一些人物交往。這是袁紹的眼光，他看到朝堂的無出路，看到新時代的啟幕。袁紹結交的朋友，有張邈、何顒、許攸、伍瓊，以及一位不可考的吳子卿。張邈是山東壽張人，他和弟弟張超，都是輕財仗義之人。何顒是「黨人」中的代表，許攸是智謀之士。而伍瓊，正是虛應董卓的那位城門校尉。他後來留在朝裡與周毖為內應，憑藉自己的能量將反董的義士安插到各個享有實權的地方。

以上這六個人結交為「奔走之友」。同樣與袁紹彼此盡力相助的摯友，還有曹操、鮑信。袁紹與曹操共同投在大將軍何進的府中，為其消滅宦官而出了不少好點子以及餿主意，直到其中一個餿主意把董卓引來。鮑信當時則奉了何進的命令在家鄉招募人馬，等準備周全回來的時候，發現已經物是人非，於是勸袁紹依靠手裡的八支人馬趁勢把董卓滅掉。袁紹懼董卓兵多，未敢輕舉妄動，鮑信只好自己再回家募兵。

其實董卓何嘗有什麼實力呢？此時他只有從駐地帶來的區區三千人馬而已，而袁紹，則不僅使得動蹇碩遺留下來的西園八校尉的軍隊，連何進遺留下來的人馬和弟弟袁術所掌領的虎賁軍，也在控制之中。原來，董卓進京的時候耍了個詭計，讓這三千兵排隊走進洛陽，晚上悄悄弄出去，第二天再開進來，連續幾天，竟能唬住一時人傑袁紹和曹操。

董卓廢掉少帝立獻帝，徵求過袁紹的意見。袁紹以為不可。董卓很惱火，咆哮道：「豎子！天下事豈不決我？我今為之，誰敢不從？」袁紹只是淡淡回了一句：「天下健者，豈唯董公？」意思是：我袁紹也是個英雄。說完這番話，袁紹拍拍屁股站起來，衝滿面通紅的董卓作個長揖，提著佩刀便步出京門而去，揮一揮衣袖，不帶走一片雲彩。這般英姿，實在是非常瀟灑。

瀟灑不能當飯吃，袁紹現在需要的是實力。

這個時候，袁紹的「奔走之友」開始發揮能量了。何顒、伍瓊都勸董卓：袁家勢大，逼急了要咬人的，不如封他個官安撫一下。董卓信了，便封袁紹做渤海太守。袁術也在袁紹之後跑到河南南邊的南陽，曹操跑到河南東邊的陳留。曹操得了陳留孝廉衛茲的贊助，募了五千兵馬，年末在河南睢縣起兵。下一年初，袁紹才整合了十一路諸侯一起造董卓的反。這十一路諸侯是：

一、渤海太守袁紹。

二、後將軍袁術。

三、冀州牧韓馥，周毖伍瓊所薦舉的名士之一，反董立場並不十分堅定，聽了部下劉子惠之言，才肯出兵。

四、豫州刺史孔伷，字公緒，據說口才了得，有「噓枯吹生」的本事。
五、兗州刺史劉岱，是揚州一位軍閥劉繇的兄長。
六、河內太守王匡，也是位輕財仗義的好漢子。
七、陳留太守張邈，前面介紹過的「奔走之友」裡的人物。
八、東郡太守橋瑁，名士橋玄的本家。
九、山陽太守袁遺，袁紹的堂兄，曹操在回憶錄裡讚揚他活到老學到老。
十、廣陵太守張超，張邈的弟弟。
十一、西河太守崔鈞，名士崔烈的兒子，比他老子有見識得多。他這個時候以西河太守的身分和袁紹起事。西河在山西汾陽，離河南還有很遠一段路。不知他帶了多少兵過來，或者只是在本地響應。

其中，張邈、張超、孔伷、劉岱、橋瑁五個已經先一步在酸棗會盟過了，主盟的是義士臧洪。關於盟軍勢力組成，說法眾多。流傳最廣的自然是《三國演義》裡的十八路諸侯，然而其中五路並不禁得起推敲。其中，馬騰是西涼的叛軍，與此事風馬牛不相及；公孫瓚正在出力打烏桓；陶謙時任徐州刺史，要到翌年才出面組織第二次反董聯盟；而孔融在北海太守的位子上，除了和黃巾軍打過幾仗外並無其他活動；另有一位張楊，曾是丁原的老部下，現在卻與賊

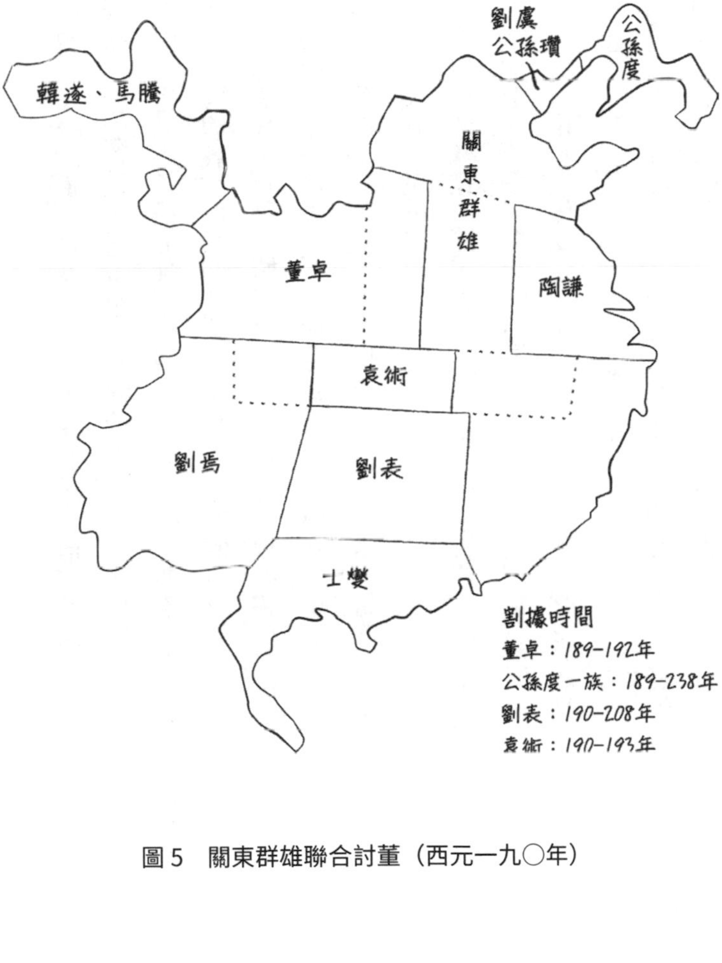

圖5　關東群雄聯合討董（西元一九〇年）

寇混在一塊。

另外，值得爭一爭的還有長沙太守孫堅、濟北相鮑信和曹操。

孫堅其實並不曾與袁紹的盟軍事前有過什麼連繫，而是自己起兵，《三國志・武帝紀》列序反董聯盟時，也並不曾把他羅列在內。直到不久後，他才以豫州刺史的身分與袁術合作。鮑信也並不是《三國演義》所謂的什麼濟北相，他現在的身分是騎都尉，等到參與了同盟才由袁紹與曹操聯合發表作「行破虜將軍」。行就是代理。根據裴松之援引的《魏書》，鮑信做濟北相是在曹操做東郡太守以後，而曹操做東郡太守，要到翌年。

鮑信此時已經募得了二萬步兵、七百騎兵，以及相當數量的糧草。而他竟肯與僅有五千人的曹操合作，一起投在張邈的麾下。

至於劉備，只是個縣長，據說也在這時募起兵馬來討董，但不知道諸公當中有誰認得他。

當時盟會的諸公，均須是刺史、太守一級的官員。而單論官職，其中又以袁術為最大，時任後將軍。但袁術雖則是袁家名正言順的嫡子，名聲卻未必有袁紹高，而他本人也一直在南陽、魯陽一帶活動，給孫堅搞搞後勤，不曾到酸棗來。

就算到得酸棗又如何呢，這些諸侯只是吃吃酒開開會，並不真的有什麼行動。倒是董卓先著急了，開始採取應對措施。第一條措施，便是把周毖、伍瓊兩個內應殺掉；第二條措施，決議遷都長安；第三條措施，派出一員大將徐榮來對敵盟軍唯一敢於出戰的曹操。

相比起董卓的高效率來，盟軍所能做到的，只是給予董卓軍事壓力。真正願意打的，只有曹操一個。曹操帶了本部兵馬往洛陽打去，在滎陽遇上了徐榮，打了一個大敗仗回來，見諸侯還只是吃酒開會，氣不過，便自己跑到揚州募了四千兵，打算回來再打。回來的路上，這群新丁卻鬧起兵變，一哄而散，只剩下五百人。

還有一個肯出力的，是河內太守王匡，卻被董卓在背後偷襲，把他的軍隊幾乎全滅。龍多不治水。袁紹所願意做的，只是每日吃酒開會，在折衝樽俎之間彰顯自己的盟主身分。而真正逼得董卓遷都的，是江東之虎孫堅。

第10章

孫堅：這個小夥子有點戇

三家的創業人物中，曹操是在靈帝熹平四年（西元一七五年）靠著他老子和乾爺爺的能量才被舉為孝廉授洛陽北部尉，開始踏上仕途的；這一年，劉備還在和老鄉公孫瓚一起，跟著大儒盧植刻苦讀書。而孫堅，則不但已經在四年前（西元一七一年）名震當地被官府徵召，更是在三年前的熹平元年（西元一七二年）一手平息了一次數萬人的叛亂。

孫堅，字文台，吳郡富春人。作史的為他扯了個兵法家孫武做為祖先。同樣的，曹操有個曹參做祖先，劉備則是「孝景帝閣下玄孫、中山靖王之後也」。這種事情，在還沒有破除血統論的古代社會不足為怪。

吳國後來的史官韋昭作了一本《吳書》，說孫堅「世仕吳」，也很靠不住。陳壽沒有用這段材料，而是在文末的評論裡說了一句「孤微發跡」，算是反駁。所以說，陳志簡則簡矣，卻都是經過甄選的，比後世有些「穢史」高明了不知多少倍。

孫堅在長到十七歲的時候，用計嚇退了海盜而被任為「假尉」。假尉是代縣官辦公的，並且可以分領到縣官一部分薪水。孫堅十八歲，寧波有個叫許昌的，祖孫三代一起造反，孫堅以郡司馬的身分，招募了一千多個精壯，把許昌的一萬多人全部討平。

孫堅並沒有什麼特殊的家庭背景，但卻有本事在二十歲左右娶了才貌雙全又是名門望族的吳家大小姐做妻子，實在是好福氣。而這位吳小姐也爭氣，為孫堅誕下四個兒子，個個是英雄。

黃巾起義以後，孫堅帶著鄉里願意建功立業志在四方的好男兒，以及在淮、泗一帶召集的精兵，跟在朱儁麾下，去闖蕩屬於自己的夢想。孫堅臨走之前，把家搬到廬江。在這裡，他十歲出頭的大兒子孫策，結識了同樣是十歲出頭的小夥伴周瑜。他們玩得很熟，並且結拜為兄弟。

這種結拜，在孫堅看來不過是小孩子的過家家。他帶著這群滿懷夢想的年輕人，踏上了亂世的征途。他們在宛城衝鋒陷陣，率先登上城牆；他們轉戰涼州，出生入死克敵制勝……

壯士百戰死，將軍十年歸。史家的筆墨永遠只捨得給予功成而歸的將軍，卻忽略了百戰身死的壯士。而我們，則有自由也有工夫多分一點鏡頭來祭奠那在亂世不知為誰而死的年輕人——他們不過和我們相同年歲罷了！

百戰而回的孫堅來不及喘口氣，就被調到長沙擔任太守，因為這裡有個叫區星的人聚了萬把人在造反。孫堅到郡，花了不到一個月就把他打下去。同時挨著長沙的零陵、桂陽也在鬧匪，孫堅同樣出兵去打，廓清了整個湖南地區。

孫堅的能力固然高超，魄力與責任感更令人敬佩。在孫堅出兵零、桂前，他的祕書長勸諫，說越界征討是越權。孫堅回應說：「我孫某人本來就是個粗人，只知道打仗消滅土匪讓老百姓過安穩日子。如果這也算錯，那我寧願一錯再錯！」於是毅然出兵。當時的官員，能像孫堅這般有作為敢擔當的，實在太少太少；而像董卓這般亂作為，不要命更不要臉的，又實在太多太多。而當孫堅遇上董卓，那便注定是一場好戲。

孫堅第一次與董卓的交鋒，是在涼州軍營。孫堅勸張溫殺董卓，沒被採納。如今，兩位不可一世的梟雄，已經不再在別人手下做馬仔，終於可以面對面靠實力一決高下了——曹操在陳留首倡義軍，天下諸侯會獵酸棗。

孫堅也要有所行動，他帶了自己的兵馬執著地北上，一路遇神殺神遇佛殺佛。頭一個遭殃的是荊州刺史王叡。

王叡是一介文士，有幾分迂高之氣，竟對孫堅這員武官表現出輕侮之意。孫堅的軍隊開到他的辦公室樓下，他吃了一驚，在二樓窗口問是怎麼回事，孫堅的弟兄們說是來要點糧食。王叡說可以，便打開糧倉讓士兵們看看有什麼可以拿的。忽然間，王叡看到孫堅也在隊伍中間，就問是怎麼回事，孫堅回答：「奉了上頭的命令來取你腦袋。」王叡自忖平生行事問心無愧，便問孫堅是什麼罪名。孫堅答了四個字：「坐無所知。」王叡知道今天是死也得死，不死也得死了，便刮下金粉吃下去，自殺。

這是孫堅做過令人極不佩服的一件事情。王叡同樣也有舉旗反董的意願，並在之前也全力配合了孫堅剿除三郡匪患。雖然孫堅大義凜然反駁關於「越權」的說法，但要是沒有這位荊州刺史王叡的支持，朝廷完全有理由罷免了孫堅乃至要他人頭。如今，孫堅居然以「坐無所知」四字要了王叡的人頭，第一可以看出王叡確實沒有對不起良心的行狀，第二也為後世「欲加之罪，何患無辭」提供了個極壞的榜樣。孫堅殺王叡，純粹是因為王叡看不起他的寒族武官身分。

第二個遭殃的是南陽太守張咨。

孫堅向張咨要糧食，張咨問他的綱紀，這位綱紀慷慨陳詞：「孫堅和老爺你同樣是一郡長官，誰也不能命令誰。他憑什麼向老爺你要糧食？」憑什麼？憑的就是當今天下大亂、國賊當道！然而張咨說不出這番話來，只覺得綱紀說得有道理，便不給。綱紀就是主簿，祕書長。孫堅現在已經有了數萬人馬，自然不擔心你不給，於是把張咨和他的綱紀騙來軍營喝酒，先把這位綱紀拖出去斬了，又把這位張咨拖出去斬了。

這件事情，卻是辦得暢快。既斬了一位只知有郡不知有國家的綱紀，又斬了這個雖號為名士，卻一點沒有主見的糊塗郡守。而這兩位死鬼，不過是反董道路上一個小小的注腳而已。

斬了張咨，孫堅在南陽郡便要風得風要雨得雨。能夠迫使張咨決定不給孫堅糧食的，想必不只是一位綱紀的勸說。然而如今這群人的立場立刻轉變成了支持孫堅支持反董，當時官員的變臉絕技於此可以領教一二。

孫堅只曉得一路往北殺，而他殺了地方長官所留下來的權力真空，卻由劉表、袁術迅速填補。劉表是董卓軍政府委派來荊州上任的；而袁術則自逃離洛陽後一直屯紮在魯陽，被劉表出於拉攏上了一道書表薦為南陽太守。袁術又利用這身分，轉過頭來表薦孫堅做「豫州刺史行破虜將軍」。這兩道表薦書，朝廷有沒有收到，我們不得而知，反正孫堅和袁術被發表之後便安心做起各自的官來。而孫家與袁術的聯盟也自此開始。

孫堅認真做起了豫州刺史，後方有袁術供應糧草，便召集豫州地方上的官吏專心討董。竟真有一位潁川太守李旻帶了本部人馬響應號召舉旗反董。孫堅行進到離開魯陽不遠的梁縣，遭遇董卓部下中最能打的徐榮。雙方一場惡戰，孫堅慘敗，那位潁川太守李旻被徐榮活捉去煮了，而被俘虜的士兵則被徐榮「以布纏裹，倒立於地，熱膏灌殺之」。到了下一年初平二年（西元一九一年），孫堅才恢復過元氣來，發揮屢敗屢戰的精神，又把部隊開到梁縣的陽人聚，遭遇了董卓派來的大將胡軫和副將呂布。

胡軫和呂布關係一向不好，這次出發前更是放出狠話來：「我這次出戰，一定要殺掉一個青綬來整肅軍紀！」「青綬」是青色的綬帶，是二千石的官員佩戴的。而這支軍隊中二千石的官員只有胡軫和呂布。胡軫是不會自殺的，所以這話明擺著是對呂布說的。呂布時任騎都尉，是「二千石」的武官。呂布頭腦固然簡單，這層道理卻還想得通，驚惶失措之下，便故意給胡軫搗亂。孫堅利用了兩人的矛盾，把胡、呂的軍隊打敗，並且殺掉了一位都督華雄。《三國演義》把華雄的人頭記在關老爺的帳上。「都督」是東漢末年新出來的官職。讀過《三國演義》的都牢記有一位東吳水軍大都督周瑜，便以為都督是頂大的官，其實不然。都督剛出來時只是尋常武官，偏稗將校，如這裡的華雄。到魏晉以後才出現為一軍元帥或軍區司令。至於周瑜，最後的官職不過是「領南郡太守行偏將軍」，並不比現在的孫堅大。

這時有人給袁術獻讒言，竟讓袁術不再給孫堅發糧食。孫堅星夜由前線趕回，質問袁術：「我在前線把腦袋別在褲腰裡打仗，並不是因為我和董卓有什麼私人恩怨。往大了說是保全社稷，往小了說是為你一家老小報仇。你現在不發糧草，是什麼意思？」原來董卓在袁家兄弟離京不久，便把他們的一位叔叔袁隗一門二十幾口人殺掉了。袁術自然說不出話來，就老實道歉，重新供應糧食。孫堅又把軍隊往前挺進。

董卓一計不成又生一計。他派了部下李傕來和孫堅和親，並且讓孫堅自己把在各地當官的親戚列出一個名單來，表示願意繼續任用並提拔他們。枉董卓在西北和孫堅共事那麼久，竟把孫堅想成一個為私利而打仗的小人。孫堅自然對此嗤之以鼻，只顧將軍隊往前開到離洛陽不足九十里。

董卓只好親自帶了兵來和孫堅打，竟也不是對手，便沒辦法，留了呂布做掩護，自己往長安跑去。孫堅兵貴神速，不但進了洛陽，把呂布打跑，替皇帝打掃了列祖列宗的陵墓，安頓了洛陽民心，另一方面派出軍隊出函谷關攔截董卓的後路，把董卓搞得進退維谷。董卓留了董越、段煨、牛輔把守住三處隘口，並留下一句話：「關東的那些諸侯除了打敗仗沒有其他本事。只有孫堅小戇，你們提防著點。」於是逃往長安。

今日吳地方言還有「戇」這個詞，是傻瓜的意思，不知道董卓怎麼會這樣說。但孫堅這樣的人，確實會被會盟酸棗的袞袞諸公看作傻瓜。而這樣能做為敢擔當不被糖衣砲彈腐蝕的傻瓜，正是越多越好。而酸棗的諸公，卻也不過是群庸人，抱著幸災樂禍的態度，看曹操、孫堅這樣的「戇大」怎麼倒霉罷了。若是換了比庸人更等而下之的小人，對於這樣壞了他們賴以生存的潛規則的傻瓜，恐怕便要群起而滅之了。

然而十一路庸人中的霸主袁紹絕不是一般意義上的庸人，當他看不到孫堅的好戲時，便開始行動了。他派了一位會稽大族子弟周禺來擔任豫州刺史，彷彿他並不知道孫堅已經在這個位子上了一般。來自敵人的明槍，孫堅有本事一一擋還；來自友軍的暗箭，孫堅卻沒有辦法。這個時候，有了袁紹的帶頭，同盟已經趨於破裂：劉岱殺掉了友軍橋瑁，而袁紹則取了友軍韓馥的地盤。孫堅只好長嘆一聲，帶兵回去守豫州。

韋昭寫的《吳書》裡面還記錄了孫堅在洛陽的 椿行狀：孫堅從一口井裡撿到了傳國玉璽，於是無心殺賊，偷偷溜回去。傳國玉璽的前身是和氏璧，迭經卞和之手開採，藺相如之手保存，李斯之手刻印，秦始皇之手行用，此後歷代君主視若命脈。

韋昭寫這件事的本意，是為孫家割據江東製造天命所歸的藉口。然而裴松之作注時卻做了精彩的考證：第一，這件事情並不符合孫堅的忠烈，可見是假的；第二，既然是捏造的，那不但未必能為孫氏的立國帶來什麼好的影響，反而毀壞了孫堅的形象；第三，孫皓後來降晉的時候上交了六方玉印，其中並沒有這件傳國玉璽，俗話說「匹夫懷璧，猶曰有罪」，何況在司馬炎的面前隱藏一塊傳國玉璽？更可見是假的。這段考證當真駁得是痛快淋漓！裴松之與韋昭見識之高下立判。至於陳壽，則駁都懶得駁，對於這種狗屁不通的事情直接省去不記。從這裡，更可看出《三國志》取裁之精審來。

孫堅北伐，功敗垂成，然而卻並非沒有效果。效果之一是逼走了董卓，從此關東、關西的故事不得不暫時分開記敘，直到曹操迎還獻帝；效果之二，便是為袁術、劉表提供了割據的資本，造就了長江沿線的兩個大軍閥，而這兩個軍閥竟決定了孫堅的歸宿，也對孫氏立國江東產生了莫大的影響。

第11章 劉表單騎入宜城：荊州的事情

東漢以前，南方無故事。

我覺得，對從秦至東漢末的南方，最具體的描述當屬《史記．貨殖列傳》裡的寥寥數語：「楚越之地，地廣人希。飯稻羹魚，或火耕而水耨。」幾句話，便輕繪出一片江湖漠漠、聚落稀少的原始景象。

南方，大致有四個板塊：沿江而下的益州、荊州、揚州，以及珠江流域的交州。而這其中，又以荊州最為迷人。

荊州，囊括今天的兩湖大地，山川逶迤，風物靈秀，民豐物阜。長江橫亙其間，將荊州一分為二，江北有富庶的江漢平原，江南則有雲蒸霞蔚、氣象萬千的洞庭湖。荊州的人口，據《後漢書．郡國志》，在漢順帝時官方統計數據，有六三〇萬左右，占當時全國總人口的13%。這樣一片大好的河山，在漢末中原大地已經上演了一齣齣好戲之際，卻還在寂寞地守候著自己的主人。

南方的冬，冷中帶些溫潤。

就在這個晨霧尚未散盡的冬日清晨，襄陽南部一個大城正揉著惺忪的睡眼。這裡是楚國的故都郢，一度是南方最繁盛的都市。而今，楚國舊都的輝煌已成昨日的記憶，戰國的一頁風雲散去，今天它的名字叫宜城。

古老的宜城被一串急促的馬蹄聲驚醒了，它驚訝地看到一位年近五旬、高大溫偉的中年男子行色匆匆絕塵而來，來者正是新任荊州刺史劉表。

劉表，山東鄒縣人。身高一米八，長得比較「溫偉」。假如你不知道什麼叫「溫偉」，去找個山東帥哥看看就清楚了。他是漢景帝一位姨太太的兒子魯恭王的後代，和劉焉同出一支；而劉備則自稱是漢景帝另一位姨太太的兒子中山靖王的後代。也就是說，劉表的某代祖宗和劉備的某代祖宗是同一個爸生的。這位魯恭王是個典型的紈褲子弟，口吃且好玩耍。他唯一的事蹟是：為了擴建宮殿，而強拆隔壁孔子的故居，結果從牆裡拆出來一套古文《尚書》。這件事情在儒學發展史上比較有影響力。

劉表生於漢安元年（西元一四二年），應著張愛玲的那句「出名要趁早啊」，劉表很年輕的時候就是名人了。他分別在三個不同版本裡成為四個不同組合的成員：《漢紀》說他是「八交」或「八顧」之一，《漢末名士錄》說他是「八友」之一，《三國演義》說他是「八俊」之一。當時類似的組合有五個，並且含金量大小也是不同的，由大到小基本上是：①三君、②八俊、③八顧、④八及、⑤八廚。「君」是舉國崇拜的偶像，「俊」是牛人，「顧」是引人向善的好榜樣，「及」是能勸人學習好榜樣的人，「廚」是捨得花錢救人的人——總之沒有一個壞字眼。「三君」「八俊」組合在當時是十分火熱的，不知有多少「君粉」「俊絲」為了自己的偶像而家破身亡。

這些組合，都是讀書人出身的官僚集團，是當時宦官、外戚而外漢末朝堂之上的又一派勢力，即前面提到的名士。他們得到太學生的擁護，一度做到很高的官位，並且引導著當時的輿論導向，常常聚在一起品評人物——說這個是君子那個是小人云云。說到後來，矛頭竟都是指向宦官的，於是遭到宦官的反擊。有幾位文化素養比較高的宦官，說這些人老聚在一塊兒，就是「黨」；黨裡的成員，就是「黨人」；孔子說了，君子群而不黨，所以黨人就不是君子而是小人；黨人既然是小人，被小人攻擊的宦官就是君子。

宦官們不獨在理論上把「黨人」歸為壞蛋，並且通過影響當時的皇帝採取了一些措施來打擊黨人，措施之最烈者，就是「禁錮」——不單不允許黨人做官，且不允許黨人的親屬、子孫做官，這就是「黨錮之禍」。劉表是黨人裡的頭面人物，自然不獨在禁錮之列，且在緝捕之列。

劉表和其他黨人一樣逃跑。由於劉表和「三君」之流比起來，只算二流名人，所以沒遭到官兵的窮追猛打得以逃走。

如果劉表就此隱居，那麼頂多在《後漢書．黨錮列傳》裡附上「劉表」的條目，下面羅列若干行狀一百來字就結束了。然而，黃巾起來了。

皇甫嵩借此機會，勸朝廷解黨禁，避免在政治上永無出路的黨人與黃巾合流。大將軍何進徵召名士，劉表也在被徵之列，做了北軍中侯。北軍中侯可以監管首都兩支軍事力量之一——北軍，但實際上地位並不很高。天子腳下有的是王公卿相，一個六百石的北軍中侯算得了什麼！

在這個位子上待到第六個年頭，中平六年（西元一八九年），何進死了，董卓進京，又經歷了一番熱鬧，而這熱鬧之中，劉表只是個局外人，直到第二年初平元年（西元一九〇年）。關東軍討董，孫堅一路北上，殺了荊州刺史王叡。董卓便派了劉表接王叡的班。劉表上任，並沒有帶自己的班底，而是單槍匹馬。荊州的州治在武陵的漢壽縣，最繁盛的政治經濟中心卻在南陽的宛縣和南郡的襄陽縣。然而劉表既沒去漢壽，也不去襄陽和宛城，而是去了宜城。這一來是因為漢壽已是明日黃花，而宛城和襄陽則分別在袁術和起義軍的手裡；二來是因為他已經在宜城約了幾位朋友。

這幾位朋友，是襄陽人蔡瑁，中廬人蒯良、蒯越。蒯良蒯越是兄弟，據說是西漢初年辯士蒯通的後代。

劉表首先分析形勢，當時的荊州一共有這樣幾派勢力：一是南陽的袁術；二是長沙太守蘇代，控制了荊南；三是華容縣長貝羽，掌握了南郡的一部分；四是襄陽，在起義軍張虎和陳生的手裡；五是盤踞荊州各地的「宗賊」。《三國志》注上說「江南宗賊盛」，這裡的江南，指長江中游以南地區，包括湖北南部和湖南全境。而今天的江南水鄉，當時叫「江東」。至於「宗賊」，則是聚族而居的大族大姓，在這裡大概是指南方丘陵地區以宗族為單位的地方武裝。東漢一朝，豪強宗族勢力很盛。他們以田莊經濟為基礎，建立起具有軍事功能的「塢堡」，經濟上完全自給自足，甚至可以「閉門為市」；軍事上可以抵禦外來入侵。這樣的塢堡，像一個個啃不動打不死的烏龜，附著在荊州大地上。

劉表問話了：「宗賊的問題比較嚴重。第一，袁術會利用他們來反對我的統治；第二，他們把人口都控制了，我徵不到兵；第三，就算徵到了兵也怕受了他們的蠱惑跑走。怎麼辦？」

首先回答的是蒯老大蒯良。

蒯老大說：「眾不附者，仁不足也；附而不治者，義不足也。如果您老把仁義修煉到家了，老百姓來投奔您就像洪水嘩啦啦地往下流啊！您還怕什麼呢？居然還在這裡問徵兵的辦法！」

圖 6　劉表入荊州時的局勢

劉表心想：屁話！論清談的工夫，我還是你前輩！於是轉過臉來看蒯老二的意思。

老二蒯越先過渡了一句「治平者先仁義，治亂者先權謀」做為對大哥的反駁，然後繼續開展自己的立論：「袁術打仗狠，但決斷慢；蘇代和貝羽更是沒腦子的武夫。只有宗賊比較討厭。我以前和他們打過交道，可以把他們從烏龜殼裡引出來，主公你再斬掉他們的龜腦袋，就行了。」

劉表聽了感覺大有道理，心想這老二看來比老大厲害啊！但嘴上卻各誇一句：「老大所說的，是雍季的治策；老二所說的，是臼犯的謀略。」雍季和臼犯，是春秋時代晉文公的兩位大臣。晉文公去打仗，問這兩人怎麼辦。臼犯說用詐，雍季說不能詐，詐騙是不好的，不利於樹立誠信。結果晉文公採用了臼犯的詐計，回去卻表揚了雍季的誠信論。劉表用了這個典故，安慰了蒯老大，卻用了蒯老二的計謀，邀請了五十五個宗帥來赴鴻門宴，在宴席之間砍下了五十五顆人頭，把這些人所留下的軍隊接管了，建立起自己的武裝，然後在軍事力量的支持下，派了蒯老二單騎進襄陽城，說降了當地的起義軍首領。至此，除南陽以外的整個荊北都已經在劉表的掌控之下了。

現在，我們回頭分析一下蒯家兄弟的言論。

蒯老大是典型的儒家門生，其特點是說話不用腦子而是用經文。他的這一段論說，顯然是採了《論語》裡「季氏將伐顓臾」中「遠人不服，則修文德以來之」的論調。而蒯越，則是縱橫家遺風，相當實用。在他的字典裡，沒有有道德的，只有有價值的。難怪《傅子》一書只說蒯越是蒯通的後代，而蒯良，早已經被儒家薰陶過去了。再看這兩人之上的劉表，顯得十分清醒。他外儒而內法，深得用人之道，同時也自喻為晉文公，流露了自己的胸襟抱負。

劉表手裡握有幾個郡呢？我們先來看一看荊州的政區劃分。

《三國演義》說「荊襄九郡」，是不是呢？從《後漢書．郡國志》我們可以知道，荊州有七個郡。南陽、南郡、江夏、長沙、零陵、桂陽、武陵。而《郡國志》是截止到漢順帝的時候。再看裴注引司馬彪《戰略》，蒯越說完上面這番計謀後總結道：「荊州八郡可傳檄而定。」這裡多出一個郡。唐朝李賢給《後漢書》作注說這多出來的一個是章陵郡。章陵是從南陽分出來的，是本朝開國皇帝光武帝劉秀的老家。可能因為這個原因，在桓靈時被單獨拎出來當作一個郡。再後來，曹操平了荊州，又從南郡裡分出個襄陽來單獨設郡，這便是「荊襄九郡」。但「荊襄九郡」的存在時間極短，不久三家便繼續添設郡，到晉朝，荊州已經轄二十二個郡之多了。

這八個郡，劉表所牢牢掌握的，不過是南郡、江夏和章陵。他不久遣了黃祖去鎮守東大門江夏，又遣了蒯越擔任章陵的太守，自己則移鎮南郡的襄陽，把這裡建成辦公的所在。同時派了使者去曉諭荊南，打算把四郡傳檄而定。四郡名義上歸了劉表，事實上卻留下了隱患。

但劉表暫時還無暇過問荊南的隱患，他首先娶了蔡瑁的妹妹做後妻，以結好荊州的豪族，同時表了袁術為南陽太守以示好。

然後，袁術與他兄長袁紹鬧下了嫌隙，而劉表則和袁紹交好。根據敵人的朋友就是敵人的推論，袁術將劉表看作敵人，並且派了孫堅來進攻江夏，成了荊州面臨的第一次兵禍。至於袁術為何能使得動孫堅，下回再講。總而言之，劉表不僅靠實力以黃祖為主力守住了江夏，並且靠運氣射死了孫堅。從此，袁術一路便不必再忌憚了。不久，袁術被曹操聯合了袁紹趕出南陽，劉表便趁機把勢力安插進去。

「隆中對」提到「孫權據有江東，已歷三世」，我以為不然。孫堅一生，四處轉戰，從江東到西涼，從長沙到洛陽，治無定所，並沒有為扎根江東做出多少貢獻。孫堅實在算不得一個割據軍閥，他是一員一流的驍勇戰將，忠烈的漢家臣子。孫堅忙碌一生，到頭來全是為他人做嫁衣裳。孫堅一位堂弟孫賁，收拾了孫堅的殘餘部眾，跑去投靠了袁術。

第二次兵禍來自關西。

這時候政府已經換屆，不但董卓已經下台，並且李傕、郭汜等涼州軍內部也相互鬧起了火拚。其中一支張濟統領的涼州兵，跑到南邊來攻打荊北的穰城，結果劉表再次靠實力守住了穰城，靠運氣射死了張濟。荊州的大小官吏立刻跑來慶祝，劉表不吃這套，他清醒地表示：「張濟沒地方去了，跑來投奔我，卻不小心打起仗來將他射死，這並不是我的本意。我只受弔唁，不受祝賀。」而劉表不但用這番言辭表了態，並且著手收容張濟遺留的部眾。林肯說過：「消滅敵人的最好辦法就是把他變成朋友。」張濟留下的軍隊由侄子張繡統領，屯駐在宛城，為荊州的北大門看守門戶。

第三次兵禍來自荊南四郡。

當年劉表對南四郡只是「傳檄而定」，並沒有消滅或吸收當地割據勢力。這個時候，長沙太守張羨起兵對抗劉表。

張羨是南陽人，長期在零陵、桂陽等地擔任地方長官，深得荊南地方勢力的擁護。後來劉表這強龍占了荊北，又有皇帝的詔命，名正言順，張羨這地頭蛇只好暫時低頭受其轄制。現在中原局勢已經明朗，曹操和袁紹兩強相峙。張羨的謀士桓階認定了曹操比較有前途，便勸張羨割據四郡反抗劉表，恭候曹操的蒞臨。張羨本來就不服劉表，聽到桓階的話自然正中下懷，也不用腦子思考便造了反。劉表迅速派兵鎮壓，打了一年多，沒打下來。正好張羨病死，他兒子張懌沒守住，被打垮。至此，荊南四郡也全被劉表所掌握。

如果說張羨的造反只是沒腦子，那桓階則完全是良心被狗吃了。桓階建議張羨造反，純粹是一種投機行為。表面上是為張羨謀出路，實際上是為了自己的前程。投機行為並不可恥，但拿主子的身家性命為自己的前程做賭注的作法，雖則還不至於可恥，但已經令人不敢恭維了；至於桓階這樣，拿兩湖百姓的生命當棋子，勝固可喜，敗亦欣然地玩一把，結果拋下一地兩湖子弟的屍首外加張氏父子兩顆人頭，他本人卻抽身而去，則完全是汙了史家的刀筆。桓階這次玩火雖然失敗了，但他在遞交曹操的求職書履歷一欄寫上了此事經過，好歹算是一點進階的資本。

劉表進攻長沙之所以用這麼長時間，一來是張羨在這裡的勢力的確強大，二來長沙兵戰鬥力著實不弱。早些年孫堅帶領長沙子弟兵北伐，體現出了極強的戰鬥力。這也是歷史上第一次湘軍的遠征。

劉表清淨了州界，便開始發展經濟文化軍事。經濟上，荊州富庶繁盛天下所知；軍事上，擁有士兵十餘萬；文化上，開立學官博求儒士，形成「荊州學派」。搞文化事業，可以算是劉表與其他軍閥最大的不同。

劉表治理荊州，使得大家一提起荊州就蹺起大拇指。然而這又如何呢？魯迅說過：「倘是獅子，誇說如何肥大是不妨事的，倘是一頭豬或一匹羊，肥大倒不是好兆頭。」劉表把荊州越養越肥，終於引起了各家的覬覦。

首先是孫家。

孫家與劉表的仇不共戴天，孫權繼任後多次進攻江夏，直到打死黃祖。劉表損兵折將使盡渾身解數，好歹守住了江夏不失。

其次是劉備大老遠跑來投奔，被劉表設法攏在新野，成為繼張繡之後新一代荊州北大門的守門員。

然後還有曹操，兩次打過張繡敲山震虎。結果第一次被賈詡殺了回馬槍，第二次損了一個兒子一個侄子一員虎將。當曹操悻悻地回去和袁紹對峙的時候，張繡卻聽了賈詡的建議跑去投降，結果謀了個好位子。但張繡在曹操手下並不如意，曹操的公子曹丕有次發火提起張繡在宛城殺死曹操長子的往事，張繡一聲長嘆，自殺。至於賈詡，則混得十分滋潤，這是人所共知的。

賈詡比桓階好。他比較有職業道德，一來確實審時度勢，二來在確保了舊主子無恙且富貴的情況下投奔曹操，也為自己尋進身之階，無可厚非。

劉表其人，本事是有的。他既有本事靠著清議名列「八顧」，又有本事單槍匹馬取了荊州，更有本事周旋於袁術、袁紹、孫堅、曹操之間。他收容客將的本事可謂一絕，使得張繡、劉備先後為其所用，而不出亂子。這一點，的確比劉備收容呂布的失策要高明許多。劉表治理荊州，能在亂世重文治，實在是眼光獨到。只可惜，劉表一生恪守中庸之道，只想於各派之間求取生存空間，首鼠兩端，未能遠謀。

劉表的這些招數，在對付袁術、蘇代、貝羽、張羨之流的時候遊刃有餘，而面對孫權、劉備這些後輩龍鳳時，則不免顯得左支右絀。當真正的後輩大老曹操親提二十萬兵馬下江南時，他的故事就該結束了。

劉表的故事雖然快要結束，荊州精彩的故事卻還在後頭。

絮絮叨叨說了一堆荊州的雜事，下面來看一看劉表的近鄰，孫堅的另一位受益者袁術的事情。

第12章

袁術：帝王夢何處尋

其實，在曹孫劉三家之前有個「老三家」。

曹操因袁紹而成事，劉備取荊益而立國，孫家呢，則與袁術有著千絲萬縷的瓜葛。

袁術是四世三公豪門袁家的大少爺。原本在他之上還有個袁紹，但一來袁紹是小老婆生的，二來已經過繼給另一房了，所以袁術才是名正言順的大少爺。大少爺袁術小時候的表現，史書上用了「俠氣」二字來形容。這兩字用得好聽，其實不過是行為不端的同義詞。據說後來「折節」了，開始肯讀點書，守點規矩。老百姓家的孩子做到這樣並不稀奇，但加上袁家大少的身分，便立刻被推作孝廉，做了郎中，在朝廷和地方做了不少官，接著做到折衝校尉、虎賁中郎將。

這個時候，袁術是不是真的折節了呢？唐朝有本《北堂書鈔》注引《魏書》，說袁術在做長水校尉的時候，「好奢淫，騎盛車馬，以氣高人」。當時人流傳了一句話，叫做「路中悍鬼袁長水」。

袁術什麼時候做了長水校尉，我們不清楚。大概是做到折衝校尉之前「歷職內外」的時候吧。但至少可見，他當年公子哥兒的習氣是絲毫未改。大概做孝廉之前的「折節」也不過是裝裝樣子罷了。

袁術的官，一直比袁紹做得大。漢朝的武職，最大的是將軍，其次是「郎將」，差不多相當於今天的準將吧；再來是校尉。袁術做到虎賁中郎將的時候，袁紹只是西園八校尉之一；而袁紹被董卓拜為渤海太守的時候，袁術已經是後將軍。

將軍之中，品級最高的是大將軍、驃騎將軍、車騎將軍、衛將軍，位同三公；其次便是前後左右將軍了，再以下還有帶「東南西北」字樣的將軍，再以下各種名目的將軍統稱「雜號將軍」。

後將軍袁術早年跟著其兄袁紹以及夥伴曹操等一夥紈褲子弟大鬧過洛陽，結果是鬧死了何進、張讓，鬧來了董卓。董卓軍隊的鮮盔亮甲和剽悍殺氣，是公子哥兒袁術在之前的小打小鬧中所不曾見過的，所以他便尋了個時機，跑往南邊來，屯在魯陽。正好孫堅殺了南陽太守張咨，將南陽這個大郡雙手獻與袁術，袁術笑納。

真不知袁術這個笑納，該笑得怎樣花枝亂顫呢。南陽是東漢的第一大郡，光人口便有二四

○多萬，比整個益州還多。但是袁術是怎樣治理這塊寶地的呢？史書上用了八個字：「奢淫肆欲，征斂無度。」在三國早期的軍閥中，除了董卓外，還真未見過這樣糟蹋自己地盤的傢伙。

這個時候，群雄還在著力於消滅董卓，南方的地盤，真如《三國志》遊戲般滿布著空白都市。西邊的荊州，朝廷任命的新刺史劉表還在匆匆趕來。東邊的揚州，雖則有位名義上的刺史陳溫坐鎮，實際上卻由好幾路小實力派割據著，誰也奈何不了誰。至於左近的豫州，則似乎天生是袁家的勢力範圍：汝南、潁川，無不遍布袁家大小親戚、門生故吏。

而坐鎮在這三州交匯、風口浪尖之上的袁術，正在盤算如何剋扣孫堅的軍糧。等到孫堅回來與袁術理論清楚，劉表已經全有荊州，挖空了袁術的後方，同時象徵性地表袁術為南陽太守，以堵住袁術的怨口。袁術對劉表的討好並不在意，而是以南陽太守的身分表孫堅做豫州刺史。孫堅則以這豫州刺史的身分，往北出力把董卓打到長安去了。

董卓打跑了，接下來怎麼辦？

這個問題是「高明」的關東群雄所未曾想過的。袁紹首先有個好主意，他以為凡是董卓支援的我們就要反對。董卓立了劉協做皇帝，我們就應該把劉協推下去。他和冀州的韓馥物色到了時任幽州牧的宗室劉虞，便打算在東頭立一個漢，於是派了兩個使者，一個去徵詢劉虞的意思，一個來徵詢袁術的意思。袁術和劉虞一樣義正詞嚴地教訓了來使，警告袁紹這樣是不忠不義的作法。不同的是，劉虞是心口如一，袁術卻心懷鬼胎。

心口如一的劉虞派了義士田疇到長安密見漢獻帝，獻帝大喜，讓劉虞的兒子、在朝廷做侍中的劉和悄悄溜回去面見劉虞，發兵勤王。劉和走到司隸東首地界，進入袁術勢力範圍，被心懷鬼胎的袁術扣留。袁術了解了劉虞的計畫，便派人給劉虞帶個口信，讓他把勤王的軍隊派到自己手下來，表示自己願意鐵肩擔道義，出面組織勤王行動。

沒想到遭到公孫瓚和袁術的算計，勤王計畫擱淺，這一點我們後面會講到。

這時候，正好袁紹又想出了第二個關於「打跑董卓以後該怎麼辦」的好主意，他任命了會稽大族周禺為豫州刺史，裝作不知道先前袁術已經上表讓孫堅做刺史一般，趁孫堅還在洛陽幫皇帝掃墓，讓周禺帶了兵來豫州上任。

袁術被自己的大哥親手打了個耳刮子，自然惱火，便派兵助孫堅爭奪豫州統治權，派的正是公孫越這支兵。結果豫州是爭到了，周禺也打跑了，公孫越卻戰死了。訃告傳回幽州，公孫瓚勃然大怒，認定是袁紹害死了自己的弟弟，毅然與袁術結盟。這個盟會的成員，還有徐州的陶謙和豫州的孫堅。陶謙和孫堅，是隨張溫討伐韓遂的老戰友。最近一直受到來自曹操、袁紹的軍事壓力，自然就和袁術結盟了。而袁術，憑藉出色的身世，儼然就是這個聯盟的盟主。

這裡要談到袁術和孫堅關係的問題。很多史著都認為孫堅是袁術的部下，理由是《三國志》和《後漢書》都在許多章節有過「袁術使其將孫堅」這樣的字樣。但是，孫堅早年是長沙太守的時候，袁術是後將軍，後來袁術做南陽太守之際，孫堅則是豫州刺史，壓根未存在過行政上的上下級關係。況且，也沒有任何資料能說明孫堅是袁家的門生故吏、蒙受過袁家的恩澤，反倒是孫堅對袁術屢有大恩。所以我覺得，兩人不過是盟友關係罷了。而在這個聯盟中，袁術又添了一層盟主的地位。佐證是孫策後來曾經對袁術提到「亡父昔從長沙入討董卓，與明使君會於南陽，同盟結好」。

北邊的袁紹，手段也自是不弱。他親自壓制公孫瓚，又連結了人中龍鳳的曹操來對付徐州陶謙一路。至於南方，受到孫堅軍事壓力的劉表不久就被迫加入了袁紹的同盟。同時袁紹又安插了江東大族周昕、周禺、周昂三兄弟在揚州給袁術後方添亂。當時的整個關東，就成了袁紹和袁術兩大陣營的對抗。

初平三年（西元一九二年），公孫瓚因為弟弟的死，首先在北邊對袁紹展開全面的攻勢。他一方面派了大將單經和客將劉備兵分犄角插入冀州境內，另一方面連絡了陶謙威脅袁紹的東邊。袁紹則連絡了剛收編青州軍的曹操，背靠背兩面開戰，把幾支軍隊全擺平。幾乎同時，袁術和劉表在南面開戰，以將星孫堅死在劉表的箭下而告終。

初平四年（西元一九三年），上年被曹操打散的匈奴首領於扶羅和黑山義軍的殘部流落到南邊歸順了袁術。於扶羅將來會有個孫子叫劉淵，在一百多年後控制了中國北部，幾乎滅亡了西晉。當然，現在誰也不知道有這麼一樁事。南方的袁術在年初被劉表斷了糧道，被迫轉到陳留。他得了這支異族的生力軍，於是斗膽向曹操開戰：他自己紮在封丘，另派將領劉詳紮在匡亭以成犄角。曹操用了圍點打援的戰術，先攻打劉詳。袁術來救時被曹操迎頭痛擊，不得已退回封丘，又被打。袁術且戰且丟三個城池，連南陽也一併扔掉了，最後退入揚州地界的九江，曹操才引兵回去。回去的原因是袁術同盟的另一成員陶謙和境內的一支義軍沆瀣一氣攻掠了周邊的一片地盤，直接威脅到曹操的老巢。

袁術跑到九江，解決了揚州刺史陳溫，自己做起刺史來。朝廷上任了另一位宗室劉繇來做揚州刺史。劉繇到了揚州，卻不敢去袁術控制下的首縣壽春，而是來到東邊的曲阿上任。這時的揚州，西邊一個袁刺史，東邊一個劉刺史。劉繇沿江設置了兩個據點以遏止袁術的勢力，袁術派了孫堅舊部孫賁、吳景圍打這兩個據點，一直打到下一年，沒見成效。袁術便派了孫堅的長子孫策去打，沒想到孫策不但不費吹灰之力把這兩個據點打下來，並且把劉繇打跑，幾年間取了整個江東。

袁術到了揚州以後，其實聯盟開始瓦解。因為他竟自稱「徐州伯」，並有意攻打陶謙的地盤。而這時候的陶謙，正被曹操打得潰不成軍。陶謙向盟友求援，公孫瓚派來了劉備，袁術卻不但不施以援手，反竟虎視眈眈。但最後陶謙病死，得逞的是劉備。袁術恨恨離去，從此與劉備多有戰事，直到徐州換了新主子呂布。呂布是董卓政府的，怎麼會跑來這裡？

原來這個時候，董卓已經倒台，長安政府的新主子李傕派了馬日磾持節來安撫關東的軍閥。馬日磾走到壽春，依照政府的意思拜袁術為左將軍。袁術對左將軍的名號並沒有興趣，但他對馬日磾的「節」卻很有興趣，借去了玩賞。馬日磾「失節」了，於是羞愧地死了。

節是用來代表政府權力和形象的，有點尚方寶劍的味道。袁術騙節，和楚王問鼎是一個性質的事情。袁術不但騙節，還徵求各位的意思：到底我袁術稱帝，民眾支持率有多少？

首先反對的是他的部下閻象，袁術很不高興，派了使者去問一位隱士張範。張範讓弟弟張承來應對，而張承也明確表示了反對。第三個明確反對的是已經在江東成了氣候的孫策，他寫了封信來，並在信中苦口婆心勸說袁術不要犯這個大忌。

眾人反對，那有沒有人支持呢？有。

河內張炯給袁術獻了符命——大概是什麼祥瑞之物。在這樣一比三的情況下，袁術仍毅然僭號稱帝。他自稱「仲家」。這個仲家，按我的理解，似乎和「朕」是一個意思。至於年號和國號是什麼，則已經無考了。也有說法認為，仲家就是老二的意思，有點「副皇帝」的味道。說明袁術反得還不徹底。

這裡還有一個問題，袁術到底有沒有建國？

有人要說了，廢話，都稱帝了還沒建國？

稱帝只是取個名號，而建國則須建立政權；有這樣一個政權，然後才有國號、年號。

引一段《魏武故事》上的史料，即曹操的〈十二月己亥令〉：「又袁術僭號於九江，下皆稱臣，名門曰建號門，衣被皆為天子之制，兩婦預爭為皇后。志計已定，人有勸術使遂即帝位，露布天下，答言『曹公尚在，未可也』。」從這裡看出，袁術只是「僭號」，並沒有「即帝位」。僭的是什麼號？帝號。僭號的意思是冒用帝王的尊號。所以無論《後漢書》裡的「仲家」還是《三國志》注裡的「仲氏」，都只是帝王的尊號而已。

還有個明顯的例子。後來的孫權，在即帝位之前，大家都管他叫「至尊」，這也是僭號的表現。先僭號，再即帝位。所謂僭號，不過是過過嘴癮罷了。

袁術丟了地利失了人和，於是想為自己的稱帝找點「天時」。

他找了一句西漢末就十分流行的「讖語」，叫做「代漢者，當塗高也」來做為憑藉。讖語就是政治預言。這句讖語中，「代漢者」很容易理解，「取代漢朝的人」。費解的是「當塗高」。依據袁術自己的解釋，「塗」通「途」，是路的意思。而自己字公路，所以和這句讖語大有關聯。

我以為，袁術路則路矣卻不夠高，下輩子起名叫高速公路或許還有點希望。或者他應該拾起自己早年的名號「路中悍鬼袁長水」，「路中」便是「當塗」的意思，至於高，前面還有一句「以氣高人」。這樣解釋，還比他自己的胡扯強一些。

好在這胡扯不是用來騙別人，而是用來騙自己的，所以再低級也不礙事，騙得過自己就行了。那這個「代漢者，當塗高也」到底靈不靈呢？據說也靈，因為後來取天下的是魏，魏在古代是路上的高檯子的名字。再後來取天下的是晉，晉有「晉介」的意思，比魏更升一步自然就更高了。

但現在誤以為自己很高的是這位袁術。

他首先把九江太守改為淮南尹，相當於把一個地級市劃為直轄市，然後設置了百官。這時候他想到還缺個太子妃，於是去找呂布，問他肯不肯把自己的女兒送來享富貴。呂布雖然基本上沒什麼頭腦，但卻二話不說把袁術送來選妃的「天使」送到了當時真正的朝廷許昌。袁術發火了，派了所有的精銳去打呂布，結果慘敗回來。袁術打不過呂布，就去打附近一個漢宗室的陳王劉寵撒氣，把這個王和他的國相全部殺掉。當時已經挾天子的曹操聽說了，當然要代管天子的家事，便親自提了兵來。袁術不敢打，留了將領橋蕤和張勳抵擋，自己跑了。曹操輕鬆打敗了這支兵，殺掉橋蕤。因為還忙著收拾呂布，所以曹操沒太多空閒理會袁術，象徵性地主持了正義，又回去了。

既然曹操並沒追來，那袁術自己還要折騰。他大造宮室橫徵暴斂奢淫無度，把好端端一個九江糟蹋空了。不需要曹操來打，他自己在建安四年（西元一九九年）的夏天燒掉了宮室，跑去投奔自己的部下雷薄、陳蘭。沒想到這兩位部下並不買這個皇上的金臉——閉門不見。袁術沒轍，左思右想想到了如日中天的大哥袁紹，於是打算把皇上的位子讓給大哥。袁紹不知怎麼居然肯了，派了長子袁譚過來接應這位落魄的弟弟。偏偏曹操派了劉備來攔截，袁術過不去，只好又跑回壽春。

六月，袁術吐完血，結束了自己生命中的最後一個夏天。

袁術一生，仗著袁家大少爺的身分而捲入時代風雲。其興也勃焉，其亡也忽焉。袁術之亡，第一在於不懂經濟：大肆破壞自己的根據地，不懂得建設；第二在於不懂得管理：手下竟然沒有一個拿得上檯面的謀臣武將，雖然早年孫策、魯肅、周瑜都曾在他手下，卻無不看出這是個敗家子，爭相離去；第三在於不懂政治：當時天下想稱王稱帝者不計其數，偏只有這位袁公路敢冒天下之大不韙當真坐起龍椅來，結果惹得眾叛親離死無定所。當然，後世像袁術這樣不顧眾怒過把癮就死的依然層出不窮。袁術可謂其範本。

袁術死後，他的家人跑去廬江投奔了老袁家的故吏劉勳。後來孫策打敗了劉勳，收容了袁術的後人。再後來袁術的女兒入了孫權的後宮，據說品行淑良，只可惜未為孫家添子嗣。至於袁術的兒子，則在孫權的朝廷裡做到郎中。袁術的孫女後來又嫁作孫權的兒媳婦。

所以你若是有興趣，可以到三家的朝堂後宮去細細尋覓，很能找到老三家——袁紹、劉表、袁術的一些蹤跡。

還是把鏡頭倒轉到初平三年（一九二年），也就是孫堅死的這年。這一年，關東袁紹、袁術、劉表三家合縱連橫好不熱鬧，關西的末路軍閥董卓，卻和老對頭孫堅一樣，走到了生命的盡頭。

第13章

王允：失敗的救世主

上帝要使人滅亡，必先使其瘋狂。來到長安的董卓，已經瘋掉了。他在長安，一共做了三件畜生般的事情。

第一，他已經不滿足於「相國」的稱號而自封了「太師」，並且讓大家管自己叫「尚父」。相國自大漢開國以來只蕭何、曹參達此官位。太師則是古官，周時第一的官職。至於尚父，是姬發對姜太公的敬稱。諸葛亮不過自比管、樂，董卓什麼樣一個人，居然自比開周八百年之姜尚、興漢四百年之蕭何，實在無恥之極。

他不單為自己謀了這許多稱號，還坐了皇帝的車子，穿了皇帝的衣服，並且為家人謀了不少好位子：封了親弟弟董旻做左將軍，封侯；封了侄子董璜做侍中、中軍校尉，掌兵權；其他親戚一律封了大小官職，包括他小老婆生的還沒斷奶的孩子都封了侯爵——遙想武帝時李廣難封，再看看如今這不值錢的侯爵，當真令人感慨歷史真會開玩笑！

第二，董卓開始大肆殺戮。在一次宴會上，他弄了幾百個關東義軍，當場斬手斷腳、剜眼珠子、斷舌頭，放在大鍋子裡面煮，煮個半死拿出來給大家助興——活生生一個屠宰現場！

第三，有個太史看天，看完以後的結論是有個大臣要死掉。董卓心虛，就把老上司張溫找來活活打死在街上，藉口是張溫與袁術內通。以前在西北，孫堅勸過張溫殺董卓，張溫沒聽，不想今日卻被這毒蛇反咬一口送了性命。

董卓在全國實行恐怖統治，冤死者以千計，搞得人人自危；董卓又削減當時銅錢的分量，引起嚴重的通貨膨脹，搞得民不聊生。

同時他又很清楚自己的所作所為，害怕會遭報應，於是在長安西邊的郿縣造了個高大厚實的大堡壘，在裡面積蓄了三十年的糧食，喚作「郿塢」。董卓很樂觀地對外宣稱：「我的事業要是成了，就君臨天下；要是不成，就躲在郿塢裡頭吃三十年米，也不枉此生。」

上天已經讓董卓瘋狂了，那麼誰來讓他滅亡呢？

首先在東頭倡義的是袁紹和他的盟友，但不過是把董卓擠到長安來而已。接著有一位孤身犯險的伍孚，在袖子裡藏了把利刃，逕來行刺，未果身亡。再然後還有名滿天下的最後名將朱儁和皇甫嵩，也各有行動。

皇甫嵩這邊，在奇士閻忠、侄子皇甫酈之後的第三位說客，是長史梁衍。

董卓早在洛陽被孫堅逼得困窘之時，便召皇甫嵩去做城門校尉，暗地裡想把他殺掉。梁衍找到皇甫嵩，發表了如下言論：「董卓召你進京顯然是不懷好意。你既然手握三萬精兵，自然不能坐以待斃。現在天子已經先遷來長安了，董賊卻還在路上趕來。不如趁這個機會殺進長安迎接天子，再號令天下討伐董卓——將軍你在西邊打，袁紹在東邊打，可以輕輕鬆鬆把董賊抓起來。」皇甫嵩照例不聽，孤身入狼穴，應所謂城門校尉的差，結果被董卓軟禁。

朱儁是被董卓留下來守洛陽的。徐州的陶謙贊助了朱儁三千精兵，並表他行車騎將軍，頗想借他的名望來組織起新的反董行動。董卓派了部下李傕、郭汜駐在河南，朱儁沉不住氣先行開打。結果這三千兵到底不是數萬軍隊的對手，朱儁打了敗仗，一時喪膽，留在東邊沒敢再打。

袁紹的十幾路諸侯不曾起作用，伍孚的孤身行刺只落得個烈士名頭，皇甫嵩、朱儁名滿天下，卻也竟不是對手。那麼還有誰能滅這個天怒人怨的大魔頭呢？朝堂之上，有人正在悄悄行動。

王允，字子師，太原祁人。早年在地方上做過官，以剛正不阿聞名。後來被大將軍何進攬在府中，直到董卓進來的時候，他已經升到司徒的高位。

剛直不阿的王允，此時竟能委曲心意拍董卓的馬屁，把他伺候得服服帖帖。董卓也對這位司徒以誠相待，不曾提防，並封了王允以溫侯的厚爵。然而他不曾料到，王允卻有心圖他。

王允首先結納了董卓的義子呂布。呂布不滿董卓的理由之一是呂布與董卓的小妾私通被董卓發現過。董卓當時頭腦一熱，惡狠狠地操起手戟擲了呂布，竟想置呂布於死地。後來董卓卻依舊沒事一般，將呂布貼身使喚。呂布由此懷恨在心。至於這名小妾是不是王允故意派出的間諜，史書上並沒有說明；至於這名小妾叫不叫貂蟬，則更無從查考。

呂布在董卓手下不滿的理由之二是他在派系之爭中處於下風。董卓手裡既有原配涼州系的李傕、郭汜，又有從丁原手裡搶來的并州系的呂布、李肅。并州系的勢力相對弱小，深受涼州系排擠，例證之一便是掌不到兵權。呂布當年隨涼州系的胡軫出征，只能任個副將，差點被胡軫所殺，便是明證。

殺董卓各有各的理由，目標卻是一致的。

達成一致的王允和呂布，謀定在初平三年（西元一九二年）春天殺掉董卓。他們並不曾像《三國演義》所說般畫蛇添足誆騙董卓大子要禪位於他。他們只是找了個尋常理由：天子大病初癒，要大會群臣。董卓不曾起疑，坐了車來。行到宮門，便遭久候在此的李肅扎了一戟，董卓甲厚，不曾穿透。董卓吃了一驚，大叫：「吾兒奉先何在？」話音未了，「他兒奉先」便轉出來補了一矛，將老賊刺死。

王允同時下令，派皇甫嵩帶了兵去攻打郿塢。

董卓一死，便有無數人跳將出來，發揚「疾惡如仇」「見義勇為」「除惡務盡」等一干優良傳統，跑至董府誅殺「餘孽」。老袁家的門生故吏，從各個陰山背後犄角旮旯裡鑽出來，屁顛屁顛地跟在皇甫嵩的大軍後面。一待皇甫嵩打破郿塢，便奮不顧身率先殺入，取董家老少首級如探囊取物。董卓的老母，九十多歲的年紀，顫巍巍地抖到門口，求著饒她一命，當即被英勇的好漢們砍下白髮蒼蒼的頭顱。

而皇甫嵩的這次攻打，也成了他一生最後一次軍事行動。他在不久以後，便以太常的高位病死在家裡。皇甫嵩一代名將，打黃巾、打韓遂無不左右逢源，滿堂高官、天下蒼生無不對其寄予厚望，時有歌曰：「天下大亂兮市為墟，母不保子兮妻失夫，賴得皇甫兮復安居。」然而面對董卓，皇甫嵩卻一再妥協退讓，捨奇計而不用，棄兵勇於不顧，孤身赴虎口，狼狽保命，實在有負眾望。

皇甫嵩這時候死了，朱儁卻還有最後的表演。然而這都於事無補。因為東漢的價值觀已經過時，東漢最後的名將已然被時代所淘汰，舞台屬於年輕人。

入春以來，長安連下了六十天的陰雨。董卓一死，日月清淨，微風不起。

這真是漢末以來第一個大節慶啊！

老百姓在這陰霾暫散的夜晚，賣了自己的首飾換來酒肉，在大街上歡呼暢飲、載歌載舞，這場面當真比中國球隊打進世界盃後的球迷歡慶更加狂熱。更有人發揮創造性思維，在董卓肥碩屍體的肚臍眼上點了燈火，膏流滿地，劈啪作響，更添熱鬧氣氛。百姓們並不以為從此之後便能過上大好的日子，也並不去思索未來的生活到底如何。

這樣的場景，引一段《杜蘭朵》中〈公主徹夜未眠〉的歌詞作結：

消失吧，黑夜！
星星沉落下去，
星星沉落下去！
黎明時得勝利！

然而隨著董卓肚臍上那盞天燈漸漸熄滅，天亮了。

大街上滿是狂歡過後的狼藉，無人清掃。朝堂之上也是如此。

王允的本事，不過誅滅董卓而已。至於誅滅董卓以後怎麼辦的問題，他一無所知。在這樣一場浩劫之後，他竟提出：凡是阿附、同情董卓者，一律誅殺；凡是涼州籍董卓部屬，一律不赦！

第一個凡是，有名士蔡邕為證。

蔡邕聽到董卓敗亡的消息，輕嘆一口氣。王允耳朵尖得很，立刻站出來大義凜然指責蔡邕：「董卓是反賊，他死了你不高興反而嘆氣，可見同情反賊，敵人的朋友就是敵人，可見你也是反賊！既然是反賊，便應該消滅！」於是把蔡邕打成反賊，問斬。

當時有官員為蔡邕求情，說蔡邕正在寫後漢一朝的歷史，應當特赦。王允毫不掩飾地說出了殺蔡邕的真相：「以前漢武帝不殺司馬遷，司馬遷寫了本《史記》盡說漢武帝的不是。現在讓蔡邕這樣的佞臣在皇上身邊寫東西，還不知道把咱們寫成什麼樣呢！」俗話說得好，身正不怕影子歪。王允誅殺董卓，奇功一件，怕蔡邕寫什麼呢？原來，王允早先屈身阿附董卓的時候，蔡邕也是董卓的近臣，想必把王允的醜態都看在眼裡。王允殺蔡邕，純屬殺人滅口。

武亂誠然可怕，文亂更以其深刻和隱蔽而令人恐怖。

王允追究起阿附董卓的罪名，下獄死者不計其數。王允又追念起自己誅滅董卓的功勛，便儼然以「中興名臣」和「救世主」自居。他把所有功勞一概攬在自己身上，不但看不起呂布，並且忽略了同樣有大功的尚書僕射士孫瑞。攬功勞，很大程度上也是攬責任。所以後來董卓的部曲追究起責任來，王允首當其衝。王允這樣不知進退，其實是不知死活。所以他的第一個凡是，要了很多人的性命；他的第二個凡是，則要了自己的頭顱。

百足之蟲，死而不僵。董卓本人雖死，勢力卻不曾動得分毫。所以當他的部曲們被王允逼得走投無路時，便索性一起殺進長安來。

第14章

董卓的部曲：百足之蟲，死而不僵

先前說過，董卓軍內分涼州、并州兩派。董卓執政的時候，涼州系手握兵權飛揚跋扈，并州系大受排擠；如今王允總攬朝綱，并州系在朝廷吃香喝辣，涼州系卻到了生死存亡的關頭。

董卓往長安來之前，留了董越、段煨、牛輔把守住洛陽往長安的三處關隘。段煨漢臣世家，早早地順了朝廷；董越被呂布派來的李肅打敗，來投牛輔；三人之中，便剩牛輔這一路最為強大。

牛輔是董卓的女婿，董卓死後，他已喪膽。聽聞朝堂之上要拿他問罪，更是惶惶不可終日。他每日將斧頭放在身邊壯膽，會客之前又讓算命先生看看來訪的客人有沒有「反氣」。反氣是什麼東西，我不知道，但來投他的董越竟被算命先生看出有反氣來，牛輔便將董越殺掉。

在這樣的情況下，呂布派了戰勝董越的李肅來對付牛輔，但牛輔居然打了勝仗。敗軍之將李肅回去後被呂布追究起責任來殺掉，而戰勝的牛輔卻更加心虛。一個月黑風高的夜晚，心虛的牛輔拋下自己的營盤和軍隊，和幾位親密戰友帶著珍珠金子縋城而出打算逃跑，結果被其中一位親密戰友結束了性命，擄了他的珠寶逃走。

在這種群龍無首的情況下，牛輔部下的三員猛將李傕、郭汜與張濟打算向朝廷投降。朝廷之上當權的王允感覺應該除惡務盡，於是發下命令：涼州人一律不予赦免！

對這一段史料，史書其實語焉不詳。

按《後漢書．王允傳》的說法，王允一開始打算特赦這批董卓的部曲，但後來態度似乎模糊起來。結果百姓訛傳了朝廷上要「悉誅涼州人」的謠言，李傕、郭汜、張濟的三人軍事小組一合計，感覺蔡邕只是為董卓嘆口氣就被殺掉了，我們手握這麼多兵馬，自然在劫難逃，於是造反。

按《後漢書．董卓傳》裡的說法，三人軍事小組向長安政府請求過特赦。王允回話說一年內不能搞兩次特赦，上次殺董卓的時候已經赦過了，不好破了這規矩。王允為什麼憎恨這班涼州人呢？因為王允是并州人，呂布也是并州人。董卓就是被這兩個并州人殺掉的，所以三人軍事小組一度命人查出自己軍隊裡的并州籍士兵，全部誅殺掉。

李、郭、張都是強盜，自然有強盜的作法。王允是大臣，卻和這班人嘔氣，卻未免太沒有大臣的氣度了。

不管怎麼說，總之是沒有活路了。三人軍事小組於是決定散了兵馬各自回花果山高老莊流沙河去。這個時候，又一個涼州人蹦躂出來擋住了他們的去路。這個人叫賈詡，四十五歲。

賈詡對局勢做了冷靜的分析：你們三個人要是散夥各自跑回去，必死無疑。反正是一死，不如幹一票大的，直接殺進長安去。此事成了，遭通緝流亡的就不是你們而是王允呂布了。

三人軍事小組一思量，覺得有道理，於是激起性情，像輸紅了眼的賭棍，押上整條性命再玩一把——發動軍隊往長安開去。

王允先派了兩個涼州的鄉紳，說：「這群鼠輩想幹什麼？你倆，把他們叫來。」這兩個鄉紳冒著槍林彈雨舉著小白旗跑到涼州軍這一邊，老遠地大喊：「別開槍！是我們！」李傕一看，樂了，心想你小子怎麼跑到這兒來了？正好，我還不識路呢。於是命令：「前面帶路！」於是兩位鄉紳換了涼州軍服飾，一個充翻譯一個充嚮導。

王允一看，招安不行就圍剿吧，便派了以前董卓手下最能打的徐榮，和一位曾經跟呂布鬧過彆扭的胡軫，一起來應付涼州軍，哪料打了一仗，徐榮死了，胡軫被收編。涼州軍聲勢得到壯大，繼續浩浩蕩蕩往長安挺進。

徐榮，在史書上出現四次，打了三仗。一仗打敗曹操，一仗打敗孫堅，最後這仗死在李傕手裡，總的來說戰績輝煌，被不少三國迷奉為董卓手下第一名將。其實古時這種遭遇戰，拚的還是士兵的素質和數量。涼州兵悍猛好殺，打敗剛出道的曹、孫並不稀奇。因此對徐榮此人，也不必估之過高。不過徐榮是董卓軍中的一個異類——他是遼東人，和其他西北系將領不同。並且他在董卓時代薦舉了老鄉公孫度做遼東太守，對五十年後曹魏的政局產生了不小的影響。

李傕大軍一路挺進，到長安的時候已經收了董卓殘部兵力達到十萬人，三人軍事小組也擴充到「四大金剛」——新增了一位樊稠。

這十萬涼州人，將長安團團圍住，與呂布帶領的守軍作戰。只打了八天，呂布手下一支川軍造反，開了城門放進涼州兵。這支川軍，大概是當年劉焉派來勤王的，是少數民族軍隊，叫做「叟兵」。

呂布失了城門，又開展巷戰，不利，最後騎著赤兔馬孤身逃走。王允帶了漢獻帝跑到長安東面一個城樓上，這時候也不怕破規矩了，不獨宣布大赦，還封了李、郭、張、樊做將軍。四人領了這官銜，繼續圍困城樓，並且在樓上質問王允：董卓到底有什麼罪過？奇怪的是，王允並沒有像《三國演義》描寫的那樣大義凜然回答：「董賊之罪，彌天亙地，不可勝言！」而是「窮蹙」地走下城樓束手就擒。大概此時他心裡還在希冀能逃過一死吧？

而李、郭之流，也不敢隨便把王允殺掉。因為王允兩位老鄉，此時正在長安兩邊做郡守。李傕寫信喚這兩人回來。其中一位看破奧妙，說：我們不回去還行，一旦回去，王公性命不保。

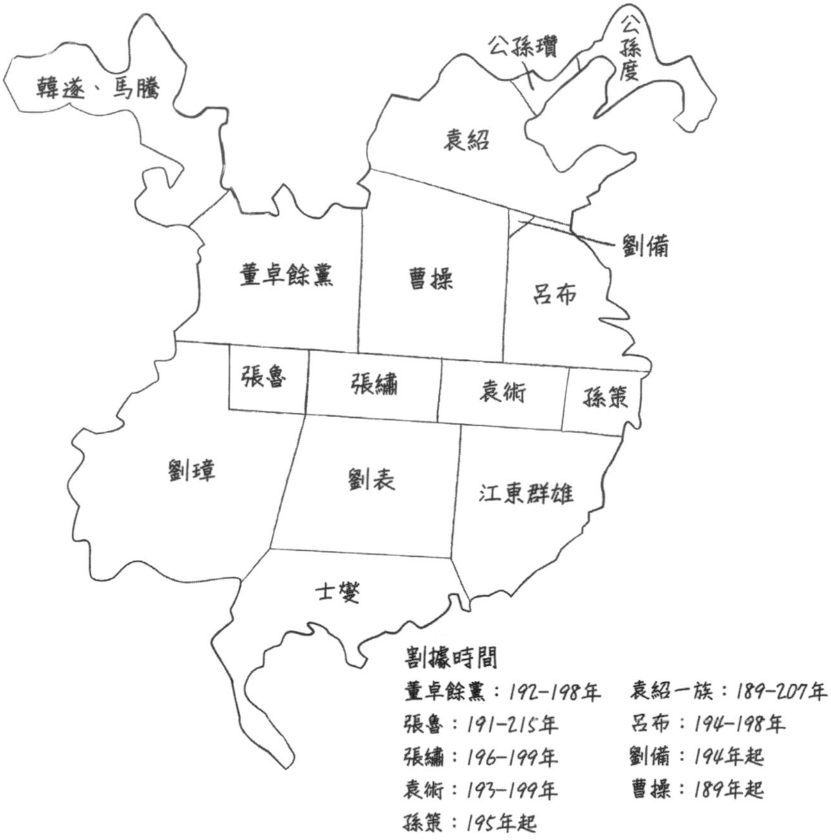

圖 7　董卓餘黨亂政時的天下局勢

另一位不聽，堅持要回來送命。於是這看破奧妙的「其中一位」也放棄了堅持，乖乖回來。李傕會集了這三人，便一起殺掉。這個局面，其實很像伍子胥爸爸被殺時的場景。伍子胥的爸爸被抓，楚王叫伍子胥哥倆去首都。伍子胥的大哥去陪爸爸死以盡孝，伍子胥則逃亡借兵破楚以盡孝。一樣孝心，兩種孝道。可惜王允的老鄉卻都是伍老大的性情，沒有伍老二的脾氣，只好一起受死。

結束了王允，四大金剛心滿意足，接著幹了兩件大事。

頭一件是聚殮董卓的屍骨。拿把掃帚，拿個畚箕，到街上把燒剩的灰掃攏，放在棺材裡埋掉。據說剛埋下，便一個霹靂打將下來把墓炸開，緊接著又一陣瓢潑大雨把僅剩的一點骨灰沖了個乾淨。老天爺總等到事情結束了才出現，不知當初董卓跋扈的時候，為何不打個霹靂下來。

第二件是升官。大師兄李傕做了車騎將軍，二師兄郭汜做了後將軍，三師兄樊稠為右將軍，四師兄張濟為鎮東將軍。除了鎮東將軍張濟到長安和洛陽之間的弘農去「鎮東」外，另外三人共同執掌朝政。三人想到賈詡的功勞，要封他個侯爺。賈詡連忙推辭：「這也是司令洪福廣，方能遇難又呈祥。」

四大金剛的洪福確實比董卓廣了不少。自入長安以來，雖各自占據軍事高位，卻能在政治上任用一批賢能老臣主持局面，文化上舉行了一次儒生考試，並且太學還照常上課。不過經濟上，因為地震、蝗災和大旱的關係，作物歉收，物價昂貴。一般老百姓根本吃不上糧食，只好吃肉——人肉。這個時候，一直像傀儡一般靜靜坐著的漢獻帝有一番表現。

漢獻帝讓侯汶開倉放糧開粥場，結果餓死的人不見少。漢獻帝疑心侯汶吃了回扣，便取了相應數量的糧食親自煮粥，才發現侯汶把一碗的糧食煮成一桶粥。漢獻帝勃然大怒，把侯汶打了五十大板，換人放糧，才算度過這次自然災害。

諾貝爾經濟學獎得主阿馬蒂亞·森說過，發展中國家的饑荒往往不是天災，而是人禍。像侯汶這樣從災民嘴裡摳飯吃的畜生貪官，歷史上屢見不鮮。這樣的混帳，只打五十大板實在太少。

總而言之，從李、郭入長安到李、郭反目，其間有兩個年頭。這兩年，三人共同執掌朝政，關西除偶爾糧食緊缺通貨膨脹以外，並沒有大的動盪。而關東，公孫瓚、袁紹、曹操、陶謙各自施展起手段來，合縱連橫，鬥得雞飛狗跳。而李、郭也有閒心派出兩位和平大使持著節安撫關東諸侯。

這兩年，軍事上也打過一場小仗。

當初董卓進京前，招呼馬騰、韓遂一起來發財。然而不管董卓還是馬騰、韓遂，都不料會發這樣大一筆橫財。董卓死了以後，馬騰、韓遂也打算來長安淘金，不巧走到半路聞知已經被四大金剛捷足先登了。馬騰、韓遂帶著滿懷淘金夢的西北兒郎，不知何去何從。政府下了詔書，封韓遂為鎮西將軍，回老家去；馬騰做征西將軍，屯紮在董卓先前造大堡壘的郿縣。

不久，馬騰做好了一切軍事準備，便找個小藉口和李傕開打。韓遂假裝來和解，帶著重兵跑到戰場，立馬加入馬騰一方毆打李傕。並且韓、馬還連絡了長安城裡四位幹部做內應，其中就有劉焉的兩個兒子。而劉焉，據說也發了幾千兵馬來給韓、馬助威。

但這樣的烏合之眾並不經打。幾個回合下來內應全被誅殺，韓、馬跑回西北老窩。李傕派了樊稠、郭汜和自己的一個侄子李利去追殺。樊稠傻著性子窮追不捨，韓遂被追急了，哭笑不得，回轉馬頭問道：「今後天下到底誰坐莊還不曉得，你苦苦追我做啥？」樊稠一聽有道理，就打完收工。而韓、馬二人，不久就被長安朝廷招安，封作兩個雜號將軍。從這點看，李郭一夥賊寇尚且懂得剿撫並用，相比較之下，王允實在不成器。

這次小亂，只不過是一場大亂的序曲。

到了第二年春天，李利把樊稠跟韓遂交馬聊天的事情告訴叔叔李傕，李傕本來就忌憚樊稠悍勇得眾，就在吃飯的席間把樊稠殺掉。

大師兄冷不丁地殺了三師兄，二師兄郭汜心裡一寒。再加上郭老二的老婆使了點小計，把李老大送給郭老二的美食加了毒藥毒死條狗，嚇唬郭老二：你看，李傕那廝早有害你之心！李郭於是反目。

曾經的親密戰友李老大和郭老二各使雄兵，在長安城內互相攻伐，從春打到夏。李老大乾脆劫了天子做人質，占了先手；郭老二一看，也劫了公卿百官做人質，和大師兄對抗。整個朝堂成了恐怖現場，亂哄哄一團糟，遠不及董卓的時候了。李老大手下有個悍將楊奉，打算殺掉李傕，趁亂分一杯羹。但保密工作沒做好，被李傕發現，於是叛逃到郭老二這邊。

這個時候，屯兵弘農、專心致志「鎮東」的老四張濟實在看不過去了，便趕回長安給兩位師兄和解。李老大郭老二居然被他調解成功，各自交換一個女兒做人質。同時，張濟居然有本事把漢獻帝從賊窩裡接了出來，送到長安之外。漢獻帝跑了出來，郭老二當場反悔，發了兵打算把皇帝捉回送到郿塢將來好派用場。叛將楊奉再次叛變，發兵打敗新主子郭汜，和漢獻帝祖母的侄子董承一起，打算把皇帝保護起來送還洛陽。這個楊奉有點背景，他是黃巾軍山西分舵舵主，由於在白波谷一帶活動，所以被舊史書稱作「白波賊」。

外部矛盾的上升，導致內部矛盾下降。李老大、郭老二、張老四冰釋前嫌化敵為友聯手對付半路殺出的楊奉、董承。他們一路東追，終於追上楊奉一行。楊奉先輸了一仗，便連忙召喚來「白波賊」的弟兄韓暹、胡才、李樂（聽名字就是一班跑龍套的），和李、郭、張幹了一仗，還是輸了。楊奉又連絡了匈奴的右賢王助陣，再輸。

楊奉沒辦法，只好趁夜色助天子渡黃河。卻沒工夫選個好碼頭，登船的所在是一個懸崖峭壁，高出河面二三十米。好在有公卿帶了綾羅綢緞，便一段段綁起，把天子吊下去，公卿百官再按排名，一個個往下吊。有些排名比較靠後的，只好自己往下跳，就跟高空彈跳似的，只是缺條繩子。

如果有人有幸跳下懸崖沒摔死，就可以登船了。登船的時候，要是船上人看你面生，便揮起寶劍亂砍。有不少小兵用手扒著船的，手指頭被砍下來掉在船裡。被砍掉指頭的小兵慘號一聲：「我的手指！」遇上船上人有心腸好的，把包括你的手指在內的一堆指頭一捧一捧地扔出來還給你。

至於岸上有不敢往下跳的恐高的，男的被追殺來的涼州兵砍死，女的被追殺來的涼州兵擄回去做老婆。

漢獻帝、楊奉、董承、韓暹、胡才、李樂渡了黃河，便進入了山西境內。在這裡，李樂有個據點，先安頓下來，然後派人連絡了本地最大的軍閥張楊，才算暫時脫離危險。一旦暫得苟安，便不外乎封賞功臣：楊奉、董承、張楊以及白波的三個龍套都各有升職。

到了洛陽，便改了年號為「建安」。建安元年（西元一九六年）的七月分，張楊、楊奉各自出去屯兵，留在朝廷的只有董承和大龍套韓暹。不知為何，二人鬧起矛盾。董承思忖自己未必是韓暹的對手，便暗召了近在兗州的曹操來助拳。曹操此時已經在東邊打出了一片天地，接到董承的密召大喜過望，便提了兵進洛陽。

曹操一進洛陽，當機立斷把漢獻帝強遷到自己的老巢許昌去。韓大龍套見勢不妙連忙逃出會合舵主楊奉，雙雙攔在曹操的車駕之前昂首怒目。曹操毫不理會開車輾過，揚起一片灰塵。在這片灰塵之中，本回謝幕。新的時代，一個以巨人曹操為中心而運轉的時代，已經到來。

本回出場人物比較多，最後交代一下各位的結局。

楊奉和韓大龍套被車子輾個半死，跑去投奔袁術，在徐州和揚州交界的三不管地帶做了強盜。一年之後（西元一九七年），楊奉被劉備設鴻門宴誆去殺掉，韓大龍套往北跑去并州，路上被人砍死。

同一年，二龍套胡才被仇家殺死，三龍套李樂生病死在家裡。

還是這一年，郭老二被部下殺掉；張老四四處流竄作案，最後在進攻荊州的穰縣搶糧食吃的時候被射死。曹操志得意滿地把通緝令上的黑名單畫剩李老大一個。

到下一年，建安三年（西元一九八年），李傕被捉拿歸案，屠滅三族。

再下一年，建安四年（西元一九九年），張楊被自己的部將殺掉。董承受了天子的衣帶詔組織人手密謀滅曹操，被幹掉。

另外，當年張老四攻打穰縣的時候，還留了一支軍隊。這支軍隊由侄子張繡和涼州智囊賈詡帶領，充當了劉表的看門狗。而這就是曾經在漢末歷史舞台上狂野一時的董卓系涼州軍最後的一點血脈了。

第15章

曹操：新一代巨人的轉型

曹操的故事，說來有點長。

曹操的乾爺爺是桓帝時一名太監曹騰，曹操的爸爸叫曹嵩，官做到「三公」之一的太尉。所以曹操基本上也算是太子黨，和太子黨的老大袁紹混得很熟。《世說新語》記載了好幾個袁紹和曹操小時候一起胡鬧的故事，即便今天仍能從那份頑劣調皮之中讀出一種脈脈溫情。

除了袁紹外，山東壽張還有個小地主張邈，類似於《水滸傳》裡的柴進，都是高第出身，為人輕財仗義，和青年時代的袁、曹關係好得緊。

這是一個充滿挑戰和機遇的時代，志趣相投的年輕人往往結伴闖出屬於自己的天地。馬騰、韓遂如此，孫策、周瑜如此，劉、關、張如此，袁紹、曹操和張邈同樣如此。

所以當黃巾鬧起來，何進打算有所作為的時候，袁紹、曹操和張邈都進了朝廷，積極通過對何進施加影響來掌控朝廷乃至天下的形勢。

然而人生不如意事常十之八九。當何進被宦官害死，而袁紹、曹操趁機將宦官勢力連根拔起完成了洛陽各派勢力第一次大洗牌之際，董卓進京。

董卓和袁紹、曹操這樣的紈褲子弟不同，他是一個身經百戰的武夫。他並不把這幾位洛陽公子哥兒放在眼裡，略施小計輕取了勝利的果實。並且他對這三人採取了分流措施，先將張邈京官外任，調到陳留做起太守。

袁紹、曹操忙活了半天，為董卓做了嫁衣裳，心裡自然不忿，也先後分頭跑出去。董卓對這幾位人物，先是予以全國通緝的，所以曹操的逃亡比較驚險，並且鬧了一齣「捉放曹」的險劇。《三國演義》裡說曹操逃到中牟的時候，被縣令陳宮拿住，因惜他是個英雄，便棄官與曹操一起逃亡。逃到成皋，曹操錯殺了父親的好友呂伯奢一家，陳宮便棄曹操而去。故事是很驚險，也利於刻畫人物形象，然而事實卻不是這樣。

曹操從洛陽出亡，目的地是陳留。途中先要經過成皋，再過中牟。所以曹操沒有道理在中牟被放以後繞回成皋去殺呂伯奢全家。那麼有沒有殺呂一事呢？有的。據《三國志》注引《魏書》的說法是：呂伯奢的幾個兒子連同賓客見財起意，劫掠曹操的財物，而曹操又是很有些武藝的，便把這幾個蟊賊全部擺平。而另據《三國志》注引郭頒《世語》和孫盛《雜記》的說法，則和《三國演義》是一樣的情形了，不過其中並無陳宮的戲分。並且曹操在殺人之後悽愴地說了那句經典名言的原始版本：「甯我負人，毋人負我！」曹操發現自己錯殺了人，一開始有些難過，接下來把心一橫，換了一副猙獰的表情說：錯就錯了，有什麼大不了的！反正我正是「寧我負人，毋人負我」這樣性格的人，殺他們全家是與我性格相符的！

接著跑。

跑到中牟，被縣令（一說亭長）認出是通緝令上的人物，於是拿住監在牢裡。虧了一位有見識的功曹，認為當今天下還不知姓董姓劉，辦事不必這麼認真，於是把曹操放走。至於這個功曹是不是陳宮，史書上沒有說明，多半不是。

曹操從中牟跑到陳留，得到一位孝廉衛茲的財力支持，聚合了五千兵馬。到了中平六年（西元一八九年）冬天，便在陳留東邊的己吾起兵反董。下一年，也就是初平元年（西元一九〇年）的春天，袁紹、張邈完成了各自的布置，一齊回應老友。

袁紹是這次行動的盟主。他懂得打一場仗未必非得動武，於是只是重兵聚集，對董卓施加軍事壓力。《戰爭論》告訴我們，戰爭是政治通過另一種手段的延續。袁紹懂政治。

曹操倒是憋不住了。他要求袁紹別乾打雷不下雨，遭拒。於是親自提了自己的五千兵跑去和董卓幹架，只有張邈念著舊情給了一部分援助。

曹操遇上悍將徐榮，輸光家本，隻身逃回酸棗要求聚集在這裡的四鎮諸侯發兵，還是遭到拒絕，於是曹操跑到揚州去招募兵勇，打算重新來過。

揚州當時的刺史陳溫給了曹操四千兵馬。然而不曾想到這群兵油子只肯在老家耍威風欺負百姓，要到前線去拚命卻是不幹的，走到路上集體叛逃。曹操嚴令喝止，只留下五百個人。

當時有兩個年輕人滿懷殺敵報國的理想，一個是曹操，一個是孫堅。孫堅越挫越勇，推倒了一切攔路的障礙；曹操屢戰屢敗，理想在現實面前屢屢碰壁。

要麼用理想改變現實，要麼理想被現實改變。很顯然，孫堅屬於前者，曹操屬於後者。

曹操到這個時候終於看明白了，袁紹已經不再是那個袁紹，不再是憑著一腔義氣，敢和你上刀山下火海腦袋別在褲腰裡玩命的洛陽公子袁家大少。曹操的理想是為漢家廓清四海，在亂世闖出天地；而袁紹則現實得多，討董不是目的，只是手段，目的是使自己的利益最大化。曹操的理想和袁紹的目的已經產生了質的分歧，這段純真的友誼和兄弟的義氣也已經開始變質。

袁紹主動轉型，曹操被迫轉型。而夾在兩個已經變質的老友中間的張邈，注定只能成為犧牲品。

董卓毒死了被廢的少帝劉辯。袁紹相應的舉動是，和冀州牧韓馥擁立時任幽州牧的宗室劉虞。袁紹象徵性地徵求了「老友」曹操的意見，曹操的回答是：「諸君北面，我自西向。」你們走你們的陽關道，我過我的獨木橋。

初平二年（西元一九一年），又是一年春來到。忠厚長者劉虞果斷地拒絕了袁紹、韓馥的提議。到了夏天，董卓覺得待在洛陽既擔驚受怕又不真開打，無趣得緊，拍拍屁股走人去了長安。「老子不陪你們玩了。」

董卓不陪諸侯們玩，諸侯們便自個兒玩。早在上一年，兗州刺史劉岱就殺掉了自己治下的東郡太守橋瑁，將一位親信王肱安插在此任上。劉岱殺完了橋瑁，又開始眼饞冀州。

同樣盯上冀州的，還有盟主袁紹。他用了逢紀的謀略勾引來幽州的公孫瓚攻打冀州，自己卻以友軍的姿態受韓馥的邀請抗幽援冀，接著順利地把自己的勢力安插到各個軍政要地，最後客氣地請韓馥下課。

整個過程行雲流水，上兵伐謀，斯之謂也。

袁紹盯上冀州之時，還順利地將曹操安插進了兗州。

冀州的西部，當年黃巾的殘餘勢力在黑山分舵舵主張燕的帶領下化整為零，兵民結合，採取游擊戰的辦法，盤踞了一片地盤，搞得有聲有色，史稱「黑山賊」。這一年，黑山軍的小頭頭于毒、白繞、眭固帶領十萬人去兗州的東郡「打草穀」。新太守王肱根本不是敵手，於是曹操在袁紹授意下帶兵把這群烏合之眾打散。太守之位，能者居之。無能的王肱下台，有能耐的曹操被袁紹表薦為新任東郡太守。

有人把曹操打黑山軍看作他試圖另立山頭，而袁紹的表薦不過是對既成事實的追認。其實不然。

袁紹這段時間，確實在專心搞韓馥的冀州。那他對於曹操取東郡的舉動又是什麼態度呢？首先，袁紹在後來和曹操交惡的時候給漢獻帝上書，提到這段時間的舉動：「又黃巾十萬焚燒青兗，黑山張楊蹈籍冀域，臣乃旋師，奉辭伐叛。」這個「黃巾十萬焚燒青兗」，在這段時間內有如此大規模軍事行動的，顯然只能是指黑山軍的打東郡。而所謂的「奉辭伐叛」，自然是指自己的手下曹操的軍事行動。

那麼袁紹本人有沒有「旋師」呢？有的。《三國志．袁紹傳》裡說到高幹、荀諶嚇唬韓馥時說「袁車騎引軍東向，其意未可量也」。

袁車騎東向的意思，其實「可量」得很，表面是去打黑山、打張楊，其實是奪取冀州。至於黑山的蟊賊，派個曹操就解決了，順便還可以將兗州納入自己的勢力範圍。

曹操不只是順水行舟，他當然有自己的想法。然而想法的踐行要靠實力做後盾，曹操現在還沒這個實力。所以，當袁紹要他殺掉王匡的時候，他冷起臉來做了一名合格的殺手。

王匡是討董諸侯之一，河內太守。討董的時候，董卓派過五個名士代表天子來安撫關東。袁紹為了表示對新天子的不屑，命王匡殺掉這幾位名士。這幾位名士中有一個叫做胡毋班，是王匡的妹夫。王匡身在袁紹之下，又為了表現自己對討董之忠心，只好噙淚把妹夫殺掉。袁紹對王匡的表現表示滿意。

殺掉了妹夫，王匡把一腔憤怒轉嫁到董卓身上，於是玩命突進，結果被董卓派了支奇兵打散。無路可去的王匡只好轉回老家山東泰安，招了幾千個兵，看看又不成氣候，便投往張邈麾下。

張邈和王匡都是山東人，算是老鄉。

張邈在討董聯盟中，算是說得上話的，又仗著自己是袁紹的老友，嚴詞批評過他幾句。袁紹被說毛了，便以為張邈和自己搞對抗。這次王匡跑到張邈治下的陳留，正好借這個機會試探一下張邈的心思。

於是袁紹讓曹操殺掉王匡。一來除掉早就對自己懷恨在心的王匡，二來看看兒時的兩位兄弟到底作何反應。

結果王匡被除掉，曹操和張邈臉上都沒有反應。

曹操心裡的想法是忍得一時是一時，先壯大自己的家底要緊。他準備好了一切，而機遇也總是垂青有準備的人。

青州的黃巾，百萬人入兗州。兗州的刺史劉岱正自以為實力雄厚，像個暴發戶一樣沖向這洶湧人流，結果被沖散在人民戰爭的汪洋大海之中。

兗州無主，大家紛紛把眼光瞄向了新任東郡太守曹操。東郡人陳宮利用自己在兗州的能量，四處為曹操遊說。再加上好友鮑信這樣掌握了兵權的劉岱老部下鼎力襄助，曹操順利就任兗州牧。

新官上任的第一把火，放得並不理想。曹操輕騎前往賊營打探，打了一場沒有準備的遭遇戰，鮑信力救曹操，戰死。事後，曹操搜遍戰場，沒有找到鮑信的遺體，只好含淚以木刻了一具屍體，禮葬。

曹操化悲痛為力量，從秋打到冬，結果是招納了男女百萬口，收編有戰鬥能力的青州黃巾軍三十萬。

那個年頭，人口就是生產力，兵馬就是戰鬥力。曹操把三十萬黃巾去蕪存菁，編成「青州兵」，從而有了一支特別不能吃苦但特別能戰鬥的軍隊。

這支軍隊很快就派上了用場：袁術和袁紹全面開戰，公孫瓚派了劉備、單經南插，陶謙也擺開了陣仗，曹操和袁紹背靠背，一人一半全部擺平。第二次戰鬥發生在初平四年（西元一九三年）的春天，被曹操打散的黑山軍和匈奴胡兵跑到南邊投了袁術，於是袁術又壯起膽子對曹操宣戰，把軍隊進駐到匡亭。曹操陸攻水淹連打五仗，把袁術從河南打到江西。

袁術的囂張氣焰被打滅，連性命也幾乎不保。偏偏這個時候，曹操收兵。原因是後方出了問題：徐州有個叫闕宣的聚集了數千人自稱天子，而徐州牧陶謙，據說也在這時候趁亂攻掠了泰山的若干個縣城，並且兵鋒直指任城。泰山和任城，都是兗州的郡，在東郡的東邊。

曹操起兵東征陶謙，卻不曾想到陷入了人生的生死關頭。

第16章

從陶謙到呂布：徐州的事情

關東兵火，華北之大已經安放不下一張平靜的書桌了。

在這樣的情況下，誰想置身事外都不可能。隨著兵火的蔓延，一直靜默著的古老的東海大地徐州，終於進入了人們的視野，捲入了漢末紛爭的大劇。

今天的徐州，在江蘇西北角，從一個兼有地理和經濟意味的名詞來看，屬於「蘇北」。而徐州，除了交通和歷史文化外，在各個版本的排名中，均屬於江蘇各大城市的中下游。因為，徐州把青春獻給了歷史。

徐州，是上古九州之一。此後無論區劃如何變革，這個大州始終穩穩端坐在東海之濱。東漢時的徐州，囊括了今天的山東東南、江蘇北部和安徽的小部分地區，其地河網密布、水陸通暢，大小湖澤星羅棋布，濱海更是魚鹽富庶。從外部看，北接青州，南通吳會，西靠兗豫，東瀕大海，實在是一塊寶地。

這樣一塊寶地，在漢末自然被蛟龍、魚蝦們折騰得風生水起。

在徐州鬧過的蛟龍，有四條：從陶謙到劉備到呂布到曹操。魚蝦則更多了，有笮融、麋竺、臧霸、陳登、趙昱、闕宣……

人多不怕，一個個來看。

一號蛟龍：陶謙

附帶魚蝦：闕宣、笮融、臧霸、陳登、趙昱

陶謙，丹陽人。丹陽偏近蘇南。現在的蘇南人，文氣纖弱，在當時卻據說是「丹陽山險，民多果勁」，是人人眼紅的一大兵源。

《太平府志》載：丹陽舊多紅楊，一望皆丹，故曰丹陽。這是丹陽得名的由來。《漢書・地理志》說，丹陽是漢武帝時改的名。而楊、陽、揚通假，所以後世不同版本的史料裡稱丹楊、丹陽、丹揚的都有。今天的通用名字叫丹陽，是個縣級市。

陶謙在這個地方出來，也果勁桀驁得很：他從小就放蕩不羈，到十四歲還是孩子王。居然也有位大戶甘公看上他，像呂雉的爸爸一般好眼力認定這孩子將來會有大出息，把女兒嫁給陶謙。

圖 8　徐州五郡示意圖

娶了老婆的陶謙開始收斂，肯讀點書，被地方上舉了茂才當了縣令。當時他的頂頭上司是他父親的老朋友，常以伯父的身分想關照陶謙，偏偏陶謙不買這位「伯父」的帳。「伯父」熱臉貼冷屁股的事情做多了，自然惱羞成怒，找了個機會把陶謙從縣令的位子上趕了下去。

然而陶謙官運亨通得很，根本不需要「伯父」的關照，照樣跑到幽州去當了刺史。又趕上皇甫嵩、張溫先後討伐涼州叛軍，陶謙隨軍前往，立了不少功勞。在幽州期間，陶謙結識了公孫瓚；在張溫軍中，又結識了年輕的孫堅和董卓。

打完西邊的韓遂，東邊的黃巾又起。陶謙被任為徐州刺史，走馬上任。

他所依仗的，大致有這樣幾派勢力：一個是自己家鄉帶去的丹陽兵，一個是徐州的本土豪強。丹陽兵可知的有曹豹、許耽、笮融，以及新朋友孫堅派來友情援助的朱治。這位朱治也是丹陽人。徐州的土豪，有陳登、麋竺。另外還有一位青州人臧霸，也得任用。

陶謙一時得了這許多人物的支持，很順利地掃滅了徐州境內的黃巾軍，在州裡立穩了腳跟。

《三國志》上對陶謙在徐州的表現卻很不客氣，採了這樣的說法：「是時，徐州百姓殷盛，谷米豐贍，流民多歸之。而謙背道任情……刑政失和，良善多被其害，由是漸亂。」至於《後漢書》則基本是抄的《三國志》裡的說法。

這段話有兩個意思，我們一個一個來分析。

第一個意思：徐州本是個好地方，自從來了個陶刺史，十年倒有九年荒。

陳壽自己說了，徐州是遭黃巾之亂最嚴重的地方之一，而陶謙來了以後，肅清黃巾，「境內晏然」。所謂穩定是發展的前提，徐州原來動亂不堪，是陶謙來了才穩定的，穩定了才發展的，怎麼能說是陶謙破壞了徐州經濟的發展呢？倒果為因。陳壽還說了一句話：「流民多歸之。」這些流民是哪來的？《後漢書》說了實話：「初三輔遭李傕亂，百姓流依謙者皆殲。」所以可見，陶謙到徐州平定黃巾以後才來了流民，有別的州躲黃巾逃來的，也有因後來關西大亂不遠萬里跑來的。而經陳壽一說，彷彿自從陶謙駕臨，徐州便只有出的氣沒有進的氣了，這是不確的。

第二個意思：陶謙親小人遠賢臣。

所謂的小人是誰呢？曹宏。曹宏是誰？不知道。陳壽說他是「讒慝小人」。那請你拿出證據來呀，對不起，沒有。不光這裡沒加說明，整本《三國志》都不曾告訴你曹宏壞在哪裡。那麼，還有沒有別的小人呢？也沒有說明。讀史，最要不得的便是光下結論卻沒有憑據。

再來看看所謂的「良善多被其害」。當時徐州的良善有誰？陳壽舉的是趙昱。從現存資料來看，趙昱是個品德高潔的名士，至於能力則不清楚。陶謙怎樣對待他的呢？「以忠直見疏，出為廣陵太守」。這又不確了。

陶謙初到任上，便請趙昱出山做「別駕從事」。別駕從事是個什麼官？別駕從事全稱「別駕從事史」，簡稱「別駕」，跟著刺史出門辦事的時候有權另坐一輛車子，故名。在州政府，是刺史最高的佐官之一，其上還有治中，其下有主簿，都是高官。

陶謙以別駕從事的位子做為趙昱出山的起點，實在是親厚之至。然而趙昱不領情，辭疾。

陶謙也知道這些名士故示清高的古怪脾氣，不厭其煩一而再再而三地請趙昱出山，這才得到了這位名士。

那麼，為什麼又把趙昱「出為廣陵太守」呢？我們可以翻一翻〈王朗傳〉。當時董卓把天子遷在長安，王朗和趙昱勸說陶謙要繼續向長安政府示好。陶謙覺得有理，便遣了趙昱去朝貢。長安政府一高興，封陶謙為徐州牧、溧陽侯、安東將軍，王朗為會稽太守，趙昱為廣陵太守。《三國志．王朗傳》的原話是：「天子嘉其意，拜謙安東將軍，以昱為廣陵太守，朗會稽太守。」由此可見，趙昱「出為廣陵太守」，乃是天子的任命，而非陶謙的排擠。何況，廣陵太守是二千石的高官，鎮守徐南一方，自然是信任倚重的體現。

除趙昱而外，陶謙大膽啟用了不少賢才。

他提拔亡命東海的要犯臧霸做騎都尉，鎮壓了黃巾起義。又把他和他的武裝部隊安插在道士于吉的老家兼佈道中心琅邪，以防不測。

他任用了豪族子弟、徐州奇士陳登做典農校尉，大搞屯田，「盡鑿溉之利，粳稻豐積」。從中可以看出他和不懂生產的軍閥袁術、公孫瓚之流的區別，也更印證了所謂「徐州百姓殷盛，谷米豐贍」不是陶謙上任前的背景，而是他努力發展的結果。

他安置了一位遠道來投的老鄉笮融在南部三郡掌管財賦，又默許他在此興造佛寺發展信徒，使下邳在此後很長一段時間內都是佛教的中心。

陶謙挖空心思蒐羅人才，從趙昱到王朗，再到張昭，無不在其徵用之列。但陶謙治下的徐州，又不同於文氣浩瀚、陽剛不足的荊州：北有臧霸駐守，南有笮融看門，表面上穩當得很。

家裡穩當了，陶謙開始介入天下之爭。早先討董的時候，陶謙並沒有表示，而只是觀望。等到董卓跑去長安，陶謙覺得局勢已經一邊倒了，又剛好老將朱儁有心發起討董聯盟，正移書州郡。陶謙便應勢遣了三千精兵給朱儁，並發表他代理車騎將軍。然而區區三千兵並不濟事，朱儁拿著這三千兵往涼州鐵騎身上輕輕一磕，便碰得粉碎。到董卓死掉、李郭主政的時候，陶謙憧憬袁紹當年號令天下的威風，便聚攏了十個州郡長官外帶一位博士，聯名上書懇請當時留駐中牟的朱儁主盟討賊。同時來到朱儁府上的還有長安朝廷派來的徵召詔命。朱儁權衡再三，孤身赴了長安，陶謙的計畫流產。

朱儁呢，後來被李老大、郭老二當人質劫來掠去，受不起顛簸，病死。最後的名將黯然謝幕，然而歷史早已換了好幾撥主角，誰還記得他們？

陶謙討伐不成，便聽了王朗、趙昱的建議，向長安政府朝貢示好。這一招換來的是徐州牧、溧陽侯、安東將軍的敕封。

這個時候，徐州下邳有個闕宣，造起反來，聚起幾千人自稱了天子。而《三國志》說這時期陶謙竟與這個偽天子聯起兵來，攻掠兗州的地盤。

這一點又是大大的不確。司馬光在《資治通鑑》裡就提出了疑問：陶謙一向以忠臣自居，怎麼竟肯與一個草寇混在一起？

有說陶謙使陰謀，先詐與其聯合再將之消滅的，事實上完全沒有這個必要；有說陶謙以此為契機，擴大勢力的，那也可以邊鎮壓邊趁亂擴充，不必與之聯合。總而言之，這又是《三國志》的一樁公案。

事實上，陶謙僅用了一個月便把闕宣平定，並且把他的兵馬收歸己有。

而在這個時候，一直待在徐州境內的曹操的父親曹嵩，大概覺得此地不安全，便攜了大小家眷和金銀細軟，打算投奔兒子去。路上，被一支兵殺光全家，搶走了東西。

這支兵是什麼來歷，歸納起來有三個說法：一、陶謙派去殺曹嵩的；二、陶謙派去護送曹嵩的，但是所託非人，半途見財起意，動了歹心；三、又可能只是當地一隊土匪。這方面的考證不少，一般都傾向於第二個說法。

誰殺的，不重要。重要的是曹操的老爸死了，並且是在陶謙的地盤上。

這時，袁紹和袁術之間的鬥爭形勢已經十分明朗：南下的公孫瓚遭袁紹挫敗，侵略荊州的孫堅死在了劉表手裡，屢起釁端的袁術更是被曹操打到揚州去了。

袁紹要由內線作戰轉為外線作戰——轉守為攻了。

他本人，自然是對付最猛的敵人公孫瓚。袁術暫時搆不著。所以曹操在袁紹首肯下，提兵討伐徐州。證據是袁紹派部將朱靈帶了三個營的兵協助曹操。

面對曹操咄咄逼人的強大兵鋒，年邁的陶謙慌了手腳。

曹操一下子取了十幾個城，攻到當時的州政府所在地郯縣。而這個時候，盟友公孫瓚也派了田楷和劉備過來幫忙。劉備竟有本事憑了一支七拼八湊的隊伍，將曹操的猛銳兵鋒生生遏制在郯城之下。曹操拿郯城沒辦法，只好憤憤退兵。臨走前，他一定記住了城樓之上那個隱約的身影，那個落魄卻始終以皇族自命的男子。這是兩個絕代英雄的首次邂逅。

曹操打不下郯城，卻放任手下屠了周邊五個城，泗水為之不流。而這樣一起滅絕人性的事件，《三國志》竟還要為他遮羞，只說是殺了陶謙一萬兵丁所造成的。

興平元年（西元一九四年），曹操捲土重來，打平了東海、琅邪兩個大郡，並且把劉備的抵抗軍也滅掉。陶謙驚惶失措，決意逃回老家丹陽去。就在這個時候曹操後院起火，陶謙撿了條性命。

撿來的性命沒拖多久，就一命嗚呼了。陶謙臨死前對別駕麋竺說：「非劉備不能安此州也。」

順便交代一下幾個魚蝦的下落：闕宣是被陶謙平定叛亂後殺死的；笮融看到曹操來打，便帶了搜刮的財產南逃到廣陵，太守趙昱來迎接。笮融歹毒，把趙昱殺掉，又南逃，沿路殺了接納他的薛禮和朱儁之子朱皓。還要到江東鬧騰一番，他的戲才算收場。而陳登和臧霸，則好戲還在後頭。

這就是興平元年（西元一九四年）的徐州，第一條蛟龍陶謙歸天，將舞台留給了躊躇滿志的第二條蛟龍劉備。而第三條蛟龍呂布，則已經在曹操的地盤上翻江倒海了。

二號蛟龍：劉備

附帶魚蝦：陳登、糜竺

劉備，字玄德，涿郡涿縣人氏。他自稱漢室皇族後裔，小時候和公孫瓚一起，拜在鄉賢盧植門下讀過書，這是大家都知道的事情。

劉備不像曹操、孫堅，有一個好出身或一群能幹事的好親戚。劉備只有兩個鐵杆哥們關羽和張飛。這兩個名字，在若干年後會威震華夏，但現在只不過是一個窮光蛋老大手下的兩個窮馬仔。

這三個患難兄弟一起打過黃巾，打過土匪，據說也趕時髦打過董卓。腦袋別在褲腰裡玩命，在亂世的驚濤駭浪裡摸爬滾打，辛苦十幾年所得的結果不過是一個「平原相」的官職。平原是青州的一個郡國，當時的青州刺史是田楷，田楷是公孫瓚的手下。所以劉備是老同學公孫瓚的手下的手下。

大學的同學，幾十年後再聚首往往令人慨嘆人生無常。

原本劉備也只是憑著同學關係在公孫瓚手下混口飯吃，並且是混上了一隻鐵飯碗。只要公孫瓚不死，劉備這口飯可以一直吃下去。這樣的日子，原本並沒有一個盡頭，直到陶謙告急。

曹操征徐州，陶謙告急。做為袁術一方的成員，公孫瓚派了下屬田楷來救陶謙，而田楷則把這個任務又差給了下屬劉備。劉備帶來了一堆雜牌軍：平原兵及幽州少數民族騎兵一千多個人，外加臨時強制入伍的幾千個饑民。

這樣的一支隊伍，到底是來救人的還是來吃糧的？滿載著疑問，劉備把隊伍開離了青州的州境，進入了徐州邊界。陶謙的反應是增派了四千丹陽精兵給劉備。劉備大喜過望：我劉備活了大半輩子，還沒見過這麼多兵啊！劉備這一高興，到了脫離公孫瓚、歸降陶謙的地步。

劉備用這樣一支七拼八湊的軍隊，把曹操擋在郯城之下。曹操死活打不過去，只好殺老百姓撒氣。危機一解，陶謙表奏劉備為豫州刺史，屯紮在小沛。

小沛是個縣，不在徐州境內，在豫州，名字叫做沛縣，屬於沛國轄區。沛國的首縣是相縣，由於「沛縣」和「沛國首縣」這兩個概念容易混淆，於是大家親切地管沛縣叫小沛。很多人以為小沛在徐州境內，錯。

小沛就像陶謙勢力打入豫州的一個楔子，進則直入中原，退則守護徐州東門，實在是塊戰略要地。陶謙用小沛來安置劉備這員客將，再合適不過。

第一次危機雖然解除，但陶謙的年紀已經禁不起驚嚇了。他一病不起，死前交代別駕糜竺：「非劉備不能安此州也。」

這件事情比較蹊蹺：在這樣一個軍閥割據、試圖把地盤當私產代代相傳的時代，大軍閥陶謙怎麼會把徐州這樣富庶的地方拱手讓給外人劉備？

前邊說過，徐州的地盤上有兩派勢力：徐州土豪和外來的丹陽兵。陶謙重用的人物中，管軍事的都是丹陽系的軍官，而打理政務的則為徐州土豪。要在徐州立穩腳跟，必須得到徐州土豪的支持。但陶謙對曹作戰的失利和徐州罹難，已經引起了徐州土豪對掌握兵權、負責保衛徐州安全的丹陽兵的不信任。

再加上丹陽兵紀律不良，對土豪利益的侵犯時有發生，例如笮融坐斷徐南三郡財賦，從而使得兩派矛盾更加激化。陶謙一死，兩派勢必衝突。

另外，袁術此時已經把勢力插入了徐州南部，並且自封了「徐州伯」，公開與陶謙決裂，虎窺徐土。

所以陶謙不得不把位子交給一個與這兩派勢力都無瓜葛的協力廠商，以保證徐州的穩定，也從更長遠的角度保障子孫的安全。

陶謙找到的這個人，正是遠道而來的外援劉備。

徐州現在是個燙手的山芋，劉備顯然不敢輕率接管——他要看看徐州各派的反應。丹陽兵和劉備在郯城共患難，已經相互產生了信任，不成問題。那麼，徐州地方豪族的態度呢？這就有了「三讓徐州」的故事。

三讓徐州是真事，只不過男配角不是陶謙，而是糜竺、陳登和孔融。

首先找到劉備的，是接受陶謙遺命的徐州別駕糜竺。

糜竺，徐州東海人。此人世代經商，家裡有錢得一塌糊塗，光具有人身依附關係的「僮客」就有上萬人，是徐州的財神爺。做為徐州土豪的代表人物，糜竺率先領著部眾邀請劉備擔任州牧一職，劉備「未敢當」。

其次找到劉備的，是下邳名士陳登。陳登和他父親陳珪，是有本事左右徐州局勢的能人。陳登首先向劉備說明了徐州戰略地位的重要和戶口財物的殷實，而劉備則流露了自己的擔心：袁術近在左右，怎麼辦？陳登說不怕，一來袁術不是個有本事的人，二來我陳登可以為你「合步騎十萬」。並且在談話的最後亮了自己的底牌：你要是還不聽我的，我也就不打算和你合作了。

陳登把話說得很明白了，而北海相孔融也對劉備說：袁術滅亡是早晚的事情，現在坐領徐州機會難得，你現在不取，過了這村就沒這店了。

話說到這個分上，劉備才解除顧慮，欣然拜領州牧之職。這就是所謂「三讓徐州」。陳登之輩既然選擇了劉備，又寫信知會袁紹，向他示好。袁紹對於徐州所發生的「顏色革命」很滿意，表示會支持劉備在徐州的工作。至此，徐州正式脫南入北，加入了袁紹陣營。

本來打算趁陶謙病危竊徐州的袁術，對於劉備坐領徐州異常惱怒，發兵攻打。而劉備自然領著兵馬進行對抗。鷸蚌相爭的結果，是呂布乘虛而入襲取了下邳，把劉備的老巢端掉。多難的徐州，又要易主了。

三號蛟龍：呂布

附帶魚蝦：陳登、臧霸、陳宮、張邈

呂布為什麼會出現在徐州呢？說來有點話長。

呂布是并州人，以驍勇著稱。他上次出場是和王允合計殺了董卓後，被李、郭趕出長安。

呂布不忘把董卓腐爛發臭的人頭繫在馬脖子下，帶了幾百個親信騎兵，往東出征。出征的第一站，是南陽的袁術。袁家留在長安的老小都被董卓殺了，而呂布又殺了董卓，算是為袁家報了仇，因此袁術對呂布很好。有道是人在屋簷下，不得不低頭。呂布卻仗著這層功勞，放縱部下擄掠。袁術本來也不是什麼善類，便對這位霸道的客人好感漸失。呂布害怕了，便跑去第二站——河內張楊。

河內是關東最西邊的地方，因此長安的消息比較能傳過來。李傕當時出重金買呂布的人頭，河內傳得沸沸揚揚。呂布又緊張了，就去試探張楊的口風：「你要是把我人頭送去，未必有多大好處；不如把我生擒了送去，他們肯定會大大地優待你。」張楊的回答是：你說得很有道理。呂布被嚇得不輕，連夜逃走去第三站：袁紹。

當時袁紹取了韓馥的冀州，正和黑山的張燕打仗。張燕是黃巾殘餘，外號「飛燕」，剽悍敏捷，常常帶了騎兵騷擾袁紹州界。袁紹正好派「飛將」呂布的騎兵來克張燕，把張燕打得七零八落。打完了張燕，袁紹便打算把白吃白喝亂撒野的呂布做掉。呂布馬快，逃走。

呂布窮途末路，想來想去，終於反應過來張楊上次的回答只是冷幽默，並不真打算圖自己，便決定重新去投他。路上經過陳留，天上掉餡餅了。

陳留太守張邈，是袁紹、曹操的老朋友。當袁紹做了關東的盟主，這層友誼開始變質。

張邈以老友的身分勸誡袁紹不要有驕色，袁紹居然動了殺機，叫曹操殺張邈，曹操顧念舊情，沒有動手。

王匡事件中，袁紹叫曹操殺掉寄居在張邈轄區的王匡，曹操照辦。這次事件，曹操和張邈臉上都沒有反應，但是張邈已成驚弓之鳥，脆弱的心靈受不起任何驚嚇了。他大概還記得，前冀州牧韓馥被袁紹逼得走投無路，用一把書刀在廁所裡了結了自己的生命；他也大概還記得，曹操殺王匡時的冷酷和毫不留情。

這樣的夥伴，還讓人怎麼信任。

這個時候，曹操東征陶謙。曹操把後方託付給了兩個人：張邈和陳宮。他把家眷託給了張邈：要是我這次回不來，你們可以去投奔我的好朋友張邈。他把起家之地東郡託給了陳宮。而陳宮找到了張邈，勸他迎呂布造曹操的反。陳宮何許人也？為什麼要造曹操的反？

陳宮，東郡人。年輕的時候就和名士交遊，後來為曹操立足兗州出過大力氣，想來是此地一個土豪。有人說陳宮反曹是因為曹操冷落了他，理由是把他留在後方看家而不帶在前線殺敵。大謬。那時候一把手出征，往往留下二把手看家。曹操東征，以東郡相託，可見信任之深。那麼為什麼陳宮要反曹？

據陳琳的〈討曹檄文〉中說：「故九江太守邊讓，英才俊逸，天下知名。以直言正色，論不阿諂，身首被梟懸之戮，妻孥受灰滅之咎。自是士林憤痛，民怨彌重，一夫奮臂，舉州同聲，故躬破於徐方，地奪於呂布，彷徨東裔，蹈據無所。」邊讓是個名士，老說曹操的壞話，曹操把他殺了。邊讓之死，令以名士自居的陳宮寒心，物傷其類，於是造反。

具體原因已經不得而知，我們只能進行揣測。但沒有疑問的是，張邈和陳宮叛迎呂布，曹操幾乎流離失所。

好在曹操據兗州時所得的大才程昱與曹營首席謀主荀彧一起，守護住了鄄城；並且靠了兩位忠義的將領靳允、棗祗，守住了範縣、東阿。曹操十幾年的奮鬥，一夜之間只剩下三個縣城。

曹操回師與呂布較量，結果青州兵被呂布的騎兵一衝，立馬散亂得不成樣子。曹操的手掌，都在這次戰鬥中燒殘了。

曹操回營整頓軍馬，重打。這一次相持了一百多天，又加上鬧蝗災，兩家都沒糧草了，於是各自收兵。在這最困難的時候，袁紹派了使者來，說曹操你不如歸順我們袁老大算了，以後老大罩著你。幸虧曹操守住了底線，不從。為了應付蝗災，度過難關，曹操精兵簡政，把新招的官吏、士卒都辭了。

而呂布這一邊，卻在跑去各地覓食時遭到當地地主武裝的打擊，敗了。

在這樣的情況下，興平二年（西元一九五年）春天曹操再次與呂布開打。從春到夏好幾仗，終於把呂布打跑。於是曹操專心合剿被困死在雍丘的張邈、張超兄弟。又從八月打到年底，終於把雍丘打破。張超自殺，張邈去找袁術求救，被自己的部眾殺掉。曹操夷滅張邈三族。

曹操征徐州，把家屬託付給張邈；而今，張邈家屬，卻又不知能託付給誰。

曹操畢竟是曹操，而呂布也只能是呂布。曹操花兩年時間收回全部成本，於是又騰出手來毆打呂布，把呂布從兗州境內打出去，使其投了劉備。

後來的事情，大家都知道了：呂布受了袁術的蠱惑，出兵偷了劉備的徐州，卻把劉備安置在小沛屯紮。之後劉備、袁術、呂布三家在徐州這屁大點的地盤上合縱連橫，鬧得不亦樂乎。而曹操就抽了這空檔去洛陽把漢獻帝迎到許縣，把豫州做為自己的大本營開始經營。並且採了棗祗的建議開始屯田。並且還在這過程中抽了點時間打擊了張繡和袁術的囂張氣焰。

呂布取徐州的第三年，即建安三年（西元一九八年），曹操兵精糧足。而徐州的地盤上，劉備已經被呂布打垮，袁術被曹操打得不成氣候，呂布接納了一直半獨立於徐州北部的臧霸勢力，一家獨大。曹操便開始著手收拾呂布。

呂布、陳宮並不禁打，只不過三個月的光景，被打破城池抓起來殺掉。同時被殺的，還有呂布手下一員大將高順。

高順是一名出色的軍人，手下有一支叫做「陷陣營」的特種兵，驍勇善戰。而高順本人，

「清白有威嚴」，對上司忠心耿耿、絕對服從。這樣一位將領，卻明珠暗投在呂布手下，其結果只能是為主子殉葬。

呂布的另一個驍將張遼，則做到曹操部下異姓名將之首。

臧霸由於幫助過呂布，害怕被問罪，便藏匿起來。不料曹操完全不追究，把臧霸請出來，並把青徐二州託付給他。臧霸得了這項任命，也便放開手腳幹起來，在後來的官渡之戰以及對吳作戰中，牽制了敵軍東線兵力。

陳登被拜作伏波將軍，坐鎮廣陵，有吞滅江東的意思，後來與孫策交過手。但他壽祚不長，三十九歲就早逝了。

至於糜竺，跟著劉備出了徐州，破家相隨。最後跟劉備入蜀，當了安漢將軍，極盡尊榮。

徐州的事情，隨著呂布那顆被懸掛在許縣的人頭漸漸朽爛，便暫時告一段落。呂布死後一年（西元一九九年），劉備脫離曹操重占徐州，結果被打得落花流水，家眷及愛將關羽都成了俘虜，並引發了「千里走單騎」的美談，這都是後來大家熟知的事情了。

同在呂布死後這一年，江東的廬江太守劉勳被孫策打得無家可歸，率眾來降——澤國揚州也已經不復平靜了。

第17章

真龍出世前的江湖：揚州的事情

暮春三月，江南草長；
雜花生樹，群鶯亂飛。
——丘遲《與陳伯之書》

這恐怕是歷史上最淡美的江南風情畫了。

揚州，古吳越之地，自古以來便是個「海鹽之饒，章山之銅，三江五湖之利」的富庶所在。這個富庶，在當時指的僅僅是可供開發的自然資源。

漢末的揚州，是當時局勢最錯綜複雜、形勢最波譎雲詭的一州。各家勢力在這裡各顯神通，此消彼長，犬牙交錯，端的是好看之極。

從初平元年（西元一九〇年）到孫策定江東，這裡一共有過九派勢力互爭短長，走馬燈般

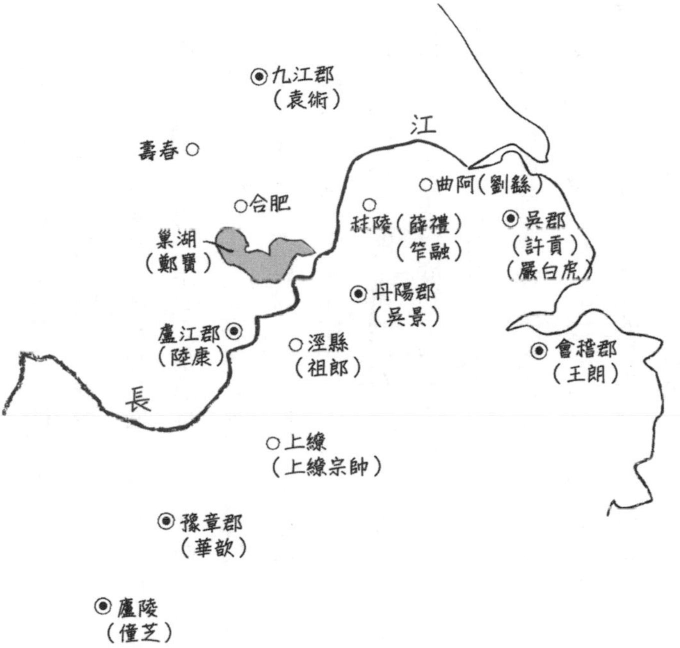

圖 9　孫策渡江前的揚州各勢力

換過七位刺史。至於各郡郡守，更是亂哄哄「你方唱罷我登場」。我童年記憶裡的江南水鄉，隨便往草塘河澤裡的水草掩映處探手一摸，便是一把蟹蚌螺螄。孫策這條真龍渡江前的揚州江湖，也正如我回憶中喧鬧的草塘一般，被魚蝦河蚌龜鱉之流的大小水族攪得漣漪圈圈。

　東漢劃置的揚州，一共有六個大郡。而這六個郡在孫策渡江前的歷史本末，真如一鍋什錦麵，要我們來好好理一理。

廬江郡

廬江郡在揚州西北，轄今天的安徽中西部及河南東南部。廬江境內有巢湖，形似鳥巢而得名，煙波浩渺，一碧萬頃，滋養著皖中平原。

廬江西邊挨著荊州的江夏。而在東漢初年和中期的時候，荊州南郡當地少數民族鬧過幾次叛亂。遭鎮壓以後，這些人都遷移到江夏落戶，形成「江夏蠻」。到漢靈帝時，江夏蠻再次叛變，正趕上廬江境內一支起義軍造反。於是蠻人首領聯合了起義軍領袖黃穰，壯大到十幾萬人，攻掠了廬江四個縣城。朝廷任命了有相當行政經驗的陸康任廬江太守，進行鎮壓。

陸康，吳郡人，先前在武陵、桂陽、樂安都任過太守。這幾處都是少數民族聚居的所在，因此在處理民族問題上可能很有一套。他到任後，花了幾年時間把這支義軍打散，然後做了不少恢復生產、釐定制度的工作，把廬江治理得富庶起來。陸康是吳郡陸家的人，吳郡陸家是江東大族。陸康本人的祖父、父親都是名士。陸康本人，對漢室忠心耿耿。漢獻帝時，雖皇室蒙塵，陸康依舊貢賦不絕。因士族這一身分，陸康曾經拒絕過與出身寒族的孫策會面，從而得罪了這個晚輩；又由於忠心漢室這一原因，陸康曾經拒絕借糧給忤逆的袁術，從而得罪了這個凶頑。陸康就像深插在廬江的一隻老河蚌，只顧縮在殼中，不知禍之將至。

除了老河蚌陸康，廬江的巢湖地界上還有一隻沼蝦鄭寶，團聚了一萬多人在此當水寇。沼蝦者，一彈身子便騰起一團泥汙，看似勢頭大得很，輕輕一捉卻不過是個小物。鄭寶此時嘯聚巢湖很是囂張，結局如何且聽下回。

丹陽郡

丹陽包了今天長江以南的安徽、江蘇和浙江各一部分，基本居揚州北部。

上回說過，丹陽山險，民多果勁。丹陽北部的秣陵，將來是秦淮金粉、樓台水榭的好地方，如今卻只是虎踞龍盤、山大王樂意的去處。現在盤踞在這裡的，有以前陶謙的老部下薛禮，以及貪戾的草魚笮融。

丹陽的老太守是周昕，在曹操討董失利來揚州徵兵時出過大力氣。不久，周昕與袁術交惡，袁術遣了孫堅的妻弟吳景來攻，把周昕打跑，據了此郡。而袁術也隨後在程式上表奏吳景為丹陽太守，孫堅的侄子孫賁為丹陽都尉。

丹陽既然民多果勁，中部的涇縣便有山越民族的首領祖郎屯了宗族兵馬在此，如一隻大螯蝦張牙舞爪滿懷敵意。

吳郡

吳郡在今天的蘇南以及浙江北部，今天長三角的核心地區。

吳郡的老太守盛憲，大概是位名士，與名滿天下的孔融、本地的名士高岱都有交往。不久換屆，新上台的太守是盛憲的部下、原吳郡都尉許貢。許貢是一條凶猛的烏體，剛上台便欲殺害老上司，幸賴高岱出了力氣把盛憲藏在余杭一位叫許昭的人家裡。許貢又曾經把與孫堅爭豫州失利的周禺不明不白地殺掉。

吳郡的陽澄湖盛產大閘蟹，秋高賞菊之日，正是蟹肥之時。大火蒸透以後，蘸著鎮江香醋，佐以鮮薑絲，溫上一壺紹興黃酒，實在美不勝收。而此時的吳郡，正踞著一群蟹，為首的幾隻大閘蟹，正是嚴白虎、鄒佗、錢銅、王晟。這幾個人，組成比較雜。有說嚴白虎是山越首領的，有說都是地方土豪的。其中，王晟乃是前合浦太守。合浦在廣西。王晟應是告老還鄉的退休官僚。

豫章郡

豫章郡比較大，約相當於今天的江西省，位於揚州西部。

豫章早先的太守是一個叫周術的，不久病死，袁術表了諸葛亮的叔叔諸葛玄為太守。朝廷上似乎不知道這件事情，任命朱皓來當太守。朱皓是名將朱儁的虎子，他到了此地，借了刺史劉繇的支持，把諸葛玄打垮，做了太守。不久，丹陽秣陵的草魚笮融殺了薛禮跑到豫章覓食，竟受到朱皓禮遇。而這貪狠的草魚竟紅著眼珠子把朱皓一併殺掉，盤踞在了豫章郡。

再接著，刺史劉繇把笮融打跑，朝廷上任了名士華歆為新太守。華歆到了地方上，卻制不住本地的土豪，工作難以開展，只好像一隻烏龜般懶洋洋窩在爛泥之中，只等漁人的捕撈，好見天日。烏龜者，形容其敦厚名重也。

豫章南部，有個叫僮芝的人，不聽從華歆調遣，自己割據了廬陵縣周邊的一塊地盤，想另立山頭，彷彿一條頑劣的黃鱔，隨便打個洞就想自己做頭頭。溫和的烏龜華歆拿他沒有辦法。

而在豫章的東部上繚一帶，又有宗族豪帥萬戶聚居於此。江南有句俗語「清明螺螄頂隻鵝」，言其鮮美難得。但螺螄雖美，殼卻堅硬。上繚宗帥正如一簇簇螺螄牢牢巴在河底，而這樣的螺螄，不獨上繚，整個揚州遍地皆是。

會稽郡

會稽郡地盤很大，囊括了浙江南部乃至整個福建省，在揚州東南部。當時的福建，人口稀少，因此整個福建省僅僅設了一個東冶縣。

會稽的問題比較簡單，先前鬧過一次許生「陽明皇帝」的鬧劇，被孫堅打平。但當時太守是誰，無考。後來名士王朗被任為會稽太守，到了任上。王朗在此移風易俗，寬惠愛民，待了四年時間，猶如駐在東南的一隻大鱉。鱉者，與龜一般敦厚名重，但性子卻凶猛一些。大鱉王朗在孫策來後的表現，也與烏龜華歆截然不同，桀驁得緊。

除這幾郡而外，還有個九江郡。揚州州政府壽春，也正在九江。然而九江卻早在袁術的手裡了。

比起這大小水族，揚州刺史無疑是條大鱷。

早先的揚州刺史叫做陳溫，贊助過曹操四千兵馬。陳溫不久病死，袁紹想染指揚州，連忙表了自己的堂兄袁遺做揚州刺史。袁術一向把揚州視作自己的後院，哪容他人分羹，便表了陳瑀做刺史，毫不客氣地把袁遺趕走。

後來袁術在大門口被曹操打得無處容身，便打算奔後院揚州而來，哪料到陳瑀竟閉門不納。袁術發兵把陳瑀打到徐州，自己領了揚州。

袁術的「領」揚州，不過是占了西頭的一小塊地盤，雖則他也派吳景打敗了周昕占著丹陽。所以漢朝後來任用的新刺史劉繇到了任上，見揚州原來的州治在袁術的治下，只好過了江到丹陽的曲阿辦公。

劉繇，東萊人，是漢家宗室。他成名很早，十九歲的時候，叔父被盜匪劫持，不知劉繇用了什麼辦法，深入虎穴救出叔父，從而名揚一地。自此又被舉作茂才，進入仕途。他的兄長兗州刺史劉岱是討董卓的諸侯之一。而他與自己的兄長，也被稱作「二龍」。

這次上任揚州，他仰仗了丹陽太守吳景和都尉孫賁的支持，才得以立定腳跟，於是把丹陽的曲阿建成辦公的所在。然而他又對袁術所派來的吳、孫二人很不放心，便把他們驅逐。並且，他在江對岸建了當利口、橫江浦兩個口子，遣了樊能、于糜、張英三員大將守住這兩處；又在江這邊的牛渚建成了錢糧的大本營，屯駐重兵把守；再於秣陵一地，有薛禮駐城內，笮融駐城外。建成了三道防線，劉繇以為穩若泰山，便安心地在曲阿辦起公務來。

袁術派了一員老官僚惠衢做揚州刺史，監視著吳景、孫賁兩個，打著「打回老家去」的口號，帶了重兵攻打當利口和橫江浦兩個口子，打了一年沒有效果。

即便是打破了這兩個口子，要想打到曲阿，必先渡江；而渡江，必經由牛渚一路——牛渚就是後來的採石磯，是著名的「長江三磯」之一，由於這一段江面比較窄，而牛渚又易守難攻，因此歷來被建設成對付渡江的軍事據點。過了牛渚，還要突破虎踞龍盤的秣陵城，實在是難。

這就是孫策渡江前的揚州，從陳溫到袁遺、陳瑀、袁術、惠衢，再到大鱷劉繇，刺史已經換過六人。

而揚州六郡，老成的河蚌陸康、溫和的烏龜華歆、貪狠的草魚笮融、凶猛的烏鱧許貢、桀驁的大鱉王朗，再到沼蝦鄭寶、黃鱔僮芝、螯蝦祖郎、大閘蟹嚴白虎以及上繚的螺螄群，真是水族畢現、精彩紛呈。

從外面看，江夏黃祖虎視其側，徐州陳登兵陳廣陵，孫家得丹陽而復失之，九江袁術近水樓台一心得月，漢家委命的刺史、太守輪番上陣，吳越豪族不甘寂寞，山越部落也是活躍異常，即便是遠在中原的袁紹、曹操也意圖介入。九派勢力鬥法，然而大家各自施展起本事來，卻誰也奈何不了誰。

這樣喧鬧的江湖，萬事俱備，只等猛龍過江。

第18章 孫策：江東小霸王

三國之中最能打仗的是誰？有人說是殄滅群雄的曹操，有人說是六出七擒的諸葛亮，有人說是威震華夏的關羽，都有道理。但論起攻城略地的速度，恐怕無人能與江東孫策爭衡。

孫策從正式與劉繇軍隊接觸起，到攻占豫章止，短短四年工夫坐斷東南六郡，攻掠總面積五十萬平方公里的土地。

講到孫策，往往會有這樣幾個印象：一是他的用兵似乎與曹操、諸葛亮不同，並不多用計謀，而是靠猛銳取勝；二是孫策戰無不勝攻無不克，若老天假以時日，必能使他偷襲許縣的計畫得逞；三是與其他軍閥一樣，孫策在江東濫殺名士豪強。那麼，一個個來看一看孫策的發達之路。

孫策，字伯符，是孫堅的長子。上次出場是在孫堅帶了淮泗精兵北上打黃巾征西涼的時候，他正與小夥伴周瑜玩得火熱，結為兄弟。不久，孫策便將全家從壽春遷到周瑜所在的舒縣去。孫堅戰死的時候，孫策才十七八歲年紀，便與接管了孫堅部隊的堂兄孫賁一起，運了父親的靈柩往丹陽的曲阿去，然後便留在了江都。孫賁則回了壽春依附了袁術。

在江都的時候，孫策將老母幼弟託付給新結識的張紘，自己跑到父親的「好友」袁伯父這裡，參與了一次軍事行動。什麼行動呢？袁紹當時任了會稽周昂來做九江太守，被袁術派了孫賁帶著兵馬打敗。袁術對孫家，顯然是沒有改變政策，依然把他當打手使喚。這次軍事行動，想必孫策是參加了的，因為袁術許諾讓孫策做九江太守。

接著，打手孫賁被派去和孫策的舅舅吳景一起，攻打周昂的另一個兄弟——丹陽太守周昕，並把他打跑。吳景做了丹陽太守，孫賁做都尉。袁術借著孫家的手，把自己的勢力安插到了揚州北部。

孫策呢，本來還寄希望於袁術的承諾，想在九江一展身手，哪料到袁術任了別人做九江太守。這時候，朱治出現了。

人的一生，會遇到許多貴人。有的為你指路，有的替你鋪路，有的扶你走路。比如衛茲之於曹操，麋竺之於劉備，而朱治無疑是孫策早年的貴人，也是江東立國不可忘卻的一位貴人。朱治很早就追隨孫堅征戰，前不久還奉了孫堅的命令以友軍的身分替陶謙打過黃巾。等他打完黃巾回來，卻發現江東已不再是那個江東。老戰友孫堅不見了，所見的只有披麻帶孝、面帶淚痕卻英氣逼人的這位少年——孫策。

朱治不一定是什麼高明的謀士，但人生經驗無疑相當豐富。他勸孫策早點對袁伯父死心，回江東幹個體戶。孫策的反應史書沒有記載，想必是沒有立即聽從。於是朱治借著朝廷特使的一道任命，去吳郡做都尉，替孫策鋪路去了。

朱治到了任上，正趕上劉繇赴任揚州刺史。怎麼對待這個外來戶呢？朱治又以其老到的從政經驗，連絡了丹陽的吳景、孫賁，全力支持劉繇的安家落戶。這一手十分厲害，防止了袁術勢力在揚州的獨大，為孫策脫離袁術、在袁劉兩強的夾縫中求生存奠定了基礎。

然而劉繇還是擔驚受怕，認定袁術任命的吳景、孫賁是不穩定因素，怕生變於肘腋之下，便將這兩人趕走，並費盡心機，由江畔至曲阿布置了三道防線。

既然劉繇對孫家不信任，朱治便把孫策的家眷全部從曲阿接到吳郡，悉心照料，並暗中積蓄兵力，只等孫策渡江。

那麼這段時間孫策在幹什麼呢？他在對袁術做最後的試探。

孫策先是想討還父親的舊部，袁術卻讓他自己到丹陽去招兵。孫策招了幾百個兵，被盤蝦祖郎打散，只好又跑回來找袁術軟磨硬泡。袁術沒轍，把孫堅的舊部十餘人還給了孫策，從而企圖使孫策成為繼孫堅、孫賁之後的第三個打手。

上回說過，廬江太守陸康把孫策、袁術都得罪過。袁術比較惱火，派了打手孫策去打他。臨行前，他又大嘴巴說了不該說的話：「上次我把九江太守的位子給了別人，腸子都悔青了。這次你要把廬江打下來，我就真的讓你做廬江太守，真的。」袁術這一招，在管理學上叫做「激勵」。孫策受了激勵，努力進攻廬江。然而陸康「老蚌」之名不是蓋的，生生守了一年之久。連廬江休假在家的官吏都放棄休假跑回來協助守城，可見陸康的確頗得人心。在敵人有防備的情況下，孫策打了一年多，終於把廬江拿下。陸康一個多月後死去，享年七十歲。

城破之前，陸康託人把家眷送到吳郡。家眷中，一個是陸康的兒子，叫陸績；一個是陸康的侄孫，叫陸遜。

廬江城破，袁術以把老袁家的故吏劉勳任為新廬江太守的行動，宣布自己再次食言，孫策對袁術徹底失望，其不滿意程度已經到了決心與這位袁伯父分道揚鑣的地步。

怎麼分道揚鑣？

在孫策打廬江的時候，袁術派另一個故吏惠衢擔任揚州刺史，督著吳景、孫賁兩個全力攻打劉繇設在江邊的橫江浦、當利口兩個據點。同樣打了一年，卻沒打下來。孫策便主動請纓去打這兩個口子。袁術同意。

孫策一到，得了好兄弟周瑜的幫助，輕鬆拿下兩處，便立即渡江，把劉繇囤聚糧草戰具的牛渚拿下，直撲第三道防線——秣陵而來。

秣陵的草魚笮融，仗著兵勇凶狠，與孫策幹了一架，到底不是對手，便縮頭不出。孫策便去攻打薛禮，把秣陵拿下，又回頭將打算重奪牛渚的幾個雜碎收拾掉，又回過來打笮融。打了一陣，難下，便不再在這塊硬骨頭上費工夫，轉去攻打別處。

孫策行軍輕險，一次帶了十三個部下出去打探敵情，正與劉繇部下也來打探情報的太史慈碰頭。太史慈和劉繇是老鄉，卻因出身寒微，不得重用。孫策明明人多勢眾，卻獨自與太史慈單挑，打了平手。孫策身為主帥，行事輕險，固是取死之道，但也正是他那無限英雄氣度的個人魅力所在。

孫策一路打到曲阿，把劉繇打跑。於是招降納叛，兵力擴充到兩萬多。

孫策渡江的同時，朱治也在吳郡動手，把太守許貢打敗，占了吳郡與孫策相呼應，起到了有力的配合作用。

許貢跑到山裡，與大閘蟹嚴白虎會合。

劉繇往哪跑呢？往豫章。

他先是派了被孫策打過的笮融過去鋪路，幫朱皓把諸葛玄打走。然而笮融貪狠，又把朱皓殺害。劉繇便親自提了兵攻打笮融，占了豫章。笮融跑到山裡，被山民殺掉，終於結束了罪惡的一生。

現在的情狀是，孫策不單有父親留下的舊部程普、韓當、黃蓋三個老將，並且有自己的夥伴周瑜，以及新投奔的蔣欽、周泰、陳武，再加上張昭、張紘、秦松、陳端做謀主，兵力兩萬，騎千餘，已經是江東一方較大的勢力。孫策在取得大好形勢的情況下，派了吳景、孫賁兩個回去回覆袁術，名義上請示下一步的作法。袁術看到孫策取得如此大的戰果，非常驚訝，另一方面也依然確信孫策是自己人，表奏他做殄寇將軍。

孫策帶著這樣一支兵，與已經控制了吳郡的朱治會合，下一步打算殄的寇是會稽的大鱉王朗。

王朗據會稽有年頭了，手下有個奇士虞翻，能文能武能算能卜。孫策打算對會稽用兵的時候，虞翻正逢父喪，在家守著。一聽到消息，虞翻連忙趕到太守府，勸王朗投降。王朗不聽，恃著城池險固，與孫策開打。孫策幾次水上進攻，居然都被擋下來，一時受挫難進。

孫策的叔父孫靜，找到孫策如此如此這般這般一番，孫策感覺大有道理，依計而行。當天晚上，王朗在城頭，只見水面上船隊齊集，火光衝天，鼓噪不已，於是全副精神備戰。卻不料側面來報，孫策一支偏師從另一處城樓攻過來了，這才驚慌失措，倉促迎戰，結果自然大敗。王朗沒奈何，棄了城池，帶著幾個殘兵跑到海上去。虞翻緊緊隨著他。

王朗飽讀詩書，如今乘桴浮於海，想必感慨萬千。

感慨未畢，已經到了會稽南部的東冶縣城。東冶在今天福建，當時不知道蠻荒成什麼樣子。東冶的長官居然閉門不納自己的落魄上司，多虧虞翻一番說道，才開了門讓王朗進去。

王朗進了城門，很悽惶地對虞翻說：「你家裡還有老母親，你可以回家了。」虞翻告辭。王朗在這偏僻的小縣城目送著虞翻朝自己熟悉的方向走去，漸行漸遠，心裡不免酸楚。

虞翻趕回會稽，此地已是舊貌換新顏了。孫策整頓好城裡的大小事務，就鼓起兵馬直奔東冶，把這個縣打掉，把被海風吹黑了的王朗迎回禮待，當然對虞翻更予重用。

到這個時候，孫策才緩了口氣，依舊任吳景為丹陽太守，朱治為吳郡太守，自己領了會稽太守。江東六郡，孫策已得其三。

孫策坐大，曹操不安。他驚呼：「猘兒難與爭鋒也！」猘，是瘋狗的意思。曹操沒見過打仗這麼猛的，所以吃驚之下，用了這麼個比喻。

按說孫策遠在江東，曹操立足中原。孫策勢力的興盛，與曹操有什麼關係呢？曹操立足中原，但志在天下。他雖然只占了兗州、豫州的幾塊地盤，眼光卻放得長遠。他讓臧霸控制青徐，讓陳登扼守廣陵，讓鐘繇鎮撫關西，讓劉馥經略東南，都是大手筆高境界。他實際控制的地盤雖小，卻有相當的控制力——就像用三十萬元的股份卻能運作一百萬元的資金一般。孫策坐大，袁紹想必是不會著急的。一來與地緣政治有關，二來袁紹雖則有奪天下的野心，卻不曾設計過什麼周密的計畫和完整的步驟，非得事到臨頭才能上心，所謂志大才疏是也。

志大才也大的曹操，以皇帝的名義，讓一個使者封孫策做騎都尉，讓他與呂布、陳瑀聯手對付袁術。孫策接了這任務，卻嫌騎都尉官太小。那使者倒也爽快，當即以皇帝的名義讓他代理明漢將軍。

有了明漢將軍的頭銜，孫策提兵北上。這時候，陳瑀有動作了。

陳瑀是前任揚州刺史，也是袁術的老部下。史書上說此公前不久剛被袁術逐了往徐州去，這時候卻暗地裡連絡丹陽的祖郎和吳郡的嚴白虎，陰謀顛覆孫策的基業。孫策得了這情報，就讓呂範和徐逸兩個，帶了兵把他打平。呂範是孫策早期的得力助手，既是幕僚又能帶兵打仗，閒暇時候還陪孫策下下棋。孫策和呂範有一局棋流傳至今，大概是現存最早的圍棋對局了。

如果陳瑀不搗亂，孫策會不會真的去打袁術呢？顯然是不會的。一來孫策在江東立足未穩，二來他與袁術還不至於鬧到不可開交，三來孫策不會為了一個空銜便替曹操做槍手——這一招只能欺欺呂布。所以我疑心，孫策的出兵，不過是得了個藉口打算清剿吳郡的反對勢力而已，而陳瑀，被打草驚蛇，才採取了行動。又或者確是陳瑀採取行動在先，正好這當口曹操派了任務，孫策便借著這理由做為出兵的掩護。

總之史上有不少事情，書上不曾記明白，我們卻是可以動動腦筋的。只要記得兩點，一是能自圓其說，二是不把自己想到的結果當定論。這樣讀史，會很有一點推理小說的味道。

陳瑀受了打擊，不但在揚州的勢力全消，並且連家小也落入孫策的手中，只好單槍匹馬去投奔袁紹。孫策平了陳瑀，也開始積極地攀結曹操——他讓張紘帶了地方的土產去許縣進貢。東南地方，嘉興的肉粽子、金華的火腿，都是很好吃的——只不知當時帶的是什麼東西。

曹操一高興，也禮尚往來，先是以皇帝的名義正式封孫策做吳侯、討逆將軍——這是孫策一生所得的最高軍銜，後來《吳書》替他作傳，便稱之為孫討逆——繼而以私人名義把侄女許給孫策的弟弟，又為黃鬚兒曹彰納了孫策的侄女做太太。做使者的張紘也得了升賞，還盛情邀請孫策的弟弟孫權去京師當官。

做為孫曹交流的一項禮物的，還有王朗。王朗待在江東吃膩了魚腥，很想回歸漢廷的懷抱。曹操得知了，就以朝廷的名義徵召。孫策很不在意，把王朗洗刷乾淨，與土產一起丟上了北上的禮車。

正當孫曹表面上打得火熱，孫策的老東家袁術卻在走下坡路。他首先不顧天下的反對毅然僭了帝號，又因孫策的反對而施些小手段：他給吳郡的地方武裝首領祖郎、太史慈以官位名號，給他們的部隊編了番號，讓他們伺機反攻孫策。這種下三濫的下作手段與孫策的英雄氣概相比，便叫人很看他不起。

而祖郎和太史慈果真接了任務，煽動起山越的少數民族，在崇山峻嶺之間與孫策的軍隊打游擊。孫策領著軍隊進入山區，決心好好跟這兩個驍悍的頭目鬥一鬥。

孫策進山，一戰而擒祖郎，二戰而拿太史慈，都鬆了綁，加以重用。孫策入山時，孤膽一人；出山時，祖郎、太史慈兩邊開道，好不威風！

下一步的目標是豫章。劉繇在三年前逃去那裡，不知整頓得怎麼樣了。

孫策讓初降的太史慈打探豫章的情報，太史慈進了豫章城門，四處走訪打探了一番，得知劉繇已經病死，其部眾公推華歆做帶頭大哥，華歆只是不敢當。於是回來彙報：「劉繇已經病死了，現在的太守華歆不過是個縮頭烏龜。他的地盤上，黃鱔僮芝據著廬陵自稱太守，上繚的宗族螺螄群割據一方，呈半獨立狀態，華歆完全沒有辦法。」孫策聽了，哈哈大笑，於是定了取豫章的主意。

就在這個時候，發生了兩件事，一件是老東家袁伯父病死，一件是巢湖的鄭寶被殺。

沼蝦鄭寶割據巢湖，卻覺得缺個軍師，於是瞄上了當地傑出青年劉曄。劉曄是皇族之後，又有智謀的名聲，誰不想得到這樣的人才呢？登庸是登庸不來的，鄭寶決心直接挾持。可劉曄不想一輩子在這個土匪窩裡說著言不由衷的話，幹著身不由己的事，於是安排了一個鴻門宴，親自動手把鄭寶做掉，把鄭寶的部眾當作禮物順手獻給了劉勳，自己去投奔曹操。

另一方面，皇帝袁術日暮途窮，想幹啥啥不成，想吃啥啥沒有。想想自己錦衣玉食的少年生涯，再看看現在生龍活虎的青年孫策，袁術越想越沒勁，就這樣不負責任地死掉了。

皇上一死，他的文武大臣、御林兵勇解放了似的，一致決定投奔最有前途的孫策，於是展開大逃亡。正逃到廬江境內，遭到袁家的老門生、現任廬江太守劉勳的阻擊，全體被俘。

袁術的家屬走在後面，一看先頭部隊被劫持了，索性也投奔了劉勳。

消息傳到孫策這邊，小霸王不禁切齒：「劉勳，又是劉勳！」若干年前，正是劉勳把他廬江太守的位子奪了去，今天舊仇未報又添新仇。孫策何等人物，怎麼可能坐視劉勳勢力膨脹，於是低眉順眼寫了封信去，說我們老受上繚宗族的欺負，您是揚州的憲兵，麻煩您為我伸張正義。

剛好劉勳這邊一下子添了這麼多兵馬，也兵糧吃緊，於是帶了兵馬去打上繚。這一走，就再也沒回來——孫策把他老窩端啦。劉勳中了孫策調虎離山和扮豬吃老虎的謀略，進退失據，只好就近投奔了劉表的愛將——江夏黃祖。

劉勳不單投靠黃祖，並且有本事說動黃祖，引了荊州的兵馬前來反攻倒算，當時算是引起「國際爭端」了——孫策與劉勳之爭，是揚州的內務，而黃祖，是荊州的將領。

黃祖的先頭部隊，是兒子黃射帶的五千水軍，被孫策輕鬆打垮。劉勳北上投奔曹操，黃射跑回去找老子。他老子還沒做反應，孫策已經先行殺過來了。而黃祖的幕後老闆劉表，也派了侄子劉虎和一員將領來救援。

這一戰發生在建安四年（西元一九九年）年底。戰鬥的結果是，黃祖全軍覆沒，孫策得了六千艘戰艦做為戰利品。戰爭的過程，我自忖沒有孫策本人描述得精彩，便引他給漢廷的上書於此，一來看看戰鬥的精彩，二來看看孫郎的文采：「身跨馬櫟陣，手擊急鼓，以齊戰勢。吏士奮激，踴躍百倍。心精意果，各競用命。越渡重塹，迅疾若飛。火飛上風，兵激煙下，弓弩齊發，流矢雨集。」

不唯江東，試問整個中國南方的地盤上，還有誰堪與小霸王一戰？

所以當孫策把目光瞄向豫章的時候，太守華歆就痛痛快快地聽了說客虞翻的勸導，出降了。華歆降得很體面，布衣葛巾，以示自己不是以漢朝臣子身分降的。孫策也以拜會老師的禮節接遇華歆，給足了面子。

其實，如果把華歆和王朗換個位子，那麼王朗恐怕就是溫馴的烏龜，而華歆便是桀驁的大鱉了：孫策打王朗時，時局還不明朗；打華歆時，已經是一邊倒的絕對優勢。審時度勢，王朗選擇了戰，而華歆選擇了降。

華歆此人並不是什麼好貨色。他年輕時的行狀，《世說新語》裡有管寧割席的故事，大家都知道。這個時候，孫策把他當師傅禮遇，孫策一死，他卻趕緊找藉口跑去投奔曹操。在曹丕的時候，他更是篡漢的幫凶。總之此人，很叫人看不起他。儘管與王朗、鍾繇同列一傳，卻大大不如。而後世，卻往往因為《三國演義》裡有篇罵死王朗的故事，把王朗當丑角，也是十分不公的。

剩下的一條小黃鱔僮芝正在生病，孫策讓堂兄弟孫輔取了廬陵，便因地制宜設了廬陵郡，由孫輔做太守。豫章由孫賁做太守。前面得到的廬江，是李術做了太守。

吳郡地盤上的嚴白虎等人，也已經被孫策輕鬆打敗。到這個時候，江東表面上算是穩當了。

到這裡，我們可以總結一下孫策用兵的特點了。

孫策打仗快、準、狠。他並不一味強攻，而是善於針對不同敵人的特點，打擊對方的死穴。打王朗，便聲東擊西；打劉勳，便調虎離山；打華歆，便先禮後兵；打祖郎、太史慈，則把兵力散入山區化整為零。打得過就打，比如對付劉繇；打不過就用計，比如對付王朗；計策不靈就跑，比如對付笮融。

他打仗，能先急後緩，分清主次。劉繇是揚州刺史，所以擒賊擒王先滅他；吳郡、丹陽有比較好的群眾基礎，所以其次取之；嚴白虎雖然聲勢不小，但難成氣候，所以先擱下不管。華歆自顧不暇構不成威脅，所以最後消滅。

孫策用兵流暢迅猛，但並非無敵。他打笮融受過挫，打王朗受過挫，但都扳回來了。唯有一人，他受過挫，卻至死未能扳回。此人正是廣陵太守陳登。

早在打劉勳前，孫策勢力與陳登交過一次手，在《三國志》的一段注裡面有。這次孫策軍隊的統帥是誰，不得而知。總之是吃了敗仗的。到孫策打黃祖的時候，陳登又派人連結嚴白虎的部眾，在身後搗亂。

陳登常請曹操給他足糧足兵，以東南相付，曹操沒有同意。此人可謂是孫策的一個勁敵。所以當孫策擺平了江東，就又打算以偷襲許縣為名義，使用消滅陳瑀的一招打掉陳登。部隊齊集，正等著糧草運到，孫策卻突然出了事——遭遇幾個不要命的刺客襲擊，傷重而死。

哪來的刺客呢？據說是前吳郡太守許貢的門客。許貢失吳郡後，為孫策所殺。一次孫策出獵，許貢的三位門客偽裝韓當士卒隨行，被發覺。孫策當即射倒一人，卻被其餘兩個回射，中了面頰。孫策部眾很快趕到，把這三人當場砍死。

孫策回去以後不久，傷重而亡。

故事就這麼簡單。

但是，我們結合另一個記載來看看。

官渡，袁曹對峙。曹操聽聞孫策要襲擊許縣，很擔心。謀士郭嘉說：「策新並江東，所誅皆英豪雄傑，能得人死力者也。然策輕而無備，雖有百萬之眾，無異於獨行中原也。若刺客伏起，一人之敵耳。以吾觀之，必死於匹夫之手。」

這段話說完幾個月後，孫策遇伏而死。

郭嘉不是管輅，管輅是算命先生，郭嘉是謀士。算命先生和謀士的區別在於，算命先生只能告訴你將要發生什麼，而謀士則會把應該發生的變成已經發生的。

所以不要再懷疑郭嘉怎麼這麼神，如果想通了，都是很簡單的道理。

再說，短短的行刺，也沒有事後拷打，許貢門客怎麼會自暴身分？混淆視聽、轉移矛盾罷了。

再補充一句，當時想讓孫策死的，絕不止曹操一個。

當時孫策得罪過的，都有誰呢？我們羅列一下被他殺掉的人，就有數了：許貢，于吉，高岱。那他冤殺了誰呢？高岱。

許貢基本上是個小人兼壞蛋。他既要殘害自己的老上司，又向朝廷打孫策的小報告，還把敗逃吳郡的周昂殺掉，此人簡直死有餘辜。這樣一個人，怎麼會有三位俠士替他報仇呢？真是費解。

于吉是邪教頭目，我看《三國演義》時便很討厭這人。他既蠱惑民眾叫大家不要去醫院看病光吃他的藥水就可以了，又與黃巾有瓜葛，不管換了哪一朝政府，都應該把這人正法。

名士高岱死得冤枉。孫策聽說高岱精習《左傳》，就找他來探討。結果有個搬弄是非的傢伙，對高岱說：「孫策最討厭別人勝過自己，他問你話你最好說不知道。」又對孫策說：「高岱最看你不起，你問他話他一定說不知道。」於是好戲上演，惱怒的孫策把裝聾作啞的高岱殺了。

其實孫策好士禮士，是很有名的。

張昭的老朋友寫信給他，都說你張昭真厲害。張昭惶恐，怕功高震主，孫策笑了：「能用你這個人才，不說明我更人才嗎？」這等襟懷，比起袁紹唯恐部下比他聰明的氣量，真是好了不知多少。

王朗、華歆這樣的降臣，孫策都予以禮待。劉繇死後，全仗孫策安葬、撫恤家小。劉繇的兒子劉基後來是孫權的愛臣。袁術的家小，也受孫策收養，他的兒女在孫權宮中的境遇，前面也講過了。曹操、劉備可不曾這樣對待過袁紹、劉表的後代。曹操唯恐不能把袁家人趕盡殺絕，而劉備對劉琦，也不過「利用」二字。

當然，孫策留下的爛攤子，也是很不小。希拉蕊在一次演講中表示，她需要兩個任期來清理小布希的爛攤子。孫策雖然不曾留下爛攤子，但其歷史遺留問題，也足夠孫權好好忙活的了。

孫策偷襲許縣雖然未必屬實，但袁曹已經在官渡對峙起來了。話，還得從幽州的事情說起。

第19章

公孫瓚與劉虞的恩怨：幽州的事情

初平二年（西元一九一年）七月，冀州牧韓馥面臨生死抉擇——儘管當時他並不知道這個抉擇關乎生死，但後來事態的發展證明這個詞語用得並不過分。

部將麴義兵變於前，公孫瓚傾燕、代之精銳來襲於後，袁紹趁火打劫派說客勸他讓冀州，怎麼辦？韓馥百思不得其解：一向平靜的冀州，怎麼會把公孫瓚這隻餓狼引來？他萬萬料不到，公孫瓚今日的到來，正是他韓馥半年前種下的因緣。

半年前，也就是本年正月，韓馥與袁紹為表示對董卓所擁立的獻帝朝廷合法性的質疑，決心擁立一個新政府來與之對抗。他們找到的，是大漢宗室、幽州牧劉虞。

劉虞，東海郯縣人，高幹子弟、宗室之後。史書上對此君極盡溢美之詞，說他早年任博平令，蝗蟲都不飛進縣界。又說他後來任幽州刺史，異族感其德化，紛紛朝貢，不敢再擾邊。劉虞什麼時候任幽州刺史的，我們不知道，但大致在光和年間（西元一七八—一八三年）——

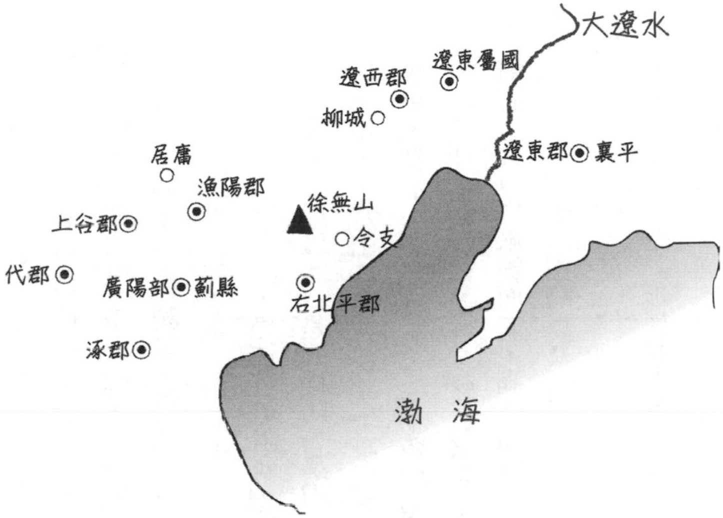

圖 10　幽州郡國示意圖

因為到中平元年（西元一八四年），幽州刺史郭勳被黃巾軍殺死。然而光和年間，幾乎年年有鮮卑寇邊，唯有光和五年至六年（西元一八二—一八三年）好些——這也不是劉虞的治績，而是鮮卑首領檀石槐死了，鮮卑一時沒有強有力的領袖。這恐怕要叫不少誇耀劉虞能力的人失望。

劉虞幹完幽州刺史，轉為甘陵相，又到中央做了宗正。這個時候幽州鬧起兵變，考慮到劉虞在這裡的威信和工作經驗，朝廷任命他做幽州牧——到韓馥來勸立他為帝的時候，正是他在幽州牧任上幹的第四個年頭。

劉虞是肯定不幹的。第一是因為他素以忠義著稱，第二是因為他此時自顧不暇

——幽州地界上最大的實力派公孫瓚並不聽他話。如果他真做了皇帝，那也不過是第二個漢獻帝罷了。所以劉虞嚴詞拒絕，並且派遣使者去向遠在長安的漢室表忠心。他所選派的使者，一個是田疇，一個是鮮于銀。鮮于銀是他的部下從事，田疇則是從民間選拔出來的義士。

田疇，右北平人。好讀書，善擊劍，可算是個奇士。劉虞備了禮物來請他擔任使者的時候，他才二十二歲。準備好車馬，田疇率了鄉里少年二十騎預備出發。出發前他對劉虞說了兩件事，一是如今天下大亂，恐怕官道阻塞、強人出沒，所以他打算抄小道，能走到長安就算萬幸了，不要抱太大期望，二是要提防公孫瓚。

二十年後，當田疇在曹操手下身居高位的時候，他一定會想起二十年前那段難忘的旅行——那是怎樣的一段征程啊，二十多個滿懷夢想的青年自居庸出關，依陰山而行，直趨朔方郡，一路盡揀荊棘小道而行，終於來到了夢中的長安！當困居在西涼兵甲叢中鬱悶著的漢獻帝，看到這幾位挾風霜而來，滿面鬍碴卻掩蓋不住一臉逼人英氣的少年時，一定眼前一亮，當下詔拜田疇騎都尉。田疇以為天子蒙塵，不敢受此殊榮。田疇完成了使命，便暫且待在長安，其間公府徵召，皆不就。

田疇完成了使命，年輕的漢獻帝心中的希望之火卻漸漸燃起。他不甘心做一個傀儡靜觀亂世，他想回到洛陽，回到自己的地盤。可是關東的勤王軍一再叫他失望，田疇的出現，令他想到了劉虞這位皇族的遠親，忠順的長者。於是他找來侍中劉和。

劉和，是劉虞之子。劉虞出任幽州牧，劉和留在朝廷當侍中，其實也是做人質的意思。劉焉之為益州牧，也有三個兒子留在朝廷做官。漢獻帝找到劉和，叫他祕密逃出長安，讓劉虞帶兵來迎。此時董卓殘暴得很，劉虞怎會有本事將獻帝從這狼窩救出呢？難道是機敏的獻帝看出了朝中鬥爭的端倪，料到董卓翌年的死期？

滿懷著疑問，劉和東出武關。田疇來時走北路，回去時走南路取道南陽。南陽是袁術的地盤。袁術見了劉和這個寶貝，探聽到朝中的動向和天子的意向，便有心挾天子，就扣留了劉和，讓使者報告劉虞，叫他派兵過來一起去迎還天子。

消息又隨一騎快馬由南國的南陽飛到北地的幽州。

劉虞得到消息，連忙派了數千幽州騎兵去袁術的地盤。幽州握有兵權的公孫瓚出面阻止。他的理由是袁術不可信，其實他心底還有一個理由：你劉虞迎了天子，把我公孫瓚往哪裡擱？劉虞既關心兒子的安危，又關心天子的安危，自然不理公孫瓚，只顧把數千騎兵發遣向一個陌生的未知之地。

公孫瓚碰了釘子，也開始動腦筋：我出面勸阻劉虞發兵，豈不是間接得罪了袁術？俗話說寧可得罪君子，不可得罪小人。公孫瓚決定不得罪袁術而得罪劉虞。他遣弟弟公孫越趕在劉虞派出的騎兵之前到達南陽，勸袁術扣留劉和以及即將到來的騎兵。袁術欣然同意。

公孫瓚這一招的成功，既阻止了劉虞迎駕東歸，又連絡了大老袁術，欣欣然自以為得計，便不復有後顧之憂，悍然提兵往冀州而來，在韓馥屯兵的所在安平，把韓馥的軍隊消滅。公孫瓚一戰成功，野心更盛，而又接到袁紹方面的密報，邀約瓜分冀州。志得意滿的公孫瓚想也不想，便傾燕、代之眾南下，打算吞滅韓馥。

這就是事情的原委。比戲劇更富有戲劇性的，只能是歷史。韓馥哪裡能料到，這一切因緣，都是自己半年前擁立劉虞所種下的呢？他又哪裡能料到，自己的擁立文書，自冀州到幽州到長安到南陽，繞了這麼大一圈，終於變成公孫瓚的兵鋒重新降臨到自己頭上！

韓馥思索完這一切，抬頭正見到坐在對面的袁營說客高幹、荀諶餓狼般貪婪的眼神。沒奈何，讓吧！讓你們的主子進來！

韓馥的決定，冀州文武卻是不服氣的。長史耿武、別駕閔純等一再苦勸，而駐紮在外的從事趙浮、程奐則直接提兵趕回，請纓驅袁。韓馥一律不從。韓馥的心思，到底是怯懦，還是別有所圖？于濤在《三國前傳》中猜測，韓馥是企圖讓袁紹與公孫瓚在冀州的地盤上拚個兩敗俱傷。但這到底只能是猜測，也未免高估了韓馥的才略。事實的結果是，袁紹入駐冀州，蒐羅了審配、沮授、張郃、田豐等一批文武。而韓馥則在袁紹手下待得膽戰心驚，出奔張邈。

不久又因袁紹遣使與張邈連絡而自感天下之大已容不下一個韓馥了，於是以一柄書刀在廁所中結束了自己的生命。

公孫瓚並沒有白做槍手。在這次事件中，他至少得到了冀州好一塊土地。不久之後，公孫瓚擊敗青州黃巾，史書記載他已經有本事「還屯廣宗」，而廣宗已經在冀州腹心。由此可見，通過這次事件，冀州已有相當部分被公孫瓚所取。

事情暫時告一段落，也使我們有空閒坐下來認識一下公孫瓚，聊聊他少年時的風流往事。公孫瓚，遼西令支人，與東吳將領韓當是老鄉。令支不是陌生地方，這是孤竹國的故地。商末孤竹國君的兩個老兒子伯夷、叔齊擋武王的駕，賴了司馬遷的刀筆列作《史記》列傳第一篇。而兩千年後的魯迅，則在〈採薇〉中把這兩個老糊塗蛋好生尋開心了一把。一樣的人物，一樣的品格，不同的時代。

公孫瓚家雖世代為官，但他本人只是庶子。少年時的他，有兩件事情可以提一提。一是跟隨盧植讀過經，二是身隨太守流徙。盧植，前面說過了，是漢末朝堂之上最值得敬佩的人。方詩銘《三國人物散論》指出，盧植與同時代的經學家馬融、鄭玄不同，他不僅僅是一個做學問的人。而他的清高耿介之氣，和時時關注廟堂的熱心，也勢必影響公孫瓚。同時跟著盧植讀書的，還有涿郡少年劉備。劉備喜犬馬，怒不形於色；公孫瓚大音量，性辯慧。這樣兩個人物，都絕不肯老實讀經、安穩一世的。所以當結業之日，盧植目送這兩位弟子遠去的身影，想必感慨萬千。

出師後的公孫瓚，正趕上上司劉太守犯事流徙日南。日南在今天的越南境內，今天是旅遊勝地，在當時卻是絕域。劉太守遷徙之日，公孫瓚具酒肉米食，舉觴拜祭先人：「昔為人子，今為人臣，當詣日南。日南瘴氣，或恐不還，與先人辭於此。」於是決意陪同劉太守遠赴絕域。這是何等慷慨悲壯的場面！燕趙兒女的雄氣叫人唏噓不已。好人自有好報，劉太守道遇赦，公孫瓚因此事暴得大名，出任遼東屬國長史。屬國是少數民族聚居區，境內民族問題紛雜，境外異族入寇頻繁。在這樣的位子上，公孫瓚打仗的本領發揮了出來。

中平年間（西元一八四—一八九年），涼州兵變。張溫徵召烏桓能打仗的騎兵和幽州騎兵往前線支援。有個叫張純的，請求擔任這支軍隊的指揮官，張溫不許，而任用了公孫瓚。張純心懷不滿，便連結張舉，以及烏桓的大人丘力居，一同造反。張純據說是前中山相；張舉是前泰山太守。他們這次造反，張舉自稱天子，張純則為彌天將軍、安定王，總統三郡烏桓。

烏桓，是秦漢之際東胡的後裔，被匈奴打敗之後，分作兩支。一支定居鮮卑山，便是鮮卑；一支定居烏桓山，便是烏桓。烏桓每族有帥，若干部落選出一名「大人」。東漢末年，烏桓正是強盛的時候，所以便意圖借張純、張舉反叛的由頭，介入混亂的中原撈甜頭。所不幸的是，他們遇上了打架不要命的公孫瓚。

公孫瓚遇上了這檔子事，自然不再顧念打涼州的事情，就地剿起匪來。先在張純舉事的薊中將他們打跑，又一路追擊，在自己的轄區——遼東屬國大勝賊軍。接著發揚痛打落水狗的精神，一路追擊，深入塞北。烏桓跑著跑著，跑到了自己的地盤，膽氣一粗，便把公孫瓚的孤軍反包圍在遼西管子城裡。包圍了兩百多天，公孫瓚吃完了糧食吃馬，吃完了馬煮皮帶，最後沒轍，只好與士卒相約分頭突圍逃回。路上死了一大半人。這一仗下來，烏桓也大傷元氣，只好遠遁柳城。

從此以後，公孫瓚繼續與烏桓叛軍打。他選了數十個善騎射的勇士，騎了一色的白馬，號「白馬義從」，與烏桓作戰。他一旦遇上烏桓，便往死裡打，白天打了晚上挑燈接著打。烏桓被這種同歸於盡式的打法打怕了，便躲著公孫瓚。一看到遠處白壓壓一片過來了，便驚叫著：「白馬長史來了！」四散逃跑。

跑回家裡，驚魂甫定，便找人畫了公孫瓚的像，馳騎射之，射中了就高呼萬歲，實在是典型的意淫。

就在公孫瓚毆打烏桓、烏桓意淫公孫瓚的時候，新任幽州牧劉虞到任。劉虞採取了與公孫瓚完全不同的平叛策略——分化叛軍，爭取烏桓，孤立張純，再予以精確打擊。在公孫瓚常年毆打的基礎上，這一招果然見效——烏桓的諸部大人各自遣使來與劉虞溝通。眼見雙方來往日密，公孫瓚不高興了，張純害怕了。公孫瓚惱恨這位上司奪自己的功勞，派了軍馬沿路襲殺烏桓的使者。劉虞知道了消息，為表誠心，便把各地屯兵一律遣返，只留公孫瓚一萬軍隊屯紮右北平。另一方面，他懸重金買張純首級。

這招果然奏效，張純拋妻棄子逃入鮮卑，仍被他的手下一個叫王政的殺掉，拿了腦袋來送與劉虞。結局皆大歡喜，王政為列侯，劉虞為太尉、襄賁侯，公孫瓚升任奮武將軍、薊侯。

暫時滿意了的公孫瓚壓下心頭的怨怒，提兵南下冀州。然而此時冀州卻讓袁紹奪去了，公孫瓚渾水摸魚，撈了冀州東北角上的一片地方，便也打算打道回府。這時候，探子來報：一支龐大的軍隊進入冀州渤海地界，正迅速西移！公孫瓚頓生警惕：「再探！」

這支軍隊——嚴格來說不算軍隊，只是一支隊伍——大概有三十萬人。他們是青、徐的黃巾軍。為什麼黃巾軍總是有這麼龐大的隊伍而又往往不堪一擊？因為這裡面不全是士兵，還有士兵的家小。士兵們就像兵蟻，保護著他們的工蟻、母蟻和孩子們，一路往東爬去。他們的目標是與冀州西面的黑山軍會合。不巧的是，他們遇上了沒吃飽的公孫瓚。於是一場好打。

打的結果是青徐黃巾軍鳥獸散，留下一地屍體，像被開水燙過一般，七零八落地蜷在地上。公孫瓚擄掠了七萬多人，繳獲的農雜器用鑼鑼罐罐不計其數，實力大增。這個時候，南邊出問題了。

袁紹派周禺去與孫堅爭奪豫州刺史的位子。袁術做為孫堅的友軍，派了不久前來的公孫越的軍隊協助孫堅，結果刀箭不長眼，公孫越戰死。

公孫瓚得到這個消息，恨得牙根癢癢：袁紹！說實話，我早就看你不順眼了！於是也懶得回去，帶了兵馬就向袁紹打來。

有人疑惑：公孫越的戰死，禍首是袁術，其次是周禺，與袁紹有什麼關係呀？問題是，公孫瓚所看不順眼的，不是袁術、周禺，而是袁紹。公孫瓚可不是被老弟之死衝昏頭腦，他冷靜得很。他發布了一篇檄文，以彰袁紹之惡。這篇檄文裡，羅列了袁紹的十項罪惡。其中當然有真有假，有對有錯。這樣一篇長文之外，公孫瓚又自任了田楷為青州刺史、嚴綱為冀州刺史、單經為兗州刺史，安置郡縣守令，氣勢洶洶殺來。

這時候袁紹的反應，是感到害怕而將渤海郡讓給公孫瓚，大概是企圖求和。但這是很奇怪的。據方詩銘《三國人物散論》的猜測，應該是袁紹在前陣子青徐黃巾來襲的時候將渤海出讓，以圖讓公孫瓚為他看家護院。這個可能是有的，但我以為，應該是公孫瓚在消滅青徐黃巾的時候，已經實際控制了渤海郡，這時候袁紹只不過是做個順水人情，將印綬出讓，以期公孫瓚能退兵。但公孫瓚哪裡肯退，借勢叫自己的堂弟公孫範帶了渤海的軍隊，一起來打袁紹。冀州郡縣紛紛響應公孫瓚，袁紹初戰不利，戰略後退，兩軍對陣於界橋。

公孫瓚一邊，當初數十人的王牌軍隊「白馬義從」已經擴充到數千的規模。駿馬嘶鳴，戰士威武，旌旗鎧甲，光照天地。袁紹乃令韓馥故將麴義以八百人為先登。先登，即先行軍，有點敢死隊的味道。麴義本是涼州人，曉習羌鬥。他手下這支軍隊，當為他的部曲，也是悍戰之士。這八百人，都持著大盾，盾後藏著強弩。公孫瓚看麴義人少，像一群烏龜趴在地上，便揮斥白馬義從踐踏過去。數千白馬義從劈波斬浪而下，氣勢如虹，麴義八百先登只是不動，穩如磐石。白馬義從殺到面前，麴義一聲大喝，八百先登冷不丁地站起，怒吼著向白馬義從殺去，身後強弩頻發。白馬吃驚，紛紛人立而起；又為箭中，死傷無數。麴義追亡逐北，殺死嚴綱。追擊到橋上，公孫瓚的騎兵繼續作戰，又被打敗。一路攻破大本營，把公孫瓚打得落花流水。這是初平三年（西元一九二年）春天的事情。

界橋之戰，是漢末三國經典戰例。歷來被喜好研究兵種相剋的人們津津樂道。

公孫瓚戰敗北退，袁紹派部將收復失地，卻久攻不下。公孫瓚休整已過，便又提兵而來，將其打敗，一路進攻到平原。這已經是青州的地盤了。約在這之前不久，老同學劉備來投，公孫瓚便把他安置在平原，歸屬青州刺史田楷管轄。

此時，朝廷的青州刺史是孔融，無拳無勇，正蜷縮在北海讀書。袁紹所任的青州刺史是原張超手下的義士臧洪，與田楷在東線作戰，各有勝負。袁紹便派了長子袁譚，頂替臧洪與田楷相打，一直打到下一年，士卒疲困，糧食殆盡。

這個時候，朝廷上派了太僕趙岐做使者來和解東方。袁紹和曹操都很給面子，遠道來迎。趙岐做通了袁紹的思想工作，便給公孫瓚寫了封信，勸他罷兵。公孫瓚也很買面子，立即回覆袁紹，說：「得與將軍共同此福，此誠將軍之眷，而瓚之幸也。」於是各自引兵回去。

就在一年前，公孫瓚還發檄文罵袁紹的娘，怎麼一年之後竟尊稱袁紹為將軍，而袁紹也竟肯放公孫瓚回去？原來，他們都後院起火了。

袁紹家裡，是黑山軍在作亂。

黑山軍，是黃巾餘部，活動於并州境內的黑山一帶，故名。其大哥是號稱「飛燕」的張燕，小頭領眾多。這次，是黑山頭領于毒，勾結了長安朝廷任命的冀州牧壺壽，以及魏郡的叛兵，一起來對付袁紹，把鄴城打破，袁紹的家小已經落在他們手裡。這支魏郡的叛兵，應該是界橋一戰成名的麴義的部下。袁紹在給公孫瓚的一封信裡提到：「前以西山陸梁，出兵平討；會麴義餘殘，畏誅逃命。」西山，就是黑山。麴義是袁紹定冀州和打公孫的一號功臣，怎麼會與黑山勾結在一起？史書記載，麴義「驕縱不軌」，被袁紹殺死。他前次抗衡白馬義從的那支悍兵的一部分士兵就此叛變，與黑山合流。

消息傳來的時候，袁紹處變不驚，從容應對。他布置兵力去打黑山，正碰上黑山一個將領陶升保護了袁紹家小來投誠。袁紹接納了陶升，把于毒這股打敗，殺死壺壽，又直取黑山大本營。張燕不敢怠慢，傾巢出動，以精兵數萬、戰馬數千來應戰。張燕剽悍捷速過人，軍中號為「飛燕」。恰好這時候，「飛將」呂布來投。袁紹便以飛將對飛燕，將黑山挫敗。但黑山勢力龐大，袁紹軍隊也疲憊不堪，暫時相持。

正如前文所說，劉備便在這個時候脫離了公孫瓚，投奔了陶謙，真叫人懷疑這到底是大耳的運氣，還是他嗅覺敏銳。

那麼公孫瓚家裡發生什麼事呢？原來，劉虞打算下手了。劉虞對公孫瓚懷怨已久，苦於實力不濟。如今公孫瓚在外面屢戰屢敗，劉虞覺得正是下手的大好機會，就於初平四年（西元一九三年）冬天，整合了十萬大軍來打公孫瓚。出發之前，他說了句萬萬不該說的話：「只殺公孫瓚，勿傷無辜。」

劉虞手下一個叫公孫紀的，因為同姓而受公孫瓚恩待，連夜跑去告訴公孫瓚。公孫瓚得到消息的時候，兵馬都在城外未歸，身邊只有幾百人，便打算掘城逃跑。掘著掘著，發現劉虞軍隊圍攻城門這麼久還沒打下來，覺得納悶：我沒派人守城啊！一打聽，劉虞的軍隊奉了上頭命令，一不放火，二不殺人。公孫瓚一聽，樂了，對挖城挖得灰頭土臉的兄弟們說：「這樣的軍隊也能打仗？走！跟我去取劉虞首級！」於是順風放火，開城殺出。劉虞的軍隊正不知公孫瓚有多少人，只顧逃跑。劉虞得知事情不妙，逃到居庸。公孫瓚解了危機，收合了軍隊，便把居庸縣團團圍住打了三天，攻破。把劉虞一家抓回薊縣，以勾結韓馥、袁紹妄圖稱帝的罪名，斬於薊縣鬧市，把劉虞的腦袋送往京師。

公孫瓚消滅了劉虞，勢力膨脹。他現在不單握有幽州的軍事大權，且有了幽州的人事大權。於是他把「衣冠子弟有材秀者」都下放，而恩寵的，都是一些庸俗人物。他與一個算命先生、一個布販子、一個商人結拜了兄弟。方詩銘先生認為，這是公孫瓚貶抑士族、連結財閥的表現，因為這幾個人都「富皆巨億」。這個說法是不通的。一個算命先生，怎麼可能這麼有錢？按史書的口氣，這個所謂「富皆巨億」，應該是在這幾位與公孫瓚結拜以後借勢撈財的結果。方先生因果倒置了。

劉虞之死，震動頗大。劉虞素得人心，他死之後，原部下紛紛行動。一位叫尾敦的官員，在路上劫了劉虞的首級，帶回幽州安葬。之前出使長安的田疇聽說了凶信，連忙趕回，在劉虞墓前痛哭，並發下狠誓：「君仇不報，吾不可以立於世！」但苦於實力不足，帶著宗族數百人遁入徐無山中以待時機。而真正為劉虞報仇的，是鮮于輔。

鮮于輔是劉虞的從事，他和鮮于銀、齊周收攏了劉虞的舊部，推閻柔為烏桓司馬。閻柔自小在烏桓長大，頗有威信，得了烏桓峭王的援助，把公孫瓚治下的漁陽打破。劉虞的兒子劉和已從袁術處逃出，正在袁紹軍裡，這時候也帶了袁紹的援軍與鮮于輔、鮮于銀、閻柔、烏桓峭王的軍隊夾攻公孫瓚，殺死二萬多人。公孫瓚抵擋不住夾攻，躲進幽冀之交的易縣。早些年，幽州有童謠：「燕南垂，趙北際，中央不合大如砥，唯有此間可避世。」公孫瓚以為說的就是易縣，於是在此修建城池樓觀，儲存了三百萬斛糧食。到這個時候，正好派上用場。

公孫瓚宣布金盆洗手退出江湖，但有人的地方就有江湖，既然進來了便惹上了恩怨，惹上了恩怨又豈容你輕易退出。

董卓當年想躲進郿塢，沒有成功；如今公孫瓚躲在易京，竟叫他守了三年。怎麼回事呢？袁紹並沒有全力攻。袁紹這個時候正在攻打臧洪。

興平元年（西元一九四年），兗州事變爆發。興平二年（西元一九五年），幾乎在鮮于輔、袁紹聯軍打得公孫瓚節節敗退的同時，曹操圍滅張超。張超之死惹怒了他的老朋友、如今在袁紹部下的義士臧洪。

早在張超被圍，臧洪就懇求袁紹出兵相救，袁紹不許。如今張超一死，臧洪便據東武陽城而反。於是袁紹不得不抽出包圍易京的兵力來圍困東武陽，公孫瓚壓力頓減。臧洪這一守，竟跨了一年。城中先吃糧食，再吃鼠雀草籽，再吃臧洪的妻妾，能吃的都吃光了，這才叫袁紹打下來。當袁紹打開城門的時候，裡面已經成了地獄。

臧洪義不懼死，為袁紹所殺。這時候，袁紹才有了空得以全力對付公孫瓚。公孫瓚感受到末日的降臨，他讓兒子公孫續突圍，向黑山張燕求救。不久，他又寫信相催。袁紹進攻之猛烈，在此信中可見一斑：「袁氏之攻，似若鬼神，鼓角鳴於地中，梯衝舞吾樓上。日窮月蹙，無所聊賴。」並且在信裡約定，讓救兵舉火為號。

這封信不巧落到袁紹手裡，袁紹詐作救兵舉火為號，公孫瓚出來相迎，被迎頭痛擊。公孫瓚跑回易京，袁紹早已經把整個易京地下挖空了，只以木頭柱子撐著。這時候便放火燒掉柱子，易京在一聲轟響中坍塌。公孫瓚在絕望中殺死妻子兒女，坐焚樓中，和紂王的死法一樣。那一片火海，映得幽州天空血一般殷紅。

此時避居徐無山的田疇，聚落越來越大，有了好幾千戶人家。他在這裡釐定制度，開學授業，漸至道不拾遺，良田彌望，人民和樂。終於有一天，這裡的寧靜被前來問路的曹軍士卒打破。田疇應命走出山來，迎著耀眼的陽光掃了眼久違的世界。此時不獨公孫瓚，便是袁紹，也已經灰飛煙滅了。

第20章

官渡：雙雄的對決

引子　此言如昨

初平元年（西元一九〇年），三十七歲的袁紹與三十五歲的曹操站在點將台上，看著台下群情激奮的各路盟軍，意氣飛揚。

袁紹躊躇滿志，問身邊的曹操：「若事不輯，則方面何所可據？」

曹操心中一凜，謙恭問道：「足下意以為何如？」

袁紹瞇起眼來，揚鞭北指，傲然道：「吾南據河，北阻燕、代，兼戎狄之眾，南向以爭天下，庶可以濟乎？」

曹操一字一句暗記在心，鬆口氣道：「吾任天下智力，以道禦之，無所不可。」

曹操說完，抬起頭來，卻見袁紹並不以為意。

一晃十年，此言如昨。這是建安五年（西元二〇〇年）的官渡，四十五歲的曹操面挾風霜

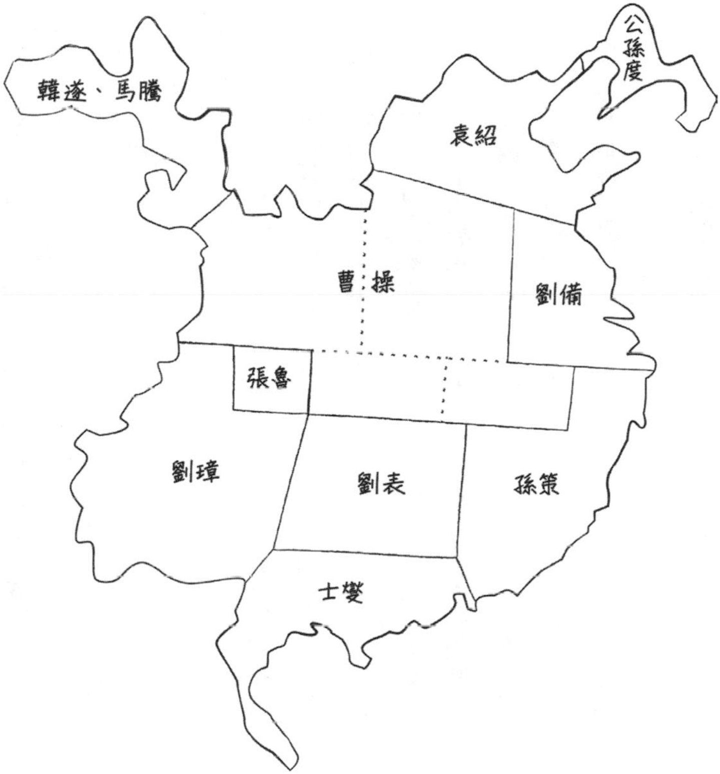

圖 11　官渡之戰前夕的天下形勢

之色。隔河相望的是屯駐黎陽的四十七歲的袁紹和他的軍隊。

終於決戰了。

一 開盤

1 北阻燕代的隱患

建安四年（西元一九九年）春三月，袁紹終於攻破易京，公孫瓚坐焚。至此，袁紹在河北最大的敵手公孫瓚徹底滅亡，袁紹獨據青、幽、並、冀四州，從表面看，光鮮得很。實際上呢？

在袁紹的這四州地盤上，或隱或現的還有這樣幾股勢力：一是遼東的公孫家族，二是以鮮于輔為首的幽州武裝，三是張燕的黑山軍，四是烏桓等異族，五是曹操勢力的滲透。

遼東太守公孫度，十年前為同郡徐榮薦舉以來，便保持割據狀態並致力於對內殺豪族樹威、對外征討周邊異族。他在官渡之戰前，似乎一直沒有興趣也沒有精力介入中原的紛爭。因此多年來雖然與公孫瓚為鄰，卻背靠背未曾有過衝突甚至來往。公孫度對袁紹的態度如何，史書無載。但從官渡戰後二袁投奔遼東來看，公孫度此時應該與袁紹勢力保持友好但不親密的關係。

鮮于輔的武裝，是公孫瓚與劉虞火拚的歷史遺留問題了，成分比較複雜。自七年前劉虞被公孫瓚火拚掉以來，劉虞舊部鮮于輔、鮮于銀、齊周等便連絡了在烏桓頗有威信的閻柔，一起反攻公孫瓚。袁紹也一度給了劉虞的兒子劉和一支軍馬，讓他打回老家去。到上一年公孫瓚滅亡，這支軍隊依舊殘留在幽州，並且收容了相當一部分公孫瓚的舊部——證據是公孫瓚部下的田豫如今便在鮮于輔軍中。鮮于輔這樣一支孤軍，注定不能長久，正猶豫著何去何從，這不得不說是袁紹地盤上的一顆定時炸彈。

幽州除鮮于輔外，還有個田疇。田疇當初也是劉虞的部下，想替劉虞報仇但苦於實力不濟，只得攜宗族數百人避居徐無山中，他釐定制度，開學授業，山中人口繁殖，路不拾遺。到袁紹擊敗公孫瓚時，這支勢力依舊存在。

黑山張燕，則是黃巾起義時的遺留問題。「黑山賊」是黃巾起義之際在冀州的中山、常山、趙郡，并州的上黨，司隸的河內一帶活躍的起義軍。黑山軍利用這一帶「諸山谷相通」的有利地形，逐漸壯大為一支擁有上百萬眾的強大勢力。在具有這樣資本的情況下，張燕向朝廷要求招安。朝廷無奈封他做平難中郎將。張燕取得合法地位後，便與各路諸侯平起平坐、合縱連橫起來。這樣一支聲勢浩大的勢力，在袁紹境內寄寓，勢同養虎。

烏桓，是先秦東胡族後裔，由於流落烏桓山而得名。東漢末年，烏桓漸強，時有丘力居、難樓、蘇僕延、烏延四個大部。幽州張純之亂，烏桓被張純當了槍使。到丘力居死後，他的兒子樓班繼位，由侄子蹋頓輔佐。蹋頓有武略，總攝其他三部。也就是說，官渡之戰前夕，烏桓正逐漸走向統一。

除開這些，還有曹操勢力的滲透。曹操東線的臧霸兵團，在上年八月侵擾青州，打破了齊、北海、東安，而且分出一個城陽郡，置了郡守。

但我們縱觀整個官渡之戰，袁紹的後方幾乎沒有出過什麼問題。而官渡戰後，曹操足足花了七八年工夫才算把袁紹的地盤吞掉。那麼，袁紹到底使了什麼高明的招數，將這四州牢牢握在手裡？

2 各據一州的得失

早在與公孫瓚的拉鋸戰中，袁紹就任命了長子袁譚為青州刺史，以對抗公孫瓚所置的田楷。謀士沮授勸諫說：「必為禍始。」是這樣嗎？先來看看袁譚在青州刺史任上的表現。

袁譚在與田楷的對抗中，表現還算出色。第一，他有效牽制了公孫瓚的東線兵力，並最終將之打出了青州地盤；第二，他成功地把朝廷任命的青州刺史孔融也從北海趕出，開疆拓土，功不可沒。之後迎袁術、迎劉備，也表現活躍。僅此而言，袁紹之任袁譚，既能鍛鍊接班人的能力，又能讓他起到左膀右臂的作用，何禍之有？

關鍵在於袁紹一直沒有明確地定出接班人。在軍事上，如此布置並沒有錯；一旦袁紹死去，這便成問題了——如果諸子各據一州，都有了各自的勢力，將來要指定繼承人便有些難度了。但問題是，《三國志》上記載沮授是在袁紹剛任命袁譚時便說這是「禍始」，似乎早了點。

其實，晚定接班人並不是壞事。讀史者往往以此來非議袁紹、劉表，是有問題的。要知道，曹操定接班人更晚，但似乎非議聲並不大。另外，就袁紹的這一布置來看，如果袁紹打贏官渡之戰，即使將來繼承成問題，也不過是帝王家事；如果袁紹敗亡，沒有了家長的袁氏諸子可能禍起蕭牆，後來的史實也證明如此。所以說到底，這裡沮授的論斷未必成立。

更何況，在使諸子各據一州之前，袁紹已經打好了基礎。

鮮于輔的軍隊，是友非敵。以前，袁紹與鮮于輔武裝有著共同的大敵公孫瓚；而袁紹也予鮮于輔以強有力的支持，雙方合作愉快。袁紹留鮮于輔而未滅，其實目的是收為己用，一來可防止幽州公孫瓚舊部反撲，二來可防止遼東公孫度的南侵，三來鮮于輔部與烏桓連繫密切，袁紹不想得罪。信任之餘，袁紹任命次子袁熙為幽州刺史，坐鎮幽州。至於田疇，袁紹也多次徵召拉攏，未成。但田疇只能自保，且只屬於地方豪強，並不對袁紹構成威脅。

袁紹對張燕的政策，是早期拉攏、後期打擊。早期袁紹對黑山軍的態度，無論是張燕還是袁紹的本傳，都沒有記載。但是孫策給袁術寫過一封信，裡面提到「河北通謀黑山」。誰是河北？袁紹。袁紹與張燕通謀，便是安撫、拉攏黑山軍的最大表現。但是，當公孫瓚吞併了青、徐黃巾軍勢力膨脹之後，張燕變了政策，遠交公孫，近攻袁紹。但他並沒有料到，袁紹與公孫瓚竟受了當時長安來使的和解，暫時罷兵。這樣的情況下，張燕便成了袁紹的首要打擊對象。經過若干次大小戰鬥，張燕被打敗，只能龜縮在山谷中，暫時沒有了還手之力。直到上一年公孫瓚被困易京的時候，派了兒子公孫續向張燕求救，而張燕也派出過隊伍來支援，但此時易京已經被打破。而袁紹也提兵西向，進攻黑山軍。在後來陳琳為袁紹起草的檄文裡提到，打敗公孫瓚後，「爾乃大軍過蕩西山，屠各左校，皆束手奉質，爭為前登，犬羊殘醜，消淪山谷」，便是明證。西山，即黑山；左校，是黑山軍的一支。也就是說，這個時候黑山軍分化，一部分投靠袁紹「爭為前登」，一部分「消淪山谷」難以有大作為。在這樣的情勢下，袁紹讓外甥高幹出任并州。高幹其人，文武全才，算得上袁紹麾下一員名將，在後來官渡之戰中，高幹軍團表現穩健。

烏桓，則不單不成問題，並且為袁紹所用。袁紹撫三郡烏桓，「寵其名王而收其精騎」，在對公孫瓚的作戰中，烏桓騎兵起到了強有力的配合作用。而袁紹也假借皇帝的名義賜蹋頓等諸王以印綬，皆以為單于。至此，烏桓徹底為袁紹所用。

所以，河北四州雖然還不是鐵板一塊，但在袁紹看來此時發動官渡之戰無疑是最佳時機——己方內部基本安定，敵方內部則動亂未已。而戰爭的導火線，則是曹操對河內的軍事行動。

3 易京・河內

上年的早春，天下目光聚焦易京。河北最大的兩個軍閥袁紹與公孫瓚已經進行最後的較量。這場較量一旦得勝，袁紹在河北便再無敵手，勢必南下。

曹操對這一點也很清楚。東邊的徐州才平定了沒幾個月，南邊的張繡剛剛被挫敗一時不敢動，而袁術也正漸走下坡路。這樣的局勢，可算是這幾年人亂中的小定，而袁紹與公孫瓚之戰正趨於白熱化。如果等袁紹消滅了公孫瓚安定了河北四州再舉兵南向，局勢無疑會很被動。如果現在予袁紹以致命一擊，則情況將大不一樣。

非常時刻當有非常之謀，謀中高手曹操決定將這場無可避免的對決人為提前。

建安三年（西元一九八年）冬天，河內軍閥張楊被部下殺死。張楊上次出場是在董承、楊奉劫了聖駕東移的時候，由於護主有功被升作大司馬。曹操滅呂布的時候，張楊出於友誼和同情，聲援了呂布，所以便等於站到了曹操的對立面上。結果張楊部下一個叫楊醜的殺掉張楊，打算投靠曹操；而楊醜也為一個部下眭固殺死，想要北投袁紹。曹操決定消滅眭固。

曹操派出消滅眭固的陣容是這樣的：曹仁、樂進、于禁、徐晃、史渙。曹仁是曹氏嫡系名將之首，樂進、于禁、徐晃都是「五子良將」中人，百戰的名將。而史渙，也是「以忠勇顯」

的曹營良將，之前與之後表現都很穩健。這樣的豪華陣容，可謂曹營精銳盡出。對付一個眭固，未免小題大做。

更奇怪的是，這支隊伍渡河打死了眭固，曹操便在這個時候親自北上，包圍在射犬負隅頑抗的殘軍。打完殘軍之後，曹操任魏種為河內太守，「屬以河北事」，便收兵回家。

日理萬機的曹操，怎麼會在眭固已死、勝局已定的情況下親自渡河？難道是對先前派出的曹營名將的不信任？答案是否定的。

曹操的目標，不是河內，而是遠在易京的袁紹。證據有二。

一是《後漢書．袁紹傳》注引《獻帝春秋》說：「操引軍造河，託言助紹，實圖襲鄴，以為瓚援。會瓚破滅，紹亦覺之，以軍退，屯於敖倉。」

二是陳琳為袁紹起草的檄文中提到：「往者伐鼓北征公孫瓚，強寇桀逆，拒圍一年。操因其未破，陰交書命，外助王師，內相掩襲，故引兵造河，方舟北濟。會其行人髮露，瓚亦梟夷，故使鋒芒挫縮，厥圖不果。爾乃大軍過蕩西山，屠各左校，皆束手奉質，爭為前登，犬羊殘醜，消淪山谷。於是操師震懾，晨夜逋遁，屯據敖倉，阻河為固。」兩相佐證，完全吻合。

陳琳為袁紹起草的檄文提到了兩點內容。一是曹操與公孫瓚、張燕取得了連繫，陰以為援；二是曹操的這一圖謀被袁紹識破。我們一個一個來看。

首先，曹操「陰交書命」，可見當初公孫瓚不只來了張燕一支援軍；但結果是袁紹不單打破了易京，且「過蕩西山」，把黑山軍也好好修理了一番。曹操見勢不妙，任命了魏種便撤回河南。而袁紹之迅速破滅公孫瓚，只因為一封書信的截獲。有時候一個偶然便足以左右一切，天下事就這麼巧。

第二個問題，是曹操的如意算盤被打破。原先曹操的設想，就算襲擊不了袁紹，也可以不動聲色地撤回。但現在袁紹知道了曹操的圖謀，連忙撤回布置，也等於雙方公開翻臉，袁紹得了南下的口實。

那麼，袁紹是怎麼知道的呢？問題出在劉備身上，一個讓曹操氣到「咋其舌流血」的人。

4 劉備的挑釁

劉備與曹操的恩怨，不是一天兩天了。

在認識之前，他們都打過黃巾，劉備是以安喜尉的身分，而曹操則是帝遣的騎都尉；他們一起在關東盟軍中打過董卓，當時曹操是發起者，而劉備只是一個縣令；再往後，則是兩位絕世英雄的首次邂逅，曹操打陶謙時頓挫在劉備把守的郯城之下。到劉備坐領徐州之後，曹操可能才正式記住了這個名字。而不久之後，劉備便被呂布趕出徐州，投奔了曹操，兩人才有機會進行親密接觸。

劉備既降，曹操對他恩榮之極。先是給兵給糧表為豫州牧讓他重回小沛，接著親自發兵替他打掉呂布，又上表冊封他為左將軍，出則同輿，坐則同席。那這時候，劉備都幹了些什麼呢？他與朝中的董承、種輯、王子服、吳子蘭幾位大臣合議，受了漢獻帝的一個所謂「衣帶詔」，打算推翻曹操。

我總覺得劉備有些特異功能，能察見將來的災妄。他脫離公孫瓚不久，公孫瓚便倒了大霉；脫離曹操不久，董承便伏了誅；脫離袁紹不久，袁紹便輸了仗。所以，在得知袁術末路的時候，他便被曹操遣去攔截袁術，趁機脫離了曹操的控制。

袁術是袁紹的弟弟，南陽的大軍閥，一度也是逐鹿中原的種子選手，龍頭老大。但他竟於建安二年（西元一九七年）僭稱尊號，犯了天下之大忌；之後接連為呂布、曹操所敗，虧光了兵馬。如今，又於九江吃光了糧食，於是想到了威風八面的大哥袁紹。袁術決心把尊號讓給袁紹，以與之聯合。

說實話，袁紹未必看得上袁術相送的尊號。要稱帝，大可以自己稱。漢帝的禪讓還有些分量，你袁術的帝位算個什麼東西？但與之聯合，卻無疑可以增加與曹操較量的資本。所以袁紹便遣了坐鎮青州的長子袁譚來接應這位落魄的弟弟。

曹操得了這消息，便派出劉備與朱靈、路招帶兵攔截袁術。朱靈，原袁紹將領。曹操打陶謙的時候，朱靈奉袁紹命令帶了三營兵馬支援曹操。之後，朱靈為曹操所折服，便留在曹營。史書上記載朱靈名位亞於徐晃，也是一員難得的將才。但這樣一個人事安排，當時是受了郭嘉、董昭、程昱幾個反對的，以為讓劉備去打袁術，無異於縱虎歸山。

袁術遭到劉備的阻截，知難而退，於建安四年（西元一九九年）六月病死。劉備成功攔截了袁術，便屯駐在下邳附近；而朱靈、路招便在這時候帶了本部兵馬回去。朱靈、路招的返回，叫人十分懷疑。或許是劉備找了個藉口屯駐於此，或者原本便是曹操的命令。至少，在這裡朱靈、路招並不是監視劉備的，因為曹操對劉備放心得很。否則，他犯不著冒這個險力排眾議讓劉備帶這支兵；而不管怎麼說，劉備是主將，又是左將軍，他要留下，並不負有監視使命的朱、路二將並沒有辦法。

劉備屯駐下邳，不久便找了機會殺掉了徐州刺史車冑，明確舉旗反對曹操。這個時候，曹操可能正忙於對付朝中的董承等異己，便派遣了王忠、劉岱兩人來攻打劉備。而劉備也並不將這兩個三流貨色放在眼裡，把他們輕鬆打敗，並放出話來：「使汝百人來，其無如我何；曹公自來，未可知也。」袁紹此時兵壓黃河，劉備料定曹操不敢東來，乃挑釁之。然而曹操就是曹操，既不是袁紹能料到的，也不是劉備能料到的。曹操接受了劉備這個挑戰，親自提兵東來，閃擊徐州。

5 閃擊徐州

曹操閃擊徐州的軍事行動，從出發到回官渡，都是建安五年（西元二〇〇年）正月裡的事，不到一個月。他所帶的將領，是曹營最擅長突擊、以「驍果」顯名的樂進，以及智勇兼備的徐晃。曹操自官渡出發，在小沛附近擊敗劉備，俘虜其妻子及將領夏侯博；進而包圍下邳，擒獲關羽；最後將屯駐在東海的親劉勢力昌豨擊敗，而後從容還保官渡。

為什麼曹操這次軍事行動可以如此迅猛，如此成功？原因有三。

主因顯然在曹操方面。曹操之破劉備，時機精準。首先，他料定袁紹不會出兵襲擾後方。其次，他有把握迅速解決戰鬥。曹操閃擊徐州，諸將都是反對的。他們以為袁紹壓境，不值得冒這個險。而曹操則認為，袁紹固然是主敵，但暫時構不成威脅。而劉備在徐州，一旦叫他恢復起氣力來，無疑是巨大的隱患，所以決意東征。附議的只有謀士郭嘉一人。這樣的判斷力與決斷力，不是頂級軍事家實在難以具有。然而事實上，這其實是一次極具風險的軍事行動，因為袁紹並沒有坐觀成敗，而是有所行動。

《三國志・袁紹傳》說，田豐在這時候力勸袁紹乘隙襲擊曹操後方，而袁紹以孩子生病為由推辭了。事實上，袁紹並沒有這麼膿包。袁紹早在劉備據下邳的時候，便派了騎兵相助，這在袁紹的傳裡有記載。而曹操東征的時候，袁紹也派了人來攻打延津，由於于禁把守得很嚴，所以袁紹沒占到便宜，這在于禁的傳裡有記載。

問題在於，袁紹沒有傾盡全力來攻打曹操。袁紹攻打曹操，必須考慮這樣幾個問題：一是曹操的主力在哪裡？古時通信不發達，袁紹難以獲知曹操的確切位置。因此，他甚至難以確知曹操到底是派出了部下攻打劉備，還是本人親自前往。而在這樣一個前提下，袁紹打亂自己原先的部署，以主力攻打曹操後方，並不划算。所以，袁紹在權衡利弊之後，派出奇兵襲擊延津，結果為于禁雷打不動的防守所挫敗。這樣的選擇，應該說還是比較明智的。

而劉備方面如此不堪一擊，這是袁紹和田豐所不曾料到的。田豐以為「曹操與劉備連兵，未可卒解」，又以為「公舉兵而襲其後，可一往而定」，都判斷錯誤。事實上，曹操對劉備的兵力有底。劉備所擁有的兵力，不過是曹操給他的幾千用以攔截袁術的兵（不含朱靈、路招帶回的部分）；下邳車胄的幾千兵；以及徐州各地的郡兵。這樣一支雜七雜八的隊伍，戰鬥力弱且不說，連忠誠度都無法保證。所以曹操一到，劉備便打了敗仗逃走，而在下邳的關羽更被甕中捉鱉。東海的昌豨，原是臧霸一夥的泰山寇，一度叛應劉備，這時候自然也被輕鬆打敗。

劉備往北投奔袁紹，袁譚親自接應。曹操掃清了東邊的障礙，而西邊與南邊的問題，則早已被他高明的布子所輕鬆搞定。

二　布子

1　從益州到關中

曹操要與袁紹開戰，最忌憚的便是南方的劉表。而益州劉璋，與劉表有隙——當年劉璋之父劉焉僭造車馬，被劉表舉報。曹操便命衛覬以治書侍御史的身分，去連絡劉璋，讓他出兵牽制劉表。

益州劉璋，自興平元年（西元一九四年）接老子劉焉的班以來，到如今其實已經面臨內憂外患了。在外，割據漢中的張魯雖然名義上還遵奉著劉璋這位益州牧，但實際上已經很有些驕恣難養；而劉表則不單在劉焉時代參過劉焉的本，且在劉璋初掌大權的時候遣人策動了一次益州的叛亂。雖然遭到失敗，但包括甘寧在內的好幾員川將跑去投奔了荊州。而劉璋，也派了趙韙攻打荊州。

趙韙是劉焉入川時的元老。冊立劉璋，也是此君的功勞。史書上的記載，是趙韙覺得劉璋軟弱可欺。所以當趙韙領了重兵與劉表作戰的時候，便已經開始擁兵專權了。在這樣的情勢下，益州只等待一場爆發。

然而由於道路難通的緣故，衛覬不曾到達益州，而是停留在了長安。原因很簡單，再從長安往西往南，便已經不再是曹操的勢力範圍了。往南，是荊州、漢中；往西，則是關中諸將的地盤。

早在衛覬之前，鍾繇已經在長安做工作了。

關中，自董卓之亂以來，一直是涼州兵團活躍的舞台。這裡的涼州兵團一共有兩支——一是董卓和他手下的「四大金剛」為首的一支，二是馬騰、韓遂為首的一支。前一支，在建安四年（西元一九九年）李傕死後便已宣告煙消雲散，而後一支則一直到赤壁之戰後占據了長安以西的地盤。相比於造反起家的韓遂，馬騰屬於半道出家——他原是官府的人，在一次作戰中投降了西涼軍，並與韓遂結拜兄弟，從而發跡。但不久兩人居然鬧起矛盾，互相攻擊起來，關中由是混亂。

關中當然不只馬騰、韓遂兩個軍閥，其餘還有好幾十路大大小小的勢力。而朝廷也任命了涼州牧韋端。此人應該是親曹派的，對調解控制關中各路軍閥頗有貢獻。這樣的情況下，曹操於建安二年（西元一九七年）從荀彧的建議，選派了鍾繇為侍中守司隸校尉，持節督關中諸軍。鍾繇到了這裡，居然說服馬騰、韓遂各遣子入質許都。

衛覬來時，關中已經比較安定。但衛覬發現一個新情況：大批原先逃難的百姓返回關中，但卻沒有耕地農具難以維生，只好投到各路軍閥手下當兵。這樣一來，關中的經濟得不到開發，私人武裝卻越來越盛。衛覬看在眼裡急在心裡，上書曹操請求撥給耕牛農具，使百姓得以從事生產。而曹操在這樣財政緊張、大戰在即的情況下，依舊答應了這一請求。

所以討論官渡之戰前關中的人心向背，可以引以下這個片斷來說明問題：涼州牧韋端派長史楊阜出使許都，回來後，關中諸將紛紛問楊阜中原局勢如何。楊阜答道：「袁公寬而不斷，好謀而少決；不斷則無威，少決則失後事，今雖強，終不能成大業。曹公有雄才遠略，決機無疑，法一而兵精，能用度外之人，所任各盡其力，必能濟大事者也。」

2 劉表與張繡

張繡駐紮宛城，曹操如芒刺在背，必拔之而後快，便多次發兵攻打。然而，由於曹操本人的一些失策、劉表的鼎力援助以及張繡謀士賈詡的奇謀，曹操屢戰不克，甚至連連損兵折將。當然，獲得的成果是，張繡也實力不濟，難以主動進攻曹操。

官渡大戰在即，袁紹派了使者招誘張繡。談判桌上，賈詡突然對袁紹使者說：「歸謝袁本初，兄弟不能相容，而能容天下國士乎？」張繡大吃一驚，問賈詡想幹什麼。賈詡不緊不慢道：「不如從曹公。」並且列出了三條理由：一、曹操挾天子令諸侯，名正言順；二、曹操兵少，我們去投奔，必然格外受重視；三、曹操志在天下，不會記你的仇。張繡騎虎難下，只好聽了賈詡的意見，投奔曹操。如此一來，曹操背後的芒刺總算拔除。

在荊州與汝南的交界上，還駐紮著李通一部。李通是當地豪族，早年以俠聞江汝之間。他曾與同郡一位叫陳恭的人起兵，降服了周邊的大小勢力及黃巾軍，算是一個小軍閥，後來決定從良，受了曹操招安，屯紮在汝南西界。官渡對峙的時候，袁紹和劉表都來招誘此人，李通一心向曹，把袁紹的使者斬了以明心志。所以說，劉表還是做過一些滋擾曹操後方的事情的。

而且，劉表之聲援袁紹，已經是一個艱難的決斷了。在他陣營內部，無論是從事中郎韓嵩、別駕劉先，還是謀士蒯越，都勸他站在曹操一邊。如果劉表這樣做，那就必須像張繡一樣以軍降之，否則沒有任何意義。所以劉表選擇了正確的作法：遠交近攻，堅定地站在了袁紹一邊，甚至把親曹的韓嵩關進牢獄。

但他畢竟不可能出大力氣，因為內有張羨之亂，北部的張繡已經投降了曹操，東邊損兵折將而孫策又虎視眈眈。這樣的境況下，劉表自顧不暇，根本沒有本事來幫助袁紹。而曹操，也派了李通屯紮汝南西界，以監視劉表；派了滿寵坐鎮汝南，以構成第二道防線。在這樣的情況下，郭嘉才敢說劉表是「坐談客」，曹操才有底氣嘲笑劉表是「自守之賊」。

3 北有臧霸，南有陳登

西邊的關中、益州既不成問題，南邊的荊州、宛城也已經搞定，便只剩下東邊的徐州。

建安三年（西元一九八年）年底的時候，曹操掃平了呂布，把徐州納入勢力範圍。但他並沒有在徐州留駐嫡系兵馬，而只是委任了原在此的幾路勢力，將這裡建設成一個相對獨立的防區。在徐州，北部是臧霸兵團，侵擾青州；南邊是陳登兵團，防禦江東。

臧霸，泰山人。早年間其父因反對郡守而入獄，臧霸便夥同從客數十人半途劫出父親，逃亡東海，從此以勇聞名。黃巾起義的時候，他投在陶謙麾下，擊破黃巾軍，也壯大了自己的勢力。所以，在陶謙、劉備、呂布相繼為徐州主的時候，臧霸一直屯聚著一支相當規模的軍隊，在徐州的西北界。在他身邊，還有孫觀、尹禮、吳敦等幾個帥，合稱「泰山寇」。曹操打敗呂布以後，便委任臧霸為琅邪相，以青、徐相付。

臧霸在此地是相當獨立的。曹操手下有兩個叛將，逃在臧霸手下。曹操當時叫劉備來讓臧霸交出二人。臧霸說：「我之所以能自立一方就是因為我不會做這種事。請您回去報告主公，有意於王霸之業的君主應該以義相告，不宜威迫。」這話，其實是柔中帶剛的。而曹操聽了這話，也不過是嘆息說：「此古人之事而君能行之，孤之願也。」

曹操對臧霸之委任，有幾層含意：一來，他不如袁紹家業之大，不能在徐州留太多人；二來，如果留兵少，則反而激起當地實力派如臧霸的反感與牴觸。所以曹操因勢利導，充分信任臧霸，讓他專事東方。而臧霸，也不曾辜負了曹操的信任，在建安四年（西元一九九年）八月入青州破齊、北海、東安。在之後的官渡對峙期間，也「數以精兵入青州」，幾乎相當於楚漢之爭中彭越的作用，有效牽制了袁紹的東線兵力。

與臧霸背靠背坐鎮徐州南部的，是廣陵太守陳登。

正如前文所述，孫策要襲許都，陳登是頭一道大關。當然，曹操對孫策不單有武力防範，也進行了拉攏。

4 江東孫郎

到官渡對峙以前，孫策又破華歆、取豫章，分設廬陵郡，至此坐擁江東六郡。曹操得知此事，只能驚呼：「猘兒難與爭鋒也！」但是驚呼之餘，曹操還是有他的作法。

對於這塊難以搆著的土地，他只能盡可能做到兩點：一是滲透，二是拉攏。在滲透方面，他任用了荀彧所推薦的嚴象為揚州刺史，以圖滲入揚州；在拉攏方面，他把兄弟的女兒許配給孫策的弟弟孫匡，又讓兒子曹彰娶了孫賁的女兒。並以禮徵召孫權、孫翊，命揚州刺史嚴象推舉孫權為茂才。

這樣的情況下，他又採取了嚴密的防範手段。首先是徐州的陳登，坐鎮廣陵，不叫孫策越雷池一步；後來在嚴象死後又命劉馥為揚州刺史，總管東南。

劉馥，沛國人。漢末避亂揚州，勸說了袁術的兩個部將一起投奔曹操。嚴象為孫策所置的廬江太守李術所殺，曹操便任劉馥為揚州刺史，付以東南之事。劉馥匹馬來到合肥空城，興屯田、收流民，把這裡搞得有了人煙，便加強對合肥城的軍事建設，把這裡建設成遏制江東的頭號防禦重鎮。

除此之外，我擅自揣測，曹操應該還採用了一點非常手段。他在孫策身邊插有細作。一旦孫策決心攻打許都對大後方不利，便不擇手段阻止這不利的發生。所以，郭嘉有十足的把握說孫策必死於小人之手；所以，當孫策的確有意染指中原的時候，他便適時地死掉了。

插個題外話，對嶺南的交州，曹操也做了拉攏。他借朝廷的名義，任命交州軍閥士燮為綏南中郎將，董督七郡，以在南邊牽制劉表。這樣一來，整個南方就都在形式上被曹操所控制了。這樣看似閒散的幾步布子，隨著戰局的展開，越來越被證明幾乎起了決定作用。

5 袁紹的後手

袁紹其實也不是沒有動作。在本部四州而外，他也有過努力，只不過相比曹操處處落了後手而已。

袁紹首先連絡了劉表，以為後援；又派使者拉攏張繡、李通，但因為種種原因，以失敗告終。這樣的失敗，並沒有減少袁紹獲勝的可能，而只是增加了曹操與袁紹對抗的砝碼，所以算不得袁紹的失策。而袁紹在官渡戰前最大的爭議之處，在於迎天子的問題上。

很早的時候，沮授就對袁紹定了「迎大駕於西京，復宗廟於洛邑，號令天下，以討未復」的基本政策，而袁紹明確表示讚賞：「此吾心也。」然而當時由於忙著討伐張燕、公孫瓚，實在難以抽身西迎大駕。到了董卓死後關中大亂，袁紹又召集幕僚召開了一次關於是否要迎接天子的緊急會議。這次會議上，沮授仍然持挾天子的觀點，並進一步發揮而為「挾天子而令諸侯，畜士馬以討不庭」。持反對意見的是兩個潁川人，郭圖和淳于瓊。郭圖是袁紹的謀士，早在袁紹取冀州前便已經投在他麾下；淳于瓊資格更老，曾和袁紹、曹操並列為「西園八校尉」之一，大概之後便一直追隨袁紹。他們的反對意見有兩個：一是漢王朝病入膏肓，沒有救治的可能和必要；二是天子近在身邊，實在不方便。我們來看看他們的意見。

袁紹的本意，並不在於救治漢朝，所以第一點不過是場面話；至於第二點，皇帝在身邊到底方不方便呢？曹操最有發言權。

曹操感到不方便的，可能只有一次。天子移駕許都不久，曹操有一次領兵朝見。按漢朝規矩，三公領兵朝見，要「令虎賁執刃挾之」，由皇帝的禁軍，手持利刃，一左一右架著你朝見。這種規矩，乃是以三公為人質，防止其部眾作亂。曹操那次嚇得汗流浹背，從此再也不敢朝請。其實當時殿內外都是曹氏的姻親黨舊，誰也不敢把曹操怎麼著。而曹操之害怕，只是對天子威儀的一種畏懼。這大概就是郭圖、淳于瓊所謂的不方便吧。

其實呢，天子好用得很。曹操越用越順手，不肯撒開。但這裡有個問題：天子的作用到底有多大？有人認為，挾天子可以增強號召力，其實不見得。董卓就把天子挾在手裡，可是天下人人要討伐他。挾天子，其實是一把雙刃劍。你原本便以公忠體國姿態出現的，挾天子便可以有政治上的號召力；如果不是，那麼只能給人以天子蒙塵的感覺，反而激起群雄挽救危亡的責任心，把自己變成天下的靶心。

曹操和袁紹，在此之前都以忠臣的形象出現。所以，挾天子對他們都有一定好處。但要是說這個好處是決定性的，恐怕也不見得。曹操說自己挾天子令不臣，袁紹同樣可以說自己奉衣帶詔討賊，說自己救天子於狼穴，一樣說得通的。而且，在後來袁紹也一度聽了田豐的建議，決心襲擊許都搶天子，只是因為種種原因而未能成行。

而袁紹之所以不肯挾天子，還有他自己的考慮，那就是他本人想做天子。他曾讓耿苞進言勸即皇帝位，以此來試探幕僚的反應，結果大家都說耿苞可殺，耿苞就成了替死鬼。但袁紹心裡是不肯放棄的，還是想做皇帝。

下面便是一個發動戰役時機選擇的問題。在這個問題上，田豐、沮授又與郭圖、審配有了不同的意見。田豐、沮授反戰，理由是：歷年用兵，百姓疲弊；所以辦法是：重兵屯駐河北，派精騎騷擾河南，三年之後以逸擊勞。

他們的理由，其實是不大站得住腳的。袁紹疲敝，曹操比袁紹更疲敝。這從之前的走勢和將來的戰爭很清楚可以看出來。袁紹擁有四州，而且冀州是兵不血刃而取的，并州、青州最近所遭戰亂也不重，幾乎可以說是比較安定殷實的。而反觀曹操，徐州剛剛拿下，兗州和豫州不久前被呂布、張邈鬧了個兜底翻，殘破不堪。再看官渡之戰時，曹操兵力處於弱勢，糧草問題更是嚴重到威脅其生存的地步。而袁紹，後方糧草源源不斷，被曹操燒了好幾次才缺糧，對比是很明顯的。

而假如採取田豐、沮授的辦法，那麼會有這樣幾個問題：一、曹操會很快恢復元氣。曹操訓練兵馬、囤聚糧草的能力是一流的。此時他已經開始成規模地屯田。如果等上三年，曹操就不會有糧食問題。二、曹操會把境內搞得更安定。從上幾節來看，曹操的幾步布子看似瀟灑，其實也倉促得很。尤其在張繡還沒歸降的情況下，曹操發動官渡之戰，實在是很冒險的。如果等一段時間，曹操就有精力擺平張繡，並且可以把對青州、揚州、荊州的防禦搞得更周密，萬無一失。而如果到了那個時候，曹操布置好一切反過來攻打袁紹，袁紹將會十分被動。而田豐的所謂襲擾疲敵戰術，應該是唬不住曹操這樣的大軍事家的。說起機動作戰，曹操在行得多。所以以此來看，我認為袁紹發動官渡之戰，只嫌太遲，不嫌太早。

說了這麼多，該入正題了。當袁紹把兵馬壓到黃河北岸的黎陽時，曹操也已經在黃河以南布置好了兩道防線。沉悶的天空炸響第一聲驚雷。

三　破局

1　兵力布置

開始正題之前，還要耽擱讀者幾分鐘，我們一起來理一下袁、曹在官渡開戰前的作為和兵力的布置。

袁紹方面：

①留三子袁尚、審配守冀州，外甥高幹、郭援守并州，次子袁熙守幽州，長子袁譚帶青州軍隨軍作戰。

②蔣義渠總領後軍，在整個官渡之戰中始終留在黎陽大本營。

③沮授、郭圖、淳于瓊各領一軍。

④顏良、淳于瓊、郭圖、文醜、劉備為前軍。

⑤之後，淳于瓊領眭元進、呂威璜、韓莒子、趙叡為一軍。

⑥袁紹中軍，主要將領有張郃、高覽、蔣奇等，以及隨軍的袁譚，和一位筆桿子陳琳。

另外，袁紹有著一支堪稱超豪華的智囊團，成員有沮授、郭圖、逢紀、許攸、辛評、荀諶等等。沮授，冀州人，原是韓馥部下，文武全才。郭圖，前面說了，是潁川人。逢紀，南陽人，最早是大將軍何進幕府中的智囊，袁紹占冀州前隨之。許攸，南陽人，袁紹年輕時結交的奔走之友，智謀之士。辛評、荀諶，潁川人，資歷同逢紀相似。除這幾人而外，魏郡人審配在冀州鎮守鄴城，而巨鹿人田豐則因為戰前忤逆袁紹的意思，以敗沮軍心的罪名被關進牢裡了。

從他們的籍貫可以看出，這些人可以分為兩派：一派是冀州人，主要有沮授、田豐、審配；一派是潁川、南陽人，主要有郭圖、逢紀、許攸、辛評、荀諶。冀州人好理解，是袁紹打下冀州、圖霸北方過程中招來的人物；而潁川、南陽人，則挨著袁紹老家汝南，是袁紹起家的班底。這就是袁紹軍中所謂的「河北集團」和「汝潁集團」。這兩派，在許多事情的決策上有著分歧，前面挾天子可算一例，將來還有不少問題，現在先埋個伏筆。

現在所引起的問題，便在於軍權的分配。以前，是沮授總監三軍的。現在，袁紹一分為三，沮授、郭圖、淳于瓊各領一軍，一來平衡派系，二來防止獨大，更何況淳于瓊是老資格的名將，郭圖智謀高超，這個作法算不上失策。下面來看曹操。

曹操方面，在次戰場和後方的布置如下：

① 臧霸以精兵入青州，專任東方。

② 魏種為河內太守，委以河北事。

③ 鍾繇鎮撫關中，委以西方事。

④ 陳登鎮守廣陵，監視孫策，後來又以劉馥為揚州刺史，委以東南事。

⑤ 李通駐紮汝南西界，監視劉表。
⑥ 程昱守鄄城，滿寵守汝南。
⑦ 荀彧留守許都，籌措錢糧，任峻、李典往來押送糧草。
在主戰場，曹操有如下配置：
① 劉延守白馬，于禁守延津。
② 曹仁、蔡陽、夏侯惇、夏侯淵、張繡，活動於曹操大本營周邊，活動範圍相當廣，屬於機動兵力。
③ 曹操大本營官渡，主要將領有樂進、徐晃、張遼、許褚、曹洪、關羽。
曹操的智囊團為：郭嘉、荀攸、賈詡、董昭、毛玠，以及坐鎮許都的荀彧。曹操兵力布置與袁紹最大的不同有兩個：一是次戰場的布置，這是因為曹操後方所面臨的威脅遠遠大於袁紹；二是機動兵團的布置，曹操的嫡系曹仁、夏侯惇、夏侯淵，以及新加入的生力軍張繡都成為機動兵團，這一布置的妙處，在後來的防禦中體現得淋漓盡致。正因為這兩個原因，使得曹操真正投入第一線的兵力不可能太多。下面小議一下兵力問題。
討論兵力的文章很多，大致有這樣幾派觀點：一、曹操兵力多於袁紹；二、曹操兵力略少於袁紹；三、按《三國志》，即曹操「兵不滿萬」，袁紹兵力在十萬以上。我基本同意第三種觀點，曹操一線兵力大致在一到兩萬之間，袁紹一線有十萬以上兵力。這裡不做太多考證，只說明一點情況：這個「一到兩萬之間」說的是曹操一線兵力。而所謂曹操兵力略少甚至多於袁紹的考據，多是將曹操的總兵力算了進去，包括機動兵團、次戰場兵力，甚至各地守軍。那麼，這裡還有一個廣大三國迷所困惑的問題：曹操曾經收編的三十萬青州兵上哪去了？

所謂「三十萬青州兵」，其實真正被曹操所收編的是少數。因為黃巾的人數，往往把黃巾所攜帶的家眷也一起算在裡面了。所以當時的起義軍，如黃巾、黑山，動輒以百萬計。而這「三十萬」之數，約是這股黃巾裡所有壯丁（十五歲到五十歲之間）的人數。曹操治軍又極嚴，所存留的應該不會超過五萬。而所存留的人馬，經過兗州之亂的洗禮，應該所剩不會太多。青州兵的疑問，就做這樣一個簡單的回覆。

好吧，建安五年（西元二〇〇年）二月，袁紹派大將顏良渡河擊白馬，走出了官渡之戰的第一子。

2 白馬、延津

袁紹大軍南下，屯駐于黃河北岸的黎陽。遣前軍郭圖、淳于瓊、顏良先行渡河，圍攻南岸的白馬。曹軍白馬守將是東郡太守劉延。在此之前，有兩個事情要提一筆。一個是袁紹的筆桿子陳琳起草了一篇檄文，發布天下。這篇檄文寫得極好，列為中國史上四大檄文之首，另三篇是唐駱賓王《討武曌檄》、明朱元璋《北伐檄》、清曾國藩《討粵匪檄》。

第二個事情，就是沮授的勸諫。

沮授勸說：「顏良性狹，不可獨任。」袁紹不聽。這個有沒有根據呢？顏良性狹，我們不知道是不是真的，但是獨任一說，卻有問題。《三國志．武帝紀》明明說顏良是和郭圖、淳于瓊一塊兒去的，怎麼會是獨任？但是從後面的戰鬥過程來看，卻又沒見郭圖和淳于瓊的表現，存疑。

單說顏良圍困白馬，劉延告急。到了四月，曹操終於派了部隊來救。這兩個月間，曹操在幹什麼？我的看法是，他在打劉備。

前面說過，《三國志》的記載，閃擊徐州都是正月裡的事。但這裡有個問題。所謂本紀，其實是在一回紀傳體中採了編年史的寫法。這樣一年年羅列下來，一個壞處便是要把一樁事體拆成好幾瓣來寫。所以，恐怕陳壽是先將打劉備這件事一塊兒在正月裡寫完了，而其實曹操要到二月甚至三月才真正班師。

這當然只是猜測。總之，一來劉延守得很牢固；二來曹操也迅速採取了措施。他用了荀攸的計謀，劃定了斬顏良的辦法。

荀攸獻計說：「我們兵力不如對方，應該分散敵軍的兵力。你先帶兵往西跑，裝出要奔襲袁紹後方的樣子；等對方分兵救應，再輕兵偷襲顏良，可以獲勝。」曹操同意。

我這裡所寫的荀攸計裡的「對方」，到底指顏良軍還是袁紹軍呢？我以為是指顏良軍。畢竟袁紹主力還沒渡河，與襲擊顏良的難度並沒有關係。而曹操主力佯裝西移，果然吸引了顏良分出一部分軍隊去抵禦。而這部分別軍，恐怕就是郭圖和淳于瓊的軍隊。

曹操眼看顏良主力跟著來了，心中暗喜，連忙派出輕騎偷襲顏良。這支輕騎，由降將張遼和關羽率領。張遼先前是呂布的部將，而關羽則是在本年初剛被曹操俘虜的。他們兩人趕到白馬，一戰而斬顏良。這是萬人敵關羽的功勞。我自忖不如陳壽的描述精彩，謹引原文如下：

「羽望見良麾蓋，策馬刺良於萬眾之中，斬其首還，紹諸將莫能當者，遂解白馬圍。」

那種劈波斬浪、挾山跨海而來的猛銳氣勢，那種萬馬叢中取上將首級如探囊取物的豪邁氣概，便在這一句話中體現得酣暢淋漓。而這樣的武將單挑，在整個三國時代都是罕見的。京劇《白馬坡》中曹操驚嘆道：「嚇！遙望刀光這一閃，顏良為何落雕鞍？眾將，你們可曾看見關公斬顏良麼？」大概當時觀者都是這個感覺。但恐怕曹操當時未必在關羽軍中，而是在吸引顏良別部的西邊。

這一仗勝利的意義，在於激勵士氣，也只限於激勵士氣。袁紹的渡河難以阻擋，所以曹操迅速把白馬的人口、糧草撤空，只剩了一座空城叫袁紹來占。而他本部則循河而西，直往另一個渡口——延津跑去。顏良戰死之後，袁紹很快渡河占了白馬，也派出軍隊追殺曹操。這支軍隊的主將，是文醜和劉備。

曹操正往延津跑，文醜在後面追，曹操跑到延津南邊屯了營壘，派探子探報軍情。探子回報：「對方已經有五六百騎兵追來了。」曹操說：「再報。」探子又報：「騎兵又多了，步兵數不清有多少人。」曹操說：「不用彙報了。」諸將這時候都勸曹操回延津防守，獨有荀攸說：「這正是破敵的時機，跑什麼？」曹操看了看荀攸，笑了，乃令把從白馬搬出來的輜重七零八落扔了一地。

文醜、劉備率五六千騎兵追到了，諸將請戰，曹操不從；文醜的兵馬開始四散搶奪輜重糧草，曹操這才放出憋了好久的諸將。徐晃為首的諸將卯足了勁殺出，以六百騎大破袁軍，斬文醜。

3 中場點評

第一階段的比賽，到此結束。我們來做個系統的點評。

這一階段，緊張激烈得叫人難以喘息，雙方各有得失。曹操在戰略退卻中擊殺袁營名將顏良、文醜，袁紹前軍幾乎全軍覆沒。曹操戰略戰術之運用，令人拍案叫絕。而荀攸在此階段做為曹營謀主，起到了重要作用。

反觀袁紹，其實這一階段的戰略目標基本實現：主力成功渡河，占領白馬、延津，將主力推進到陽武，與曹操隔官渡水而對峙，幾乎控制了官渡水以北的地區，在這裡建立了大本營。但是，顏良文醜之死，也令袁軍軍心大震，令這支無論面對張燕的黑山強勇、韓馥的冀州精兵，還是公孫瓚的白馬義從，都能所向披靡的無敵軍隊產生了這樣的疑問：我們面對的，到底是一支什麼樣的軍隊？

帶著這樣的疑問作戰的軍隊，無疑已經在心理上處於弱勢。而這一弱勢，將隨著戰爭的展開，越來越明顯，最終導致整個袁軍的崩潰。

插一段小事。在這個時候，關羽脫離了曹操，北歸劉備。關羽之歸劉備，並不因為這個老闆前途更好，而只因為他是劉備的兄弟。從最早的患難相隨，到一起打黃巾軍，到投在公孫瓚手下，到坐領徐州，再到如今天各一方，到底前途在何方？當初的理想又在哪裡？實在渺茫得很。有的人在這個時候選擇了放棄，而劉備選擇了堅持，關羽選擇了追隨堅持。單純的目的，只是為了一腔兄弟情誼，為了我們現代人已經久違了的一個「義」字。

關羽之斬顏良，便是為了報效曹操。曹操早知關羽有去意，卻能寬容為懷；在關羽封賜拜書告辭之際，又能力排眾議玉成美事。不管他之前是奸雄也好，之後是漢賊也罷，這一刻的胸襟與氣魄，不得不令人折服。

而關羽離開官渡，保護了先前為曹軍俘虜的劉備家小，單騎往河北那未知的渺茫而去，雖不曾如《三國演義》所說過五關斬六將，但其間的艱辛也斷非小說家羅貫中所能想見。兩大勢力對峙的沉悶空間，這樣一縷清新可喜的泉流潺潺而過，超越了是非成敗，令一切金戈鐵馬、王侯將相黯然失色。

諸位看官若手頭有酒，千古讀史至此，當為曹操、關羽之義行壯舉浮一大白！

四　中盤

1　鬼神之攻ＶＳ泰山之守

建安五年（西元二〇〇年）八月，官渡之戰進入相持階段。

北邊的袁紹依沙堆為屯，東西連營數十里；南邊的曹操，也分營與相當。雙方就這樣隔河對峙。這裡再提一下兵力問題。史書寫到這裡，說曹操「兵不滿萬，傷者十二三」，歷代史家對此頗多質疑，最早質疑的可能是裴松之。他的觀點我就不再贅述，但這條記載，與曹操分營數十里與袁紹對抗是不是衝突的呢？也許是，也許不是。怎麼說？

大家注意一個用詞，袁紹是「連營」數十里，曹操是「分營」與相當。分營是什麼意思？未必是連綿的營寨，而是在幾個重要據點設營。這樣有利於有限兵力的最優化布置。這從後來袁紹分隊可以自如穿插到曹操後方可以看出。那麼，這個防守怎麼保證？這便是之前提到的曹操的機動兵團的巡視作用，之後也將提到這方面的例子。當然，這個是對曹操兵力的確偏少的解釋；也不排除曹操兵力確實與袁紹相當，而袁紹之穿插，也不過是繞個幾十里路而已。

連營對峙之後，袁紹開始進攻。袁紹之進攻，在當時是立體式高科技的。之前攻打易京的時候，公孫瓚的一封信生動描繪了袁紹軍隊進攻之驚心動魄：「袁氏之攻，似若神鬼，鼓角鳴於地中，梯衝舞吾樓上。」袁紹在官渡，秉承了其一貫的進攻風格，展開全面立體式暴風驟雨般的鬼神之攻。

地下，袁紹挖起地道直通曹操營下；空中，袁紹築起高高的土台，射手在其上居高臨下展開空襲。每日的箭，如密集的飛蝗般幾乎覆蓋曹操的整個大營。

面對這樣的進攻，曹操顯然不似公孫瓚般坐以待斃，他有他的本事，將整座大營守得穩如泰山。袁紹縱挖地道通向地下，曹操便橫挖壕溝，以阻擋地道的去路。而面對飛蝗般的空襲，曹軍都「蒙楯」而行。對於袁紹的高台，曹操則設計了發石車予以還擊。這種車子被袁軍稱為「霹靂車」。雖然守得固若金湯，但是南軍每日生活、戰鬥在這樣被動的高壓之下，對軍心無疑產生了極其不利的影響。

在這樣軍心撼動的情況下，另一個隱患逐漸凸顯了出來：糧食。

糧食問題的緣起，我們後面再討論。但這個時候，曹軍缺糧很嚴重。曹操面對袁紹的鬼神之攻，不曾膽怯；而面對缺糧的隱患，卻難免心虛。他給坐鎮許都的荀彧寫信，問是不是先撤回許都，吃飽了再說。荀彧的回信，是這樣的：第一，這樣的決戰，退一步則死；第二，袁紹能聚人而不能用人，不用怕。所以結論是「夫以公之神武明哲而輔以大順，何向而不濟」！

這樣的一封信，作用有兩個。一是告訴曹操，退回許都死路一條；二是用一些浮誇的虛話堅定曹操的信心。其實出了什麼主意呢？沒有。

面對袁紹的鬼神之攻，曹操的泰山之守漸處下風。在這樣的態勢下，袁紹對曹操後方的襲擾，無疑更是雪上加霜。

2 袁紹開闢第二戰場

穿越硝煙瀰漫的戰場和強人出沒的綠林，關羽終於護送劉備家小安全抵達袁紹營中。這個時候，劉備正負了袁紹的特殊使命，南徇灑強諸縣。因為黃巾餘黨劉辟在汝南造了曹操的反，周邊郡縣紛紛響應，許都以南一時動盪不安。劉辟是老黃巾軍，早在建安元年（西元一九六年）的時候就在汝南一帶滋擾曹操。當時曹操帶兵把他們打平，劉辟便降在曹操麾下。如今見袁曹對峙有機可乘，就又起來了。

在這樣的情況下，袁紹便令劉備帶了一支相當規模的軍隊，穿越曹操營寨，來汝南開闢第二戰場。劉備利用多年流竄作戰的經驗，成功把軍隊帶到汝南附近，要與劉辟會合。

曹仁向曹操請戰。他說：「汝南的叛軍以為我們主力要在官渡對峙抽不開身，而劉備又帶強兵來援，所以膽敢造反。但其實劉備只是袁紹的客將，新領軍隊未得眾心。我請求趁這個時機擊敗他。」曹操同意。

曹仁便帶了一支騎兵，把劉辟擊敗，把劉備打跑，並漸漸收復了叛變的郡縣。從這裡，又可以看出曹操在本部周邊布置的機動兵團的妙處來，而且這些兵以騎兵為主要兵種，充分發揮了靈活機動的特點。

劉備跑回袁紹軍中，可能已經看出了袁紹的敗象，想脫離袁紹，便請求為袁紹南連劉表。而袁紹也同意讓劉備帶本部兵馬南下。劉備到了汝南，便與另一個叛軍首領龔都合在一起，繼續滋擾曹操後方。曹操派了將領蔡陽來進攻劉備，這次被劉備打了個勝仗，把蔡陽殺死。劉備所在的汝南，終官渡一戰，一直成為滋擾曹操後方的一股勢力，然而並不成為第二戰場，因為劉備的勢力實在是弱。

袁紹也並不曾對劉備抱多大希望。他另派了多支軍隊襲擾曹操的後方。失敗的案例，是韓荀襲擾曹營西線的時候被曹仁抓個現行，大破之。成功的案例，是袁紹的軍隊曾多次攔截了曹操的運糧車。

曹操當然也沒有閒著，多次派出徐晃、曹仁、史渙等焚燒了袁紹的運糧車。其中，尤以荀攸籌畫的徐晃、史渙出擊行動收穫最為巨大：燒毀了袁紹的運糧車數千乘。這對袁紹的打擊應該還是比較大的。

曹操與袁紹在正面戰場以外的較量，各有勝負。但他們的目標，都是對方的糧草。糧草問題，終於提到了雙方議事日程的頭一項。

3 糧草問題

糧食，是困擾曹操的主要問題，也是決定袁紹勝敗的關鍵因素。

這裡有個問題，曹操屯田已久，糧食上哪兒去了？我們先來看看屯田的成果。在與呂布爭奪兗州期間，曹操曾因糧食問題而不得不撤兵裁員。從這個時候開始，他便重視了糧食問題。他從歷史和現實出發，看到當時「袁紹之在河北，軍人仰食桑葚；袁術在江淮，取給蒲嬴」，便認識到：「夫定國之術，在於強兵足食。」於是採納了棗祗、韓浩的建議，開始屯田。

棗祗是陳留太守，早在任東阿令的時候便重視糧食生產，多次援繼曹操的糧草。定都許縣以後，棗祗提議屯田許下。曹操便以任峻為典農中郎將，募百姓屯田於許下。成果是「得谷百萬斛，郡國列置田官，數年中所在積粟，倉廩皆滿」。而從後面曹操的作戰中我們可以發現，他再也沒出現糧食問題。更何況，官渡之戰不是曹操倉促應戰的，應該已經做好了充足的準備。也就是說，官渡開打的時候，曹操有足夠的糧食儲備。那麼，為什麼後來曹操屢屢出現糧食問題呢？

曹操的糧草，屯在許都，由任峻負責押送前線。但是，在押送過程中，多次被袁紹軍隊攔截。原定糧草無法定期押運到前線，曹操自然出現了糧食緊張的狀況。而曹操本人，也因此寫信給坐鎮許都的荀彧，詢問是不是應該撤兵。所以從這裡來看，袁紹並沒有如《三國志·袁紹傳》所說般不聽從謀士勸說，而是多次派精銳攔截曹操糧道，並且取得了幾乎決定勝利的成果。

而許都的任峻，也在做著積極的思考。糧食線就是生命線。如何保證生命線的通暢？任峻決定把糧食集中在一起，「使千乘為一部，十道方行，為複陣以營衛之，賊不敢近」——即採取了集中押運和加強武裝保衛的方式，終於順利送達前線。同時幫忙運糧的，還有剛出道的李典和他的族人。

前面提到，曹操也屢次對袁紹的糧草線進行了襲擊，徐晃、史渙的襲擊最為成功。而在這樣的情況下，袁紹的軍糧也開始吃緊。

袁紹的軍糧，要從鄴城運送過來，比曹操更遠，押送更為不便。徐晃的襲擊，等於為他敲了一記警鐘。最近的一次大規模軍糧的保衛，成為袁軍的生命，袁紹予以了高度重視。他專門遣了獨領一軍的淳于瓊，帶著眭元進、呂威璜、韓莒子、趙叡四將，以及精兵萬餘，坐鎮烏巢守衛糧草。

情況已經很明顯了，曹操最近一批糧草運到，必須在吃完之前擊敗袁紹；袁紹最近一批糧草運出，鑑於從鄴城到官渡路途之遠，這批糧草再不能有閃失。而對於雙方來說，相持到了這個階段，撤退和糧盡都意味著滅亡。

五　鬼手

1　許攸來投

建安五年（西元二〇〇年）十月的清晨，南陽隆中。諸葛亮照例站在田間凝望了一陣北方。入冬以來，天氣更冷，乾枯的植物上都披了一層白霜。諸葛亮玄想了一陣，想不出東西來，便朝手心呵了口氣，轉入茅廬裡去。

北方戰局正緊。中國北方的霸權之爭進入白熱化，以華北為棋局、以天下為賭注的袁紹和曹操，已經投入了全部的精力和家底。相持已久，出鬼手的時機到了。

鬼手是日本圍棋術語，是指在意想不到的地方用意想不到的手段將對手一擊而潰，扭轉整個棋局。現在曹操就需要這樣的一招鬼手，這個問題賈詡說得很清楚。

賈詡是張繡的謀士，上年年底與主子一起投在曹操麾下。糧草將盡的時候，曹操問賈詡怎麼辦。賈詡說：「公明勝紹，勇勝紹，用人勝紹，決機勝紹，有此四勝而半年不定者，但顧萬全故也。必決其機，須臾可定也。」這裡的前半句，和荀彧一樣，純粹是在堅定曹操的信心；而後半句，則點到了要害——從八月相持以來，袁、曹雙方一直都在正面戰場以常規手段進行較量，這是「顧萬全」；而如今，到了「決其機」的時候了。

其實，曹操也是這麼思考的。他對任峻最近一批押糧兵說：「卻十五日為汝破紹，不復勞汝矣。」十五天之內幫你們收拾袁紹，不麻煩你們再苦心竭力押送糧草了。這反映一個什麼問題？其實這最近一批糧食還能吃二十天左右；曹操必須孤注一擲，「決其機」的時候到了。

關鍵問題是，「機」在哪裡？曹操焦急地尋覓，而許攸也正從袁紹大營祕密渡河而來。

許攸是袁紹的高級謀士，掌握著袁軍的最高軍事機密。荀彧對他的評價是「貪而不治」。這是什麼意思？貪婪而不知道檢點。許攸本來是南陽人，跟著袁紹去冀州，和冀州集團的審配不和。官渡之戰期間，許攸的親戚在後方犯法，被審配抓起來殺掉。許攸一怒，便投了曹操。這樣一個偶然的因素，終於決定了中國歷史的走勢。

正在焦急尋覓時機的曹操聽說許攸來投，光著腳便迎出帳去，拍手大笑：「子遠，卿來，吾事濟矣！」牽著他的手坐到帳中，便開始了那一段經典的對白。

許攸：袁氏軍盛，何以待之？今有幾糧乎？
曹操：尚可支一歲。
許攸：無是，更言之！
曹操：可支半歲。
許攸：足下不欲破袁氏邪？何言之不實也！
曹操：向言戲之耳。其實可一月，為之奈何？
這個時候，許攸才把袁紹的情況兜底翻出：「公孤軍獨守，外無救援而糧穀已盡，此危急之日也。今袁氏輜重有萬餘乘，在故市、烏巢，屯軍無嚴備；今以輕兵襲之，不意而至，燔其積聚，不過三日，袁氏自敗也。」接著便是「公大喜」，馬上付諸行動。事實上恐怕不是這樣。
在接到了許攸的消息以後，曹操應該背著許攸，小範圍召開了一次緊急會議，探討許攸情報的可靠性。這時，只有荀攸、賈詡力勸曹操聽許攸之計，奇襲烏巢。說實話，許攸之投降，確實是十分可疑的。因為許攸是袁紹的「奔走之友」，這曹操是知道的。那麼怎麼辦？
曹操的決策，其實是這樣的：不聽許攸的話，糧草只能支持半個月，肯定是一死；聽許攸的話，如果許攸是詐降，那麼是一死；如果許攸不是詐降，那麼可以成功偷襲烏巢，扭轉整個戰局。如果你是曹操，你怎麼辦？

沒得選擇的選擇，曹操決定偷襲烏巢。

2 烏巢縱火

淳于瓊是袁紹手下的宿將。他自中平五年（西元一八八年）任西園八校尉以來，便追隨袁紹。如今，他正坐鎮烏巢——袁軍的糧草大營。

前不久，袁軍一支運糧大軍遭到徐晃、史渙的襲擊，損失慘重。袁紹特別派遣淳于瓊典領一軍來守護烏巢。淳于瓊心裡清楚得很，如果烏巢不保，勢必完蛋。

淳于瓊巡視回來，卸下盔甲。天氣更冷了。他想到田豐，那個倔老頭——何苦在袁紹面前苦諫呢？袁紹籌畫這次仗已經很久了，你又不是不知道。如今鎖在牢裡，可惜了那個奇計百出的腦袋。

淳于瓊又想到了麴義，那位縱橫河北的天才將領。公孫瓚的白馬義從，那樣威武剽悍的無敵軍隊，生生被他打得落花流水。可惜此君心比天高，被袁紹殺掉。

淳于瓊還想到沮授，那個文武全才卻難得施展的智者。就因為與郭圖不和，而被分了兵權，也再難得袁紹的充分信任。還有許攸，這個老鬼，前兩天剛投了曹營⋯⋯

忽然他想到了曹操，想到了在洛陽共事的日子。如今那個機敏狡猾的小子正在河對面領著那支叫人膽怯的軍隊——那是怎樣的一支軍隊啊，呂布被他滅了，袁術被他滅了，陶謙被他滅了，兗州之變輸光家底居然又翻過身來了，官渡這樣的箭如雨下，面臨這樣的糧食匱乏都還在彼岸硬挺著！淳于瓊感到不可思議，行軍這麼多年，不曾見過這樣頑強的軍隊……

探子的報告把他從思緒中拉回現實：「曹軍來襲！」

曹操得了許攸的消息，留曹洪、荀攸守營，自帶了五千輕騎，換了袁軍服飾，來襲烏巢。所帶的將領，首先還是擅長突擊的樂進。一行人沐著夜色奔赴烏巢，淳于瓊判斷了一下曹操的兵力，決定出戰。

淳于瓊的判斷，是以為曹軍只是以小股兵力襲擾，便決定自己消滅掉。等到出營作戰，才發現兩個問題：一是曹軍戰鬥力格外強，尤其是那位小個子的將領；二是曹軍人數正在不斷增加，後援不斷趕來，並且都是騎兵，已經不知有多少人。在這樣的情況下，淳于瓊決定退守大營，並向袁紹大本營彙報情況。

烏巢離總營四十里，烏巢的飛騎趕到大本營的時候，袁紹著了慌。他立刻召開緊急會議商討對策，部下分作兩派意見。以張郃為首的一派以為應該立刻馳援烏巢，而以郭圖為首的一派以為應該圍魏救趙直接攻打曹操大營。袁紹兵多，便派了一支輕騎馳援烏巢，而以張郃、高覽領重兵攻打曹操主營。

袁紹再次判斷錯了情況，這一失誤毀了一切。

他的想法是這樣的：曹操主力如果在攻打烏巢的軍中，那麼大營必然空虛；如果打下大營，曹操將無所歸，勢必就擒。曹操主力如果留守大營，那麼必然無法拿下一萬餘人鎮守的烏巢，而自己的輕騎再行馳援，必然萬無一失。這個推理並沒有問題，但軍事作戰畢竟不是做算術題。曹操的五千精銳，已經在烏巢打得淳于瓊無法支持。

袁紹馳援的輕騎，星火般飛馳烏巢。曹操的探子迅速彙報：「敵援快到了。」曹操怒道：「到了背後再來說！」於是加緊攻打淳于瓊。士卒聽了這話，個個拿出火燒屁股的精神玩起命來，終於把這座營盤拿下，這才回過頭來毆打援軍，又勝。這便四處放起火來，將一萬多車金燦燦的糧食燒了個乾淨。那股焦香的氣味，混著袁營士卒無比的絕望，一起直衝雲天。

3 完敗

烏巢一戰，樂進大顯神通。曹軍斬殺眭元進、呂威璜、韓莒子、趙叡四將，生擒淳于瓊。曹操解決了烏巢，迅速回救大本營。這時候張郃、高覽攻打曹營已經攻打到了很沒信心的程度，一聽說曹操兵馬快回來了，便決定投降。坐守曹營的曹洪懷疑張郃、高覽是詐降，在荀攸的力保之下，接納了二將。

曹操回了大營，便檢視起勝利的果實，先把淳于瓊拉出來審問。淳于瓊一夜激戰，狼狽不堪，連鼻子都被人砍去，臉上一片血汙，卻猶自梗著脖子。曹操問：「你怎麼落到這個地步？」

淳于瓊是個硬骨頭，答道：「勝負自天，何用為問乎？」曹操念舊，想放過淳于瓊；許攸說：「明旦鑑於鏡，此益不忘人。」——明天早上他一照鏡子，又會想起被你打敗的奇恥大辱了。曹操這才把淳于瓊殺掉。他又把袁紹的千餘降卒割了鼻子，牛馬割了唇，一併送回袁軍陣營裡去。

袁軍陣營裡已經炸開了鍋。烏巢的被襲，使得袁軍糧草無以為繼。淳于瓊之死，許攸、張郃、高覽的投降，更是寒人心膽。面對這種情形，袁紹已經完全沒有辦法，只好開始布置撤退，而曹操也果然發起了全面反擊。

兵敗如山倒。

「紹及譚等幅巾乘馬，與八百騎渡河。」——袁紹和袁譚盔甲都來不及穿戴，領了八百人渡河逃跑，幾乎等於全軍覆沒；

「沮授不及紹渡，為操軍所執，乃大呼曰：『授不降也，為所執耳！』」——沮授被俘，後來找機會想回北方，被殺；

「審配二子為操所禽。」——鎮守鄴城的審配之子被俘；

「紹還，謂左右曰：『吾不用田豐言，果為所笑。』遂殺之。」——袁紹令人殺田豐於獄中；

「餘眾降者，操盡坑之，前後所殺七萬餘人。」——曹操坑殺袁軍降卒七萬餘人。這個，其實主要原因還是缺糧，其次是怕降卒太多軍中不穩定。

至此，官渡之戰以袁紹完敗而告終。

同是這一年，劉表終於把長沙的張羨打敗。益州的趙韙也反叛了劉璋，一直打到成都。而孫策，則被幾個莫名其妙的刺客殺死。

4 袁紹之死

袁紹逃回黎陽大營，見到坐鎮於此的後軍主將蔣義渠，把其手說：「孤以首領相付矣！」這樣的境地，真的是很悽涼的了。而蔣義渠也知趣得很，立刻交出兵權，躲到帳外，讓袁紹發號施令。

袁紹一端坐到帥案之上，立刻又恢復了往日的神氣，沉穩調度。而冀州的守令、逃散的兵卒，聽說袁紹還在，立刻又跑來歸附，人馬稍稍集中了一些。這時候，審配的兩個兒子被曹操俘虜，於是有人對袁紹說：「審配在位專政，族大兵強；如今二子在南，必懷反計。」辛評、郭圖以為然，獨有逢紀為之辯白。袁紹聽了逢紀的話，不曾替換審配的地位。冀州有些郡縣叛應曹操，都被袁紹一一掃平。而曹操竟也筋疲力盡，一時沒有力氣渡河過來。

曹操打敗袁紹，收擄了一批圖書，其中多有許都的人寫給袁紹的降信。有人勸曹操一一拆開照名單查人，曹操卻付之一炬，說：「當紹之強，孤猶不能自保，況眾人乎！」

燒完書信，曹操的第一件事情，是跑到東平郡的安民縣去找糧食吃——實在餓慌了。吃飽喝足之後，曹操趁熱打鐵，揚兵河上打敗袁紹在倉亭的軍隊，又破之。大概是覺得袁紹在河北樹大根深，一時間占不到便宜，便領了兵回去。這時候，劉備正在南邊搗蛋，而昌豨又在東海造反。曹操派了張遼、于禁打昌豨，自己親自來打劉備，都打了勝仗。劉備投奔劉表，被安頓在新野。

再到下一年，袁紹犯了和他弟弟袁術一樣的病，嘔血而死。這個時候，是建安七年（西元二〇二年）夏天，距離官渡之戰，已經快兩個年頭。

袁紹打官渡之戰，究竟犯了什麼錯呢？在真正對峙之前，他的布置的確不如曹操漂亮，但也並沒有什麼致命性的失誤；而他對發動戰役時機的選擇，無疑是不錯的。

之前田豐、沮授勸袁紹不要急著打，要利用兵力和糧草的優勢把曹操拖垮。袁紹之派顏良，志在渡河，十分必要；之所以派出文醜，是想追打曹操以挽回顏良的損失，也無可厚非。而在這樣兩次戰術性的小失利之後，袁紹既實現了既定的戰略目標——渡河，又能及時調整作戰計畫，與曹操進行相持，可算十分明智。

之後相當長一段時間，袁紹對曹操的壓迫，幾乎使之窒息。既有正面戰場的壓迫，又有敵後的襲擾乃至於第二戰場的開闢，使得曹操糧草難以為繼，整個曹軍幾乎陷入了崩潰的邊緣。

在這樣的時候，其實就是賈詡所說，不應該再「顧萬全」，而是「決其機」的時候了，對雙方來講都是如此。而恰好這個時候，許攸自北投南，給曹操帶去了福音。曹操孤注一擲，而袁紹則應對失宜，導致了整個局勢的崩盤。

袁紹之失，在於不能用奇。而其內部派系鬥爭，以及用人失策，也是原因之一。總之，為人寬雅有局度、喜怒不形於色而性矜愎自高的袁紹袁本初，就這樣不甘心而又不負責任地撒手人寰，剩下三子一甥和一片四分五裂的土地。

六 收官

1 天下大勢在河北

打贏官渡之戰後，曹操有三個選擇：一是滅江東，二是征劉表，三是掃河北。

江東孫策，在官渡之戰期間遇刺，傷重不治將死。當時老資格的臣僚如張昭都以為孫策會把位子傳給孫翊，而孫策卻指定了孫權為接班人。

孫翊是孫策的三弟，驍悍果烈，有兄策風，是個少年英雄。而孫權，則與幾位兄弟有所不同。他相對於兄弟，比較穩健。據說他長得方頤大口、目有精光，朝廷一位使者說：「吾觀孫氏兄弟雖各才秀明達，然皆祿祚不終，唯中弟孝廉，形貌奇偉，骨體不恆，有大貴之表，年又最壽，爾試識之。」這個不是迷信，是看面相，哪怕在心理學上，也是有依據的。孫策是不是目有精光，不好說；但肯定不是方頤大口。有的人性狹性峻，有的人性寬性沉，這都是可以從面相所呈現的氣質上看出來的。而孫策也一直很看好孫權，常指著部下賓客對孫權說：「此諸君，汝之將也。」

孫翊與孫權，其實無所謂高下。關鍵是，現在江東需要一個翻版的孫策，還是需要孫權。孫策心裡清楚得很，所以他臨死前對孫權說：「舉江東之眾，決機於兩陣之間，與天下爭衡，卿不如我；舉賢任能，各盡其心以保江東，我不如卿。」孫策這時候，認為江東的戰略重心，當由「攻」轉為「守」了。為了保證這「守」的成功，他又託了顧命大臣張昭等，說：「中國方亂，以吳、越之眾，三江之固，足以觀成敗，公等善相吾弟！」而一旦守不成功怎麼辦？孫策也考慮到了。他託了與漢廷諸多官員關係良好、德高望重的張昭，說：「若仲謀不任事者，君便自取之。正復不克捷，緩步西歸，亦無所慮。」——如果孫權實在不成器，你就領著大家歸順朝廷，不要有什麼顧慮。

在這樣的安排之後，孫策瞑目。孫權也在張昭等老臣宿將的輔佐之下，成為江東新的領袖。而他，也迅速施展手段，擺平了李術之亂。

李術是孫策所任的廬江太守。見孫權年輕，不肯服從，收容叛逆。而他，曾在不久前殺了朝廷任命的揚州刺史嚴象。孫權繼任，決定拿他開刀。他首先給曹操寫了一封信，《資治通鑑》撮舉大意說：「嚴刺史昔為公所用，而李術害之，肆其無道，宜速誅滅。今術必復詭說求救。明公居阿衡之任，海內所瞻，願敕執事，勿復聽受。」——嚴象是您所任用的，卻被李術殺了；我決定替您出氣，把李術收拾掉。接著，孫權便出兵把皖城打下，梟了李術的首級，而忙於官渡之戰的曹操自始至終都不曾對李術有所援助。孫權的外交手段，在此嶄露頭角。

其實，曹操並不是沒有打江東的想法。他先讓劉馥赴任合肥，經營東南；又在孫策死後一度有過南下的想法，而為侍御史張紘勸阻。張紘是孫策與曹操蜜月時期做為友好使者來到許都的，而曹操便也派了張紘回去，讓他「輔權內附」。

這件事情的成功率能有多大呢？實在渺茫得很。所以我以為，曹操之前所謂要圖江東，也不過是嘴上說說罷了。如今只是讓張紘回去傳個口信，說曹操有意南侵，你孫權最好還是不要輕舉妄動。實際上，孫權內部事務也多得很，實在無力與曹操作對。他漸漸剿滅了山越、打敗了李術、提拔了魯肅呂蒙、重新整頓了江東的兵制，這才有了一些氣象。

而劉表方面，剛剛把張羨的叛亂打下去，劉備又屯在新野，如芒刺在背。曹操一度想先平了劉表再掃滅河北，被荀彧勸阻。荀彧的意思是，袁紹的本事很大，如今正應該乘勝追擊；

一旦叫他恢復過元氣來，再打一次官渡之戰，天曉得誰贏誰輸。曹操這才決意北伐。

而益州方面，趙韙在造劉璋的反。曹操借了這個機會，順手打一耙：任命牛亶為益州刺史，又征劉璋為卿，純屬給劉璋添亂。而劉璋自然不肯上當。

漢中的張魯，這時候夜郎自大想稱漢寧王，被功曹閻圃勸阻。

所以到這個時候，天下大勢全在河北。曹操決心出兵了。然而在出兵之前，袁尚卻先他一步行動，派了高幹、郭援奔襲河東。

2 西線有戰事

袁紹的家事，已經讓他頭疼了很久。如今，他終於撒手不管了，可他的部下卻還是不得不面對。而這個奪位之爭，隨著袁紹之死，也終於矛盾公開化了。

袁紹有三個兒子一個外甥，其中足以構成競爭力的，是長子袁譚和少子袁尚。袁紹喜歡袁尚，所以把袁譚過繼給了自己的一位兄長。而袁紹的手下，郭圖、辛評支持袁譚，審配、逢紀擁戴袁尚。袁紹一死，眾將擁立袁譚，而審配矯詔立袁尚。這樣一來，袁譚屯在黎陽，袁尚駐紮鄴城。

袁尚在後方，心想可以讓袁譚在前面擋著曹操的兵鋒，便讓逢紀領著兵馬幫助袁譚。袁譚嫌兵少，又要求增援；袁尚、審配一計議，決定不給，袁譚便把逢紀殺掉。然而，袁譚畢竟不是曹操的對手，三打兩打打了敗仗，又向袁尚告急。袁尚看形勢不妙，親自帶兵南下。結果卻不頂用，兩位少爺依舊被打敗，只好固守不出。另一方面，袁尚又派了河東太守郭援、并州刺史高幹奔襲河東，以分擔正面戰場的壓力。

河東是司隸校尉部的一個郡，當時由王邑任太守。王邑在這個位子上已經坐了很久，以前董承挾著天子東來的時候，受過王邑的接待。王邑算不上袁家的人，也並不姓曹，但基本上還是親曹的。袁紹自己私署了郭援為河東太守，這是朝廷方面不承認的。而高幹，前面介紹了，是袁紹的外甥。他們領兵前來，聯合了匈奴的南單于，一起來打河東。南單于兵在平陽縣，等著郭援、高幹來會合。郭援、高幹所向披靡，唯有絳縣難以攻克。

河東絳縣長官賈逵，也是個人物。他率領吏民獨抗大敵，但畢竟不是對手。城池將被打垮的時候，絳縣吏民跑上城頭與郭援相約：如果打下城來，萬不可傷了賈逵。郭援為了瓦解其軍心，便同意了。絳縣被攻克。

郭援久慕賈逵盛名，想以賈逵為將，賈逵自然不幹。郭援的左右摁著賈逵給郭援叩頭，賈逵梗著脖子怒吼：「安有國家長吏為賊叩頭！」郭援惱羞成怒，打算殺掉賈逵，卻不料絳縣百姓都登上城頭放出話來：「負約殺我賢君，寧俱死耳！」郭援沒辦法，只好把賈逵囚禁起來。然而這樣的好人，是囚禁不住的。一個與賈逵素昧平生的看守，趁夜把賈逵放了。而賈逵在被俘之前，已經安排好了河東的防守事務。郭援被這一拖，遲遲難以拿下河東。再插一句，賈逵後來歷仕曹魏三代，被讚譽為「真刺史」，他的兒子賈充，將來是西晉開國功臣。而他這一年，才二十四歲。

郭援之攻河東，連絡了關中的馬騰。馬騰當時表面答應，實際上卻遲遲不動。鎮撫關中的鍾繇，此時領了兵馬圍攻平陽的南單于一路；而郭援卻迅速地向西殺來，鍾繇的部下勸鍾繇先撤，鍾繇說：「郭援之西來，已經連絡了關中馬騰、韓遂。而馬騰之所以到現在還沒動靜，正是顧忌我多年的威名。如果我撤退，則等於示弱，馬騰立刻會造我的反，那時候處於東西夾攻的絕境，就死定了。」於是堅決不撤，並派了張既去連絡馬騰。

馬騰見到張既的時候，萬萬沒有料到面前這個年輕人將來會成為魏國的西長城。他依舊猶豫於何去何從。這時候，傅幹站出來說話了。他替馬騰分析了形勢：袁氏逆天，曹操順道。袁氏滅亡在即，而你卻首鼠兩端，一旦曹操掃平袁氏，就是你滅亡之日。不如幫助鍾繇掃平郭援，以斷袁氏一臂，功名就無與倫比了。馬騰聽了傅幹的話，派兒子馬超、將領龐德帶了一萬多人去與鍾繇會合。

傅幹，是漢末一個奇士。他的父親便是傅燮，當初與馬騰同是涼州刺史耿鄙的部下，所不同的是一個投了韓遂，一個抵禦韓遂而死。傅幹本人，後來積極從輿論上反曹，死得也不明不白。他的後輩傅玄、傅咸都是西晉的名士；而他的同族傅巽、傅嘏也都是漢魏之交的牛人。

馬超、龐德到了河東，把郭援、高幹打得落花流水，郭援在激戰中被龐德殺死，首級被提了來見鐘繇。鐘繇一見，潸然淚下。龐德連忙問起，才知道郭援竟是鐘繇的外甥，忙不迭道歉。鐘繇說：「雖我甥，乃國賊也，卿何謝之有！」郭援既死，高幹退回并州，南單于自然便降了。

西線的這次戰事，其意義在我看來，大概便是十幾年乃至幾十年後將會活躍於歷史舞台之上的賈逵、張既、龐德、馬超、傅幹的處女秀吧。

3 鄴城保衛戰

都說袁紹的兒子不爭氣，其實未必。劉表的兒子在強敵壓境、老子突然死掉的情況下，卻手足無措，降了曹操，可見比起袁紹的兒子更是不如。我們再想，假如官渡之戰輸的是曹操，而且曹操突然死掉，曹操的幾個兒子表現又能比袁譚、袁尚好多少呢？何況，自建安七年（西元二〇二年）袁紹死去到建安十二年（西元二〇七年）緩兵斬二袁，一共花了五個年頭才算把袁紹的兒子們掃平。

前三年具體打的過程，我不願再費筆墨，就編成一份年表列在下面，大家可以自己尋找規律。

建安七年（西元二〇二年）五月，袁紹死。袁譚在黎陽，袁尚在鄴城。袁譚求增兵不得，殺逢紀。

九月，曹操渡河攻袁譚，袁尚來救，固守黎陽。

建安八年（西元二〇三年）二月，曹操攻下黎陽，袁譚、袁尚退守鄴城。曹操追至鄴城。

五月，曹操撤回許都。袁譚攻打袁尚，失敗，退往南皮。

八月，曹操擊劉表。袁尚大破袁譚，袁譚退守平原，派辛毗向曹操求救。

十月，曹操渡河到黎陽，袁尚還保鄴城。袁尚部下呂曠、呂翔降曹操。袁譚私下招誘呂曠、呂翔，曹操看出袁譚有詐，便為子娉譚女以安之，自回許都。

建安九年（西元二〇四年）二月，袁尚留審配守鄴城，復攻袁譚。

好了，到這裡為止可以看得出來，袁紹的兒子之不成器在於內鬥太兇。郭嘉說袁紹的這兩個兒子「急之則相保，緩之則爭心生」，可謂一語切中要害。曹操一旦撤離，袁譚、袁尚便抓緊寶貴時間互掐；曹操一旦回來，他們倆又變臉結成統一戰線，真是叫人哭笑不得。在這期間，荊州的劉表都看不過去了，以伯父的身分給袁譚、袁尚各寫了封語重心長的長信，說「君子違難不適仇國，交絕不出惡聲」，勸他們家醜不要外揚，別叫外人看了笑話。袁譚、袁尚根本聽不進去。

曹操這樣進進退退直到建安九年（西元二〇四年）二月，袁尚跑到平原去打袁譚，曹操便乘了鄴城空虛，帶兵渡河把鄴城圍困起來。守鄴城的，是審配。

城中還有一員將領叫蘇由，打算做曹操的內應，被審配識破，只好逃了出來。曹操挖地道壘土山，打了兩個月沒有成效，便留了曹洪圍鄴，自己去把鄴城周邊城池全部攻克，然後又親自回來圍困鄴城。曹操把先前造的地道土山統統毀掉，開始鑿壕溝圍城。初時挖得又淺又窄，審配站在城頭看著都笑了。卻不料曹兵晚上加班加點，一夜之間把壕溝挖得廣深二丈，引來漳河水灌城，城裡一片汪洋澤國，百姓餓死過半。

在這樣的情況下，袁尚終於迷途知返，帶了萬把人回來救鄴城——此時鄴城已經被圍五個月了。曹操這樣的圍困，袁尚怎麼才能派人進城通報情況、了解信息呢？他把這個幾乎不可能完成的任務交給了主簿李孚。

李孚無疑屬於那種「太有才了」的高智商。他在晚上穿了曹軍中級將官服飾，帶了兩、三個隨從，削了根專門責罰士卒的「問事杖」，見圍城的曹兵便一路呵斥，有犯過錯的還隨行懲罰，就這樣裝模作樣遍歷曹營，來到城門口。他又以此處守卒有過為名，把他捆綁起來。然後便從這缺口突進去，城上放了繩索把李孚吊了上去。

審配軍眾見了李孚，悲喜交加，大呼萬歲，彷彿見了救世主一般——儘管李孚帶來的不過是上峰的問候和不知何時才能到來的援助。不過這些都在其次。在這樣的鐵桶圍困之下還能進入城裡，這種奇蹟的創造便足以讓絕境中的鄴城吏民振奮不已！

城外的曹操得知了李孚進城的辦法，也不禁啞然失笑。他饒有興致地放出話來：「此非徒得入也，方且復出。」——有本事你再出來試試！然而，沒想到一個晚上，鄴城三門打開，跑出來一批老弱舉了白旗求降。而李孚，就混在這樣的老弱中間再次跑了出來。

袁尚終於起兵救鄴城，卻遭到曹操的包圍，一萬多兵幾乎輸光，跑去了中山。曹操得了袁尚的印綬、節鉞及衣物，拿來向城內示意。鄴城之所以能守到現在，全靠了一股盼頭；袁尚的救兵一完蛋，鄴城已經沒有守得住的道理了。但審配仍不死心，他激勵士卒說：「堅守死戰！操軍疲矣，幽州方至，何憂無主！」

審配打算把這局死棋下活，他在曹操必經之路上布置了強弩，有一次便幾乎把曹操射死。在這樣的情境下又是極其漫長的一個月過去了，審配的侄子，負責看守東門的審榮開了門放進曹操來。《三國演義》的連續劇裡我對這段印象格外深刻：審榮打開城門，望著城外燦爛刺眼的陽光和洪流般衝進城來的曹兵，微笑著揮劍自刎。

審配在這樣的情況下，還在組織人馬與曹操巷戰，被活捉。到此為止，歷時半年的鄴城保衛戰結束。無論是守方還是攻方，都已經無比疲憊，他們還記得什麼呢？是對蘇由、審榮叛變的切齒，是那驚心動魄的滔天洪水，是李孚的巧智帶來的一絲愉悅和期望，是險些射殺曹操而驚呼的遺憾，還是袁尚的印綬、節鉞被曹軍高高挑起所帶來的無限絕望？

這半年的圍困，只留下一座千瘡百孔的鄴城，兀自挺立在金秋八月的風中。

4 高幹的反攻

鄴城是袁紹經營日久的河北第一重鎮。鄴城之破，審配之擒，河北喪膽。并州高幹聞風而降。

袁譚的臣子辛毗，此時已降在曹操軍中。鄴城一破，便連忙進城解救被審配囚禁於此的兄長辛評一家，卻不料已經被審配殺了個乾淨。辛毗痛哭流涕，急忙來尋審配，舉起馬鞭便抽向審配頭上，罵道：「奴，汝今日真死矣！」審配冷冷看他一眼，不屑道：「狗輩，正由汝曹破我冀州，恨不得殺汝也！且汝今日能殺生我邪？」這時候，曹操引見，想勸降審配。審配意氣壯烈，終無撓辭。加上辛毗在一邊號哭不止，曹操無奈，令將審配斬首。臨刑前，審配要求面北受刑，並留下最後一句擲地有聲的話：「我君在北也。」

我們不欣賞愚忠，但如審配這樣的錚錚鐵骨，無論是敵是友，無疑都會由衷敬佩，而令宵小之輩自慚形穢。河北多名士，誰如審正南！

曹操取下了袁紹的大本營，親自祭奠袁紹墓。十四年前，袁紹「南據河，北阻燕、代，兼戎狄之眾，南向以爭天下」的豪言猶在耳邊，而斯人已逝，墓木拱矣。曹操一念及此，潸然淚下。後人孫盛評說曹操哭袁紹是「偽術」。英雄之心，豈是文人所能窺測淺深。

袁紹可以安息了，曹操還得勞碌。他北擊袁譚，拿下南皮，斬殺郭圖、袁譚。到這時候，冀州的舊眾李孚、崔琰、陳琳、管統、王修、牽招，都降到了曹操麾下。而王修，也得到曹操的格外恩准，收葬了袁譚的屍首。

建安十年（西元二〇五年）正月，袁熙部將焦觸、張南率眾降。四月，黑山張燕率眾十餘萬降。到這個時候，袁熙、袁尚遠走烏桓，整個河北地界基本已經清淨了。

二袁引了烏桓的兵馬，圍攻幽州的鮮于輔。鮮于輔這時候早已經順了曹操。早在袁曹對峙官渡的時候，鮮于輔就親自到官渡面見曹操表示忠心。所以曹操得了這個消息，立刻帶兵來救鮮于輔。而南邊的高幹，這時候開始造曹操的反。

高幹此前的歸降，是不得已。他是一位冷靜的將領，打算窺伺時機再起。而曹操北擊烏桓，正是反攻的大好機會。他舉并州而反，據守壺關口。曹操派了李典、樂進來打，竟打不下來。河北的張晟、弘農的張琰，也各聚了萬把人，回應高幹；並且張晟還連絡了荊州的劉表，聲勢可謂十分浩大了。而最要命的是，這節骨眼上靠著并州的河東郡居然正在進行人事調動。

河東太守王邑，這時候被徵召去朝廷。河東的官吏衛固、范先借留王邑為名，與高幹暗通。曹操便讓杜畿赴任河東，堅決把王邑替下來。而衛固則領兵拒守，不叫杜畿通過。杜畿卻有本事，單騎入河東，將衛固的部下分化，收復了周圍不願追隨衛固的縣，張羅起一支人馬來，反把衛固擋在城外。而鐘繇一邊，再次派了張既向馬騰求助，領了西涼的兵來把衛固、張琰打敗。杜畿後來守河東十六年，政績為天下最。他的兒子杜恕是曹魏名臣，做到幽州刺史；他的孫子就是大名鼎鼎的西晉名將杜預。到這時候，曹操已經解了鮮于輔之圍，親自南下。

曹操留了曹丕、崔琰守鄴城，自己來打壺關。高幹見曹操親來，留了部將守壺關，自己去向匈奴求救。曹操把壺關打破，平定了整個并州，選了梁習做并州刺史，常林、楊峻、王象、荀緯、王凌凌等人為郡縣守令，這些人到曹魏建國，都是名臣。曹操還任用了一位曾說高幹「有雄志而無雄才，好士而不能擇人」的仲長統為尚書郎。仲長統是漢魏之交的一位思想家，「仲長」是複姓。

高幹失了根據地，又不為南匈奴所容，便打算南投劉表，卻在路上被人殺死，把腦袋提了來見曹操。高幹的侄子高柔，做了曹操手下的一名縣令。他是曹魏重臣，活到九十歲的年紀，是曹魏的大法官。

并州已定，青州地界上還有幾股海賊，而東海的昌豨又造起反來。曹操便讓李典、樂進把海賊打到海裡，讓于禁把昌豨殺掉。這樣一來，河北四州，除了幽州的東北部，已經幾乎全為曹操所掌控了。

5 東臨碣石有遺篇

烏桓的基本情況，前面已經說過了。烏桓現在的核心人物是蹋頓，被時人比為匈奴歷史上最偉大的冒頓單于。烏桓在東漢末年多次襲擾邊疆，而邊疆的守備並沒有足夠的能力制住他們。袁紹強盛的時候，對其大肆拉攏，所以袁熙、袁尚現在投在烏桓，得到了蹋頓等烏桓名王的支持。

不獨如此，烏桓還組織起了對鮮于輔的襲擊，而鮮于輔已經是曹操的人。在這樣的情況下，曹操北救鮮于輔，烏桓又遁入塞外。恰好高幹在南邊造反，曹操不得不恨恨離去。

如今高幹已死，曹操沒有後顧之憂，便決心北上，與烏桓來個總清算，左右都反對。左右以為，烏桓在絕域，攻之無益，更何況劉表在南，萬一遣了劉備來襲擾後方，麻煩得很。獨有郭嘉贊同曹操的決策。

郭嘉是曹操的謀士，「通有算略，達於事情」。他力主討伐烏桓，並斷定劉表對劉備根本不信任，絕不會讓他領重兵襲擊許都。並且他還提出了討伐烏桓的基本戰略：「兵貴神速。今千里襲人，輜重多，難以趨利，且彼聞之，必為備。不如留輜重，輕兵兼道以出，掩其不意。」曹操同意。

大軍北上。隨軍將士有張遼、張郃、徐晃、郭嘉、曹純、鮮于輔、閻柔、張繡、韓浩、史渙、牽招等，可謂精銳盡出。曹操大軍行至右北平無終縣，已經是夏五月了。這陣子大雨滂沱，濱海道路泥濘不通，而烏桓也派了精騎把守險道，根本無法通過。這樣的對峙，一直到了七月，田疇求見。

田疇前面提過，是劉虞的部屬，幽州的奇士。他率宗族避居徐無山中，已有十幾個年頭，兩個月前為曹操所徵召。他痛恨烏桓寇略邊疆，甘心做曹軍嚮導。這時候，田疇根據經驗及實地勘察，發現盧龍塞經右北平舊治平岡到烏桓前哨柳城，曾有一條舊道，毀絕已有二百多年，但如今在山間還有小道若絕若續。

曹操得了這個資訊，便假裝撤兵，將兵入徐無山中，循盧龍塞而北。塹山堙谷五百餘里的急行軍，終於直抵柳城。曹操輕騎從天而降，烏桓大軍逆抵而來，兩軍猝然相遇白狼山。一場好殺。

先鋒張遼勇冠三軍，大破敵騎；王牌特種兵虎豹騎大顯神通，力戰蹋頓。「虜眾大崩，斬蹋頓及名王已下，胡、漢降者二十餘萬口。遼東單于蘇僕延及遼西、北平諸豪，棄其種人，與尚、熙奔遼東。」差不多在這前後，可能因為水土不服的緣故，郭嘉、張繡先後病亡。也有一說，張繡是因曹丕排擠，自殺。

柳城一戰，打通絕域，異族震服。所以當曹操由柳城緩緩班師的時候，遼東的使者送來了袁熙、袁尚、蘇僕延三顆人頭。而當曹操行至易水的時候，代郡、上郡的烏桓單于，以及鮮卑的步度根、軻比能先後來賀，並表示臣服。

到了這個時候，建安十二年（西元二〇七年）十月，袁紹的勢力才算完全被征服。這時，夏日的暴雨已經過去，濱海的道路也能通行了。曹操由柳城還無終的路上，特地取道碣石。在這觀海勝地，東漢末年唯一有資格看海的英雄曹操，遙望著吞吐日月、波瀾壯闊的大海，一種望見宇宙本原的感受油然而生，胸中豪氣憋鬱已久，不吐不快：

東臨碣石，以觀滄海。
水何澹澹，山島竦峙。
樹木叢生，百草豐茂。
秋風蕭瑟，洪波湧起。
日月之行，若出其中；
星漢燦爛，若出其裡。
幸甚至哉，歌以詠志。

往事越千年。西元一九五四年，又一位巨人在成功抵禦外寇之後來到這裡，以穿越千年、吞吐宇宙的氣概，寫下〈浪淘沙·北戴河〉：

大雨落幽燕，白浪滔天，秦皇島外打魚船。
一片汪洋都不見，知向誰邊？
往事越千年，魏武揮鞭，東臨碣石有遺篇。
蕭瑟秋風今又是，換了人間。

尾聲　事會之來，豈有終極

建安十二年（西元二〇七年），劉表和劉備相對而坐。

曹操北征柳城的時候，劉備力勸劉表偷襲許都，劉表不聽。如今曹操班師，劉表對劉備說：「不用君言，故為失此大會。」

劉備寬慰道：「今天下分裂，日尋干戈，事會之來，豈有終極乎？若能應之於後者，則此未足為恨也。」

劉備說完這話，偷眼向劉表望去，只見他緩緩闔起雙眼，垂老的面容已無一絲生意。劉備又看看自己，多年未勞鞍馬，髀裡肉生。

日月若馳，老將至矣，而功業不建；事會之來，果無終極乎？劉備想到這裡，抬眼望向窗外。夕陽綻放，篩下一地碎花。

第21章 公孫度一族：遼東的事情

中原大地打得熱火朝天的時候，管寧正穩穩地端坐在遼東北部一個幽靜的山谷裡開講《詩經》《尚書》。

管寧是北海人，北海是青州的郡。青州已經陷在戰火之中，管寧想找個能安放一張平靜書桌的地方。他放眼全國，相中了遼東。

遼東，是幽州的一個郡。遼東東面，還有樂浪；遼東北面，還有一個玄菟郡。這樣三個郡，在當時並不歸幽州軍閥公孫瓚的控制，而是自成系統。這樣一個系統，自中平六年（西元一八九年）開始，便歸公孫度一族所管。《三國志》說管寧是因為「聞公孫度令行海外」才跑去遼東，這是有問題的。公孫度之在遼東，是在中平六年（西元一八九年）受了徐榮的薦舉；而管寧之徙遼東，據《傅子》的記載，是在中平三年（西元一八六年）。史料缺失，只好存疑。

總之，當時的遼東僻處一隅，不曾捲入戰火。史書上說黃巾之亂，幽州也是重災區，這裡

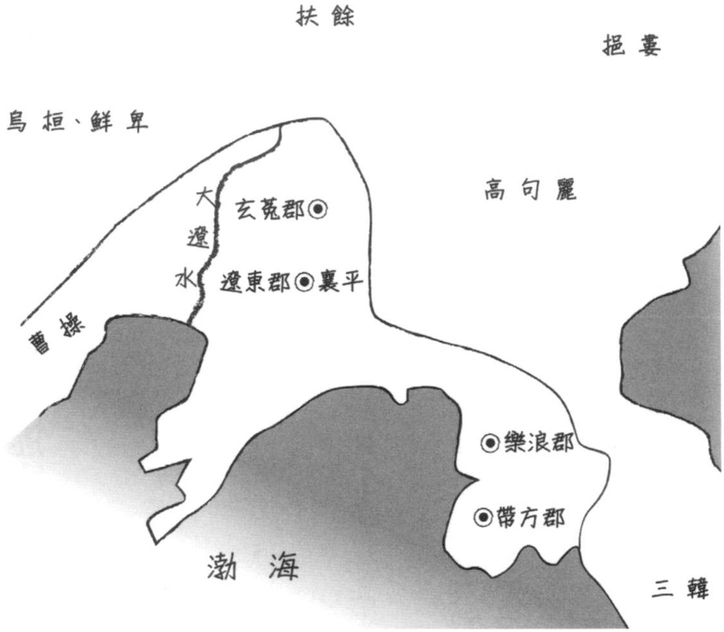

圖 12 遼東四郡及周邊民族示意圖

可能指的是遼東以西。遼東由於地理原因，沒有摻和進這一大劇。所以管寧便和幾位同好一起，舉家北上，來到東北這片寧靜的土地。這幾位同好，有邴原和王烈。而和管寧他們一樣，先後來遼東避難的，還有國淵，以及遭扣留的朝廷命官涼茂。

他們拖著行李一到遼東，便受到政府官員的恭敬接待，說公孫太守已為你們備好上等館舍。同來的名士住在官府的館舍，留在郡南。獨有管寧謝辭，肩挑背扛來到遼東北部，尋了個風水不錯的山谷，依山結廬，鑿壁為室。

「結廬在人境，而無車馬喧。問君何能爾，心遠地自偏。」這樣的句子，要再過兩百年才由陶淵明寫出來；而這樣的詩境，則現在已經有了。

管寧名氣之大，但凡人境，必有車馬尋至。公孫度慕其高名，來見管寧。於是，就在這樣一個幽靜的山谷，一名官員，一位隱士，同榻而坐。這樣的場景，令人想起隆中對。但所不同的是，這裡並沒有隆中的指點江山，而只是一番經典的對談，一次心靈的洗禮——「語唯經典，不及世事」。我不知道公孫度回去之後會怎麼想，如果是我，我會說：「如果我不是公孫度，那麼我願意是管寧。」或者公孫度還不配如此說，只有曹操才有這樣的資本。

但公孫度畢竟是公孫度。遼東的安全和穩定，是建立在他果決的殺戮上的。

公孫度，遼東襄平人。少年時名叫公孫豹。他父親與遼東郡的郡吏結仇，便舉家遷徙到北一點的玄菟郡。公孫度做了郡裡的小官。當時玄菟太守公孫琙的兒子也叫公孫豹，長到十八歲的年紀死了。公孫琙見這個與自己兒子同年又同名的孩子，十分喜愛，便把一腔父愛轉投到公孫度身上，為他擇師而教，給他找大戶人家小姐做太太。

在公孫琙的關照下，公孫度平步青雲。他由尚書郎而冀州刺史，又為同鄉、董卓重將徐榮薦舉，做到遼東太守的位子。然而公孫度的成功，當地人並不看得起。他們以為公孫度起自玄菟小吏，如今不過是小人得志。在他們看來，小人與君子，並不按品德分，而是按出身分。

公孫度所要做的第一步，是立威。他先拿一個公孫昭開刀。公孫昭以前做襄平令的時候，曾召過公孫度的兒子公孫康以伍長的身分服役。公孫度上任的頭一件事，是把公孫昭抓來，亂棒打死在襄平的鬧市。除公孫昭而外，還有以前看不順眼的豪族田韶等人，也一併誅滅，前前後後殺了上百家人，一郡震悚。

公孫度安內之後，開始攘外。

遼東的外部，少數民族林立。東北有高句麗，再往北，今天的內蒙古、吉林、黑龍江有扶餘、挹婁。西北有烏桓、鮮卑，朝鮮半島南部有三韓。再往海外，就是今天日本列島，當時住著倭人，剛剛學會耕田，產量還不高，但已經開始乘船到遼東沿海來拿魚換米吃。

扶餘建國已久，算是中國東北第一個民族政權。他們有著別開生面的官僚系統——「以六畜名官」，官名有馬加、牛加、豬加、狗加等等，還保留著圖騰崇拜的遺風。扶餘與漢朝交往還是比較密切的，自西漢開始做為屬國而劃入玄菟郡。

扶餘北邊的廣大黑土地，生活著挹婁人。挹婁是春秋肅慎族後裔，還處於石器時代，有部落首領而無君主，連個統一的政權都建不起來。

至於朝鮮半島南部的三韓，則各有特色：比較凶一點的是馬韓，實行分封制，有五十多個小國供奉著一個王。馬韓連城池都還沒有，星星散散地分布在山海間。文明相對發達的是辰韓，裂作十二個小國。他們自稱是秦人的後裔。剩下一個弁韓，以盛產鐵而著名。

這幾支力量中，相對發達的要屬高句麗了。高句麗不但有統一的政權，而且能耕善戰，農閒時還不時地侵擾一下遼東。但這都是公孫度割據遼東之前的事情，如今時代不同了。

相比起這幾個少數民族，公孫度的遼東真要算高度發達了。因此當他一修好內政，把眼光掃往海外的時候，各首領便紛紛示好。

扶餘的王請求臣屬遼東，公孫度也投桃報李，「妻以宗女」。這個宗女，斷不會是皇上的公主，當是公孫度同宗的女兒。這是兩漢常使的和親手段。

高句麗的王，前兩年還頻頻侵擾遼東、襲殺朝廷命官，這時候遣了兩員將官協助公孫度討平遼東境內的「富山賊」。

而三韓則要到公孫康的時候，才在其地新設了一個帶方郡，以屯住人口。這個帶方，與遼東、玄菟、樂浪一起，是為遼東四郡。

不單如此，公孫度還東伐高句麗、西擊烏桓，取得了良好的戰績。史書上不止一次地用到「威行海外」四個字來評價他的影響。稱公孫度為東北霸主，並不誇張。但公孫家族在東北的全盛，要到他兒子公孫康來完成。公孫度在擺平了周邊民族之後，也一度有心涉足中原。

初平元年（西元一九〇年），群雄討董。公孫度坐擁遼東，不甘寂寞。他對部下柳毅、陽儀說：「漢祚將絕，當與諸卿圖王耳。」他把遼東分出遼西、中遼兩個郡來，這樣在數目上便有了五個郡。於是以此五郡為基礎，於漢十三州之外新設了一個「平州」。他自封了遼東侯、平州牧的官爵，並且追封了祖宗，還把漢高祖和光武帝的廟一廂情願拉來遼東，用冷豬頭供奉起來。

這樣還不夠，他並且派了一支海軍跨海攻占了山東半島的幾個縣，在此基礎上設置了「營州」。這支海軍下落如何呢？在〈張遼傳〉裡我們可以看到後文：「別將徇海濱，破遼東賊柳毅等。」柳毅，就是前面提到的公孫度的部下。柳毅出現在山東的海濱，只能是做為「營州」官員的身分。到這裡被張遼打破，已經是好幾年之後的事情了。

中原戰亂的時候，公孫度不曾有過大作為。或許他此時正在忙著攘外安內。等到外攘內安的時候，曹操已經把袁紹打敗了。這時候，公孫度居然又心血來潮。他集中文武，說：「曹公遠征，鄴無守備。我以步卒三萬、騎萬匹，直指鄴，怎麼樣？」文武齊聲喝彩。

公孫度得意地瞇縫著眼，瞥到涼茂。涼茂是朝廷派來樂浪的太守，遭自己扣留，一直不肯放他上任。這時見他不說話，便主動點名：「涼茂，你怎麼看？」涼茂說：「以前天下大亂的時候，您擁兵十萬，坐觀成敗，做為一個臣子，這樣已經很過分了。曹公那時候忙著剿匪，沒時間與您理會。如今海內初定，他還沒來找您，您卻自己送上門去……您好自為之吧。」一干文武聽了涼茂的話，一片譁然。公孫度瞇著眼冷了好久，終於說：「涼君言是也。」

公孫度既然不曾打曹操的主意，曹操也表公孫度為武威將軍、永寧鄉侯。公孫度得了這兩枚大印並不高興。他酸酸地說：「我已經是遼東王了，還要永寧侯幹什麼。」

不管遼東王還是永寧侯，最後都是一場空。公孫度把印綬留給兒子，自己只占了一抔黃土。

公孫度沒有嫡子，繼位的是庶出的公孫康。

公孫康繼任的第二年，張遼把山東沿海的柳毅打敗，殘兵跑回來報告了曹操的強盛，公孫康感受到前所未有的壓力。他連忙派部下韓忠去烏桓峭王處連絡抗曹，結果幾乎被同樣出使烏桓的曹營使者牽招殺於座上。又過了兩年，袁熙、袁尚領著一眾殘卒向遼東跑來。他們的身後，曹操的軍隊越來越近。

公孫康沒輒了。父親沒有留下一個可靠的人才，關鍵時刻連個商量的人都沒有。怎麼辦？正在公孫康苦苦思索之際，探子再報：曹操軍隊撤回，袁熙、袁尚繼續向遼東跑來。

公孫康一時不知曹操葫蘆裡賣的什麼藥，愣在當場。略加思索，公孫康下令：「迎接二袁。」

袁尚逃離兵火，進入這苦寒之地，心中猶自惦記著復興袁家的霸業。看著遼東並不如自己想像般窮苦，相反，因遠離戰火而呈現的欣欣向榮令袁尚心動不已。他與袁熙定下計謀：趁公孫康來迎接，將其綁架。然後以遼東為資本，跟曹操再玩一把！

各懷鬼胎的二袁、公孫康笑臉相見，其結果是強龍不壓地頭蛇，公孫康的伏兵將二袁捆縛在雪地上。袁熙如霜打的茄子，蔫在當場。袁尚還在掙扎：「地上太冷了！給我墊張席子！」公孫康一聲冷笑：「你的腦袋馬上要遠行萬里了，你還怕冷？」

公孫康斬二袁，將首級送到曹操軍營，展示自己對中央的忠心，然後眼巴巴地盯著曹軍的動向。

曹軍真的撤退了。

公孫康鬆了口氣，轉身又活躍起來。他派了公孫模、張敞開發樂浪以南的荒地，設帶方郡，武力壓服三韓。同時效法父親的和親政策，將宗女嫁給馬韓中最有前途的百濟。他還利用高句麗內部矛盾，攻陷其都城，迫使高句麗王遷都。

公孫氏數代擁有遼東，天子以為絕域，委以海外之事，不復與東夷交通。如此一來，公孫康割斷中央與東夷的一切來往，儼然以中央的東北區代理人自居，幾乎獨斷東北，其「東北霸主」的霸業達到鼎盛。

公孫康病死之後，其子公孫晃、公孫淵年紀還小。於是由弟弟公孫恭繼任。曹丕當上皇帝後，拜公孫恭為車騎將軍，假節，封平郭侯，可謂恩寵之至。公孫恭對現狀是很滿意的。

隨著封拜詔書一起到來的，還有徵召管寧的詔書。管寧坐起身子，撣了撣衣服，心想：是時候離開了。他封存了公孫度、公孫康、公孫恭前後贈送的財物器用，回望了一眼住了三十七年的草廬——管寧初來時幽靜的山谷，如今已是一個喧鬧的村落了。

公孫恭親自送到郊外，管寧輕輕地招手，作別西天的雲彩。他看著公孫恭身後面色陰鷙的少年公孫淵，心中一陣不祥的預感。他想對村落的居民交代點什麼，但終於還是什麼也沒說，登上了西還的船隻。

「廢嫡立庶，下有異心，亂之所由起也。」管寧心想。終於忍不住回望一眼漸行漸遠的遼東海岸——這時候已經籠罩在血一樣的夕陽裡了。

第22章 士燮一族：交州的事情

清朝末年，廣西梧州有個書生羅棟才。他求功名，屢考屢不中。一日夢見士燮給了他一個錦囊。從此以後，他考運大轉，連中舉人、進士，修成功名。羅棟才對士燮感激不已，於光緒十四年（西元八八八年）在蒼梧縣京南街桂江邊刻碑曰：「漢士威彥先生故里。」

士威彥，即是保佑羅棟才考上功名的那位士燮。士燮祖上是魯國汶陽人，王莽時代逃避戰亂跑到交州。傳到士燮，已經是第七代人。

士燮少年時遊學京師，治《左傳》。輾轉任職，最後回鄉做了交趾太守。交趾是交州的一個郡。漢武帝南定百越之地，設「交趾之州」。這個交趾之州，並不是交州，而是交趾刺史部。刺史部是監察區，而州是行政區。當時的交趾刺史部，據西晉的《太康地記》記載，本屬揚州，到東漢才獨立成州。交州下轄七郡，涵蓋了今天兩廣和越南的北部。

士燮做到交趾太守，正是董卓作亂的時候。他的一個弟弟士壹，原本受前交州刺史丁宮

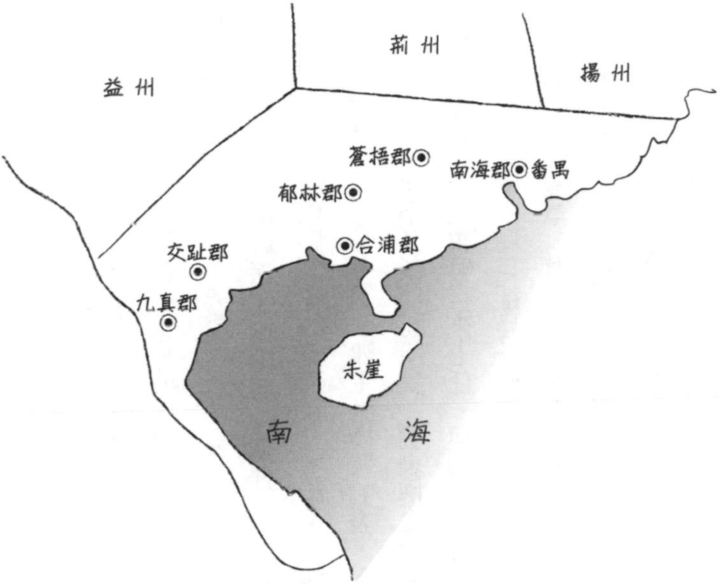

圖 13　交州六郡示意圖

的賞識。丁宮回朝廷，做到司徒，便徵召士壹。交州到首都實在太遠，士壹趕到的時候丁宮已經下台。繼任的黃琬也很欣賞士壹，便予重用。但黃琬與董卓不和，所以董卓進京的時候，便冷落了士壹。士壹本來也討厭董卓，這時候便跑回交州投靠大哥。

士壹的遠道而來，使士燮認識到，天下已經亂了。不獨天下，交州不久也發生了一次動亂，刺史朱符因為苛捐雜稅太重，被造反的夷族戰士殺死。士燮便借了這個時機，上表薦自己的兄弟士壹為合浦太守，士䵋為九真太守，士武為南海太守。這樣一來，幾乎整個交州的南部都已經在士燮的控制之下了。交州的北部在誰手裡呢？在荊州劉表控制之下。

士燮家族在交州，威尊無上。出入鳴鐘磬，車騎儀仗齊備，百姓胡人夾道焚香，儼然一方霸主，實在是威風得很。士燮的威風，全是由於交州偏遠；而交州雖然偏遠，但也被群雄爭鋒的餘威所波及。

朱符死後，朝廷派了南陽張津繼任。張津是什麼樣一個人物呢？據孫策說，此君迷信，好神仙方術。而東吳薛綜的一篇長文裡說，張津不自量力與劉表搞對抗，結果連年損兵折將，部下有怨望。這恐怕不是張津主動挑釁劉表，而是劉表已經把勢力插入交州的北部了。

總之，張津不久為部將所殺，劉表擅自遣零陵賴恭來上任。正趕上蒼梧太守史璜也在這時候死掉，劉表便又讓吳巨來上任，與賴恭同行，想以此擴大自己在交州的影響力。賴恭是荊楚宿士，恭謹溫厚；吳巨卻是一介武夫，驕橫跋扈，並不服從賴恭。士燮越過劉表，與曹操所控制的漢廷取得連繫。曹操為了與劉表對抗，便索性借朝廷的名義，任命士燮為綏南中郎將，董督七郡。這實際上已經相當於交州牧了。士燮坐了這位子，便以漢朝忠臣自居，雖然遠在嶺南，卻時時不廢貢品。這其實是在對曹操示好，從而遏制劉表勢力在交州的擴張。

而劉表舉薦來的吳巨與賴恭的矛盾也越鬧越大，終於爆發出來。結果是吳巨把賴恭趕跑。

賴恭回了零陵，後來隨劉備入川，做到蜀漢的太常。

曹操與劉表對交州的爭奪，到此算打個平手。

這個時候，孫劉聯軍已經在赤壁挫敗了曹操的南下計畫，整個荊南控制在劉備手裡。而交州北部所獨大的，是劉表餘孽、親劉備的吳巨。劉備在長阪敗後一度想投奔吳巨，可看出雙方關係不同尋常。到這時候，諸葛亮總督南三郡，並與吳巨保持連繫，對交州壓力巨大。奪取交州之於劉備，是做為國策納入議事日程的：「隆中對」提到「荊州北據漢沔，利盡南海」。

怎麼樣利盡南海？打通交州。

然而，孫權的行動也在悄然展開。他趁劉備來東吳求督荊州的機會，派了步騭帶領千人入交州為刺史。吳巨這時候大概搞不清狀況：一、劉備方面到底是什麼意思？二、步騭到底有多少人馬？帶著這樣的疑問，他只好權且迎接了步騭的上任。然而很快他發現，原來步騭只有不足千人。吳巨心懷異心，被步騭看出，便擒賊擒王設計把吳巨殺死。殺死吳巨之後，步騭順利進入交州腹地，擊敗了張津在此的殘留武裝。士燮這時候也認清了形勢——曹操遠在天邊，劉備勢單力薄，只有孫權這棵大樹好乘涼，於是親自迎接步騭上任，表示對孫權政權的衷心擁護。

劉備與孫權對交州的桌底下過招，到此以孫權的勝利而結束。

但是士燮到此為止，依舊壟斷著交州，維持著他的半獨立政權。雖然他遣了兒子入質，並且時時供奉交州特產，但孫權也加封他為左將軍，子弟各有封賞。而士燮也不白吃孫權的皇糧，勾連了益州的土豪造劉備的反。這樣半獨立的地位，一直維持到士燮九十歲去世為止。

士燮死後，孫權加緊對交州的滲透，在交州北部分出一個廣州來，讓呂岱任刺史；南交州，由戴良任刺史。而士燮之死所留下的交趾太守的交椅，也派了陳時來上任。士燮的兒子們不滿，發兵抵抗，遭敗，首惡伏誅，餘孽免為庶人。再過幾年，其他幾位士家子弟也因觸法被殺，只剩下當初入質的那位兒子的妻子，孤寡在家，享受著國賓的待遇。交州的事情，到這裡就算交代完了。士燮這樣一位人物，怎麼配在一千多年後還被人夢到呢？原因是他建立了不朽的業績。

士燮，至今還被當地人乃至越南人尊稱為「士王」。士燮在保證當地政治穩定的情況下，將中原的文化引入交州。越南史學家黎嵩說：「士王習魯國之風流，學問博洽，謙虛下士，化國俗以詩書，淑人心以禮樂，治國逾四十年，境內無事。」他不僅將中原文化引入交州，並且對當地語言文字進行了改造。士燮結合當地方言，創造了「喃字」，假借漢字形聲演為越字，將漢字音韻譯作越聲，平仄皆有一定的方式，使得越人吟詩賦對成為可能。

士燮不單將中原文明帶到了交州，促進民族融合，他本人的學術造詣在當時也是首屈一指。他早年師從名士，治《左傳》《尚書》最有心得，時人稱「《左傳》在南」。到隋朝，還有《士燮集》三卷、《春秋左氏經注》三卷傳世。

經學而外，士燮對史學也貢獻頗大。他著有《交州人物志》，為唐朝史學家劉知幾所稱道。士燮所治的交州，成為當時南方荊州而外的又一文化中心。先後來此避難、授道講學的名士有桓曄、劉熙、許靖、許慈、劉巴、薛綜、虞翻、程秉、陸績等，都是光炳史冊的名字。後人讚嘆士燮「不特為政治家，又為經學家及史學家」，這個評價應該說並不過分。

董卓、李傕、公孫瓚、袁紹，這些都是在漢末舞台上風雲過的角色；劉焉、公孫度、韓遂、張魯，這些都是割據地方的土霸王。但古今將相在何方？荒塚一堆草沒了。還是曹丕說得好，唯文章可以不朽。

士燮的名字，知道的已經很少了，甚至羅棟才所立的碑前也已經種滿了青菜。但他對嶺南乃至越南文化的貢獻，正是經國之大業，不朽之盛事。拉拉雜雜說到這裡，名家盛評也引了不少，但我以為，最符合士燮的，還是他家鄉人民所立的大人廟裡的一副對子。權且引來，做為本文的結尾：「開化嶺南不愧是堂堂太守，永垂故里只贏來裊裊青煙。」

第23章 赤壁：智謀的盛會

引子 隆中對

劉備終於坐在了諸葛亮的對面。

劉備自從脫離袁紹，來到荊州為劉表看守北大門，已有七年之久。這七年中，他眼睜睜看著曹操一點點吃掉袁家的地盤，統一北方。他也眼睜睜看著自己大腿上的肥肉一點點長出來，覆蓋掉原來在鞍馬之上練成的肌肉。同樣身處於太平無事的荊州，劉表可以悠哉悠哉，劉備卻禁不住慨然流涕。

天下要統一了，快沒我的事了。

襄陽在劉表治理下，成為當時政治、文化的一大都會，也是南方重要的人才集散中心。以此，劉備多次離開自己的駐地，跑到襄陽來拜訪賢達。先遇到一位號稱「水鏡」的奇人司馬徽，隆重向他推薦了「臥龍」「鳳雛」兩位賢人；後遇到徐庶，收在帳下，也向他引薦了「臥龍」

諸葛亮。

諸葛亮隱居在襄陽西二十里的隆中。劉備親自前往，兩次無緣，第三次終於見到。現在，這位人稱「臥龍」的諸葛亮，就端坐在劉備對面。漢末三國最能識人的梟雄劉備，開始打量眼前的這位年輕人。

此人二十七歲，身長八尺，容貌甚偉。頭戴綸巾，手持羽扇，一派山林氣息、名士風範。

劉備先開口：「漢室傾頹，奸臣竊命，主上蒙塵。我不自量力，願伸張大義於天下。雖能力有限，蹉跎至今，但猛志猶在。先生將何以教我？」

諸葛亮緩搖羽扇，續口輕吐：「董卓以來，豪傑並起。至於今日，可觀者數人而已。曹操擁百萬之眾，挾天子而令諸侯，此誠不可與爭鋒。」

劉備聽了，心下一驚。劉備自徐州以來，便與曹操抗衡，或以明爭，或以暗鬥，雖偶有小勝，最終莫不敗北。今天才聽到「誠不可與爭鋒」六字，如夢方醒。

諸葛亮續道：「孫權據有江東，已歷三世，國險而民附，賢能為之用。此可以為援而不可圖也。」

三國的兩極已定。曹操一極是敵非友，但倉促間不可與爭鋒；孫權一極是友非敵，可以為援而不可圖。排除了不可爭鋒、不可圖的，剩下的自然就是可與爭鋒、可以圖謀的了。劉備想至此處，已經跟上了諸葛亮的思路。

諸葛亮看著劉備，再說：「荊州北有漢、沔，可以拒曹操；南接交州，可以出財賦；東連孫權，可以為援助；西通巴蜀，可以取益州。荊州乃用武之地，而劉表不能守，此天所以資將軍，將軍其有意乎？」

劉備心頭大震。七年來，劉備寄寓荊州，而目光始終瞄向曹操。不可爭鋒而偏與爭鋒，可以圖謀而偏不圖謀，無怪乎歷年勞而無功。

諸葛亮再以羽扇西指：「益州險塞，沃野千里，天府之國。昔日漢高祖憑藉益州而取天下、成帝業。如今劉璋暗弱，張魯不成器，益州智能之士思得明君。將軍若能跨有荊、益二州，結好孫權，待天下有變，則命一上將由荊州北伐，約孫權從揚州北伐，將軍親自率益州之眾出秦川取關中，則霸業可成，漢室可興！」

劉備雖然計不出此，但他以幾十年閱歷，深知此計的厲害之處。

當天，劉備與諸葛亮攜手出隆中，赴新野。

這是建安十二年（西元二〇七年）的事情。

這一年，諸葛亮二十七歲，漫漫人生已經過半。

這一年，劉備四十七歲，兩鬢斑白，寄人籬下，一事無成。

這一年，曹操五十三歲，剛剛統一北方，即將揮師南下。

就在曹操躊躇滿志，打算統一天下的時候，他絕對料想不到，在南方一座草廬之中，一個他眼中的失敗者和一個無名小卒的相會，使得本來已經毫無懸念的歷史走向，又將再起波瀾。

一　山雨欲來

1　甘寧千里大逃亡

長江綿延萬里，自上游入中游段，設著一個巴郡。巴郡有個游俠甘寧。

甘寧字興霸，祖上是荊州南陽人，客居巴郡。此人粗猛好殺，招集本地的輕薄少年，聚成一支隊伍，做了江賊。漢末亂世，跨州連郡的軍閥尚且不可勝數，何況江賊，更是恆河沙數。但這恆河之沙，唯有甘寧，歷經大浪淘洗，把名字鐫刻在了歷史上。

甘寧是這支江賊團夥的老大。他手持弓弩，頭插羽毛，腰懸鈴鐺。沿江百姓，每當夜半聽到鈴鐺聲，就知道是甘寧團夥在出沒。甘寧技術好，劫獲特多，發了橫財。甘寧很招搖，他的手下一律身披錦繡，耀武揚威。甘寧團夥停船，都以錦綢將船繫在岸邊；開船，都揮刀割斷錦綢，棄之不顧。揚帆遠去之後，躲在角落裡的窮人才敢一擁而上，哄搶甘寧棄下的斷錦，拿去換錢。

《三國演義》稱甘寧為「錦帆賊」，實際上叫「錦纜賊」可能更近史實。

甘寧名聞一郡，也是益州東部的一個不穩定因素。郡裡為了和平地消除這個不穩定因素，想了個辦法：招安。郡裡表甘寧為上計掾，剛好不久蜀郡缺個郡丞，又以甘寧補缺。這是太白金星攛掇玉皇大帝招安齊天大聖為弼馬溫的手段。

甘寧做蜀郡丞，並不快活。他不習慣說官話，不習慣職場規矩，不習慣案牘勞形。他只想在江上一聲呼哨，來去如風。

所以甘寧棄官，回了他的花果山。他在江上肆意往來，沿江官吏都賠著笑臉請客吃飯。稍有不從，他就指揮手下拔刀殺人，留下一片血汙，才割錦而去。

興平元年（西元一九四年），益州牧劉焉病死，其子劉璋接班。朝廷上卻另委任了一個刺史來上任。甘寧一瞧，劉璋軟弱可欺，此正是自立山頭的大好機會！於是指揮手下那群輕薄少年，暗通荊州劉表，預備趁人事更迭之際推翻劉璋，再找機會打發掉朝廷的空降刺史。

把斷劍門燒棧道，西川別是一乾坤！

遺憾的是，益州豪族並不願意看到政局動盪。他們不僅協助劉璋趕走了空降刺史，並且協助劉璋打敗了甘寧團夥。

甘寧一擊不中，帶著他的殘兵八百人沿江遠遁，出三峽順流直下襄陽，投奔了劉表。劉表是文人，愛好和平；甘寧是武人，粗猛好殺。這兩個人八字不合，劉表當然不會用甘寧，甘寧也當然看不上劉表。

甘寧看上了當時天下最有英雄氣概的人——江東那條猛龍孫策。甘寧想帶著手下的八百親信，繼續沿江而下。但是，荊州通往江東的大門，被黃祖牢牢把守著。甘寧乾脆投在黃祖麾下，一來離江東近些，方便隨時過去；二來此處是前線，有用武之地。甘寧初來乍到，黃祖以凡人視之。

沒有關係，用武的機會來了。

當年劉表遣黃祖射殺孫堅，所以江東孫氏與劉表是世仇，與黃祖尤其是世仇。孫堅、孫策父子，曾先後進攻黃祖，黃祖雖然落於下風，卻偏有本事死守江夏。孫策不久遇刺身亡，孫權接班，繼續進攻黃祖。黃祖出戰，照樣戰敗，打算逃回城中。當時孫權手下有位校尉，名叫凌操，緊追不捨，黃祖幾乎不免。就在此時，甘寧張弓搭箭，覷個真切，箭脫如流星，凌操應聲斃命。

黃祖逃回之後，仍然沒有重用甘寧。不僅如此，黃祖覺得甘寧的手下打仗比較猛，威逼利誘，挖甘寧的牆腳。幾個月下來，甘寧當年的八百部下，已經流失大半。甘寧鬱悶，不知所為。

此時，貴人蘇飛出現了。

蘇飛乃是黃祖的都督，能在黃祖面前說得上話的人。蘇飛屢薦甘寧，黃祖都不從。蘇飛有次宴請甘寧，以話試探：「我多次向主公舉薦閣下，主公都不肯聽。日月飛馳，人生苦短，何必吊死在一棵樹上？大丈夫當自謀出路。」甘寧思忖良久，吞吞吐吐地說：「雖有其志，未知所由。」蘇飛心照不宣：「我表你為縣長，你可以去上任。到了任上，不就如阪上走丸，東西南北任你去了嗎？」甘寧連道：「幸甚！」

蘇飛表奏甘寧為邾縣長。甘寧領殘部而去，如脫鉤之魚，順流而下到京口，經周瑜、呂蒙的舉薦，得到孫權的重用。

自巴郡到江東，橫貫長江，三易其主，萬里逃亡，只為尋覓一個知己。士遇知己，雖死何憾。

甘寧的死期還早。黃祖的死期，眼下卻要到了。

2 黃祖的死期

甘寧來到時，孫權已經在張昭、周瑜輔佐之下，占穩了兄長留下的這片土地。下一步怎麼辦，還沒有一個明確的想法。

甘寧獻策：「黃祖年紀老耄，神志昏聵，江夏表面鐵桶江山，實則內患叢生。應該先打破黃祖，以報世仇；再溯江而上，吃掉劉表；最後慢慢瞄準巴蜀，把劉璋也拿下。」甘寧在萬里長江縱橫往來，他十分清楚黃祖、劉表、劉璋是什麼貨色。

孫權是個相貌奇異的年少英雄，即便日常打獵，也喜歡親身犯險。聽到如此冒險、如此帶勁的打法，非常興奮。但是首席老臣張昭兜頭潑了一盆冷水：「江東還不穩。如果擅自出兵，後方要亂。」

甘寧輕蔑地說：「閣下在江東，負蕭何之任，以守護後方。如果我們在前線打仗，你卻連個後方都擺不平，要你何用？」

孫權立刻舉起酒杯，遞給甘寧：「甘興霸，我今年就會出征，此項重任猶如此酒，現在託付給你。」甘寧端起酒杯，一飲而盡。張昭搖頭輕嘆。年輕人的想法，越來越不懂了。

孫權出兵，繼父兄之後，四征黃祖。黃祖在江面上布置了一道特別的防線。他找了一處水流湍急的隘口，以兩艘大戰艦橫亙江面，大戰艦都以粗纜繩繫在岸上，又互相連結，避免被水沖走。戰艦之上，滿布弓箭手，彈藥充足，瞄準下游，以弩交射，飛矢雨下，吳軍難以靠近。

此時，站起兩個勇士，一個是偏將軍董襲，一個是別部司馬凌統，即前次被甘寧射死的凌操的兒子，各率一支百人的敢死隊，每人身上披兩重鎧甲，硬是頂著箭雨，駕著飛艇，衝到黃祖的大戰艦下。董襲強行登艦，揮刀斬斷固定戰艦用的粗纜繩。上流的大水沖下，兩艘戰艦立刻被沖走。障礙既除，此戰的前鋒官呂蒙指揮眾人奮勇上前，黃祖軍兵敗如山倒。黃祖那顆老耄的頭顱，自孫堅死日寄在他的頸項之上，至此終於被一名叫馮則的騎士砍下，獻給孫權。同時獻上的，還有一名戰俘——黃祖軍的高級將領蘇飛。

孫權自即位起，就已經派工匠打造了兩個精美的禮盒，一個用來裝黃祖的人頭，一個用來裝蘇飛的人頭。如今黃祖的人頭已經安安穩穩擺放在禮盒裡，孫權饒有興致地觀賞，同時命人將蘇飛的人頭速速砍下，好湊成一對。

甘寧上前跪倒叩頭，血淚交流，說：「我要不是蘇飛，早已斃命於黃祖的麾下，絕無緣得見主公。今日特求主公留下蘇飛的人頭。」孫權說：「我要留蘇飛的人頭，不難。我怕他將來會跑掉。」甘寧斬釘截鐵道：「如果他跑，用我的人頭填充這個禮盒。」孫權同意了。

江東的孫權出兵，黃祖死了；新野的劉備寄寓，有如養虎。比黃祖更老耄的劉表，面對小兒輩的發難，不知如何是好。他並無圖天下的野心，只想荊州的太平日子能夠讓他優游卒歲。為什麼這麼一個小小的心願這麼難實現呢？

劉表還不知道的是，除了孫權、劉備，北方的那個人也已經在玄武池練習水軍，隨時準備南下了。

3 玄武池的彩排

曹操徹底掃平了袁氏，吃下了河北四州。如今，他在袁氏大本營鄴城的南面，挖了一個巨大的人工湖，取名玄武池。

一碧萬頃的玄武池邊，築有一個觀兵台。曹操現在就端坐在這座高台之上，觀看水中即將開始的戰鬥。紅軍是曹操方，藍軍是劉表方。蒙衝鬥艦，走舸飛艇，長纜繫岸，鐵索橫江，雙方皆已蓄勢待發。曹操微微頷首，發令官揮動大旗，大戰立刻爆發。

東漢實行三公制。朝廷之上有三位宰相：司徒、司空、太尉。曹操迎漢獻帝到許都以後，受封大將軍。當時的司空張喜、太尉楊彪立刻識趣地稱病辭職。你一定想要安插你的親信任三公，那就請便吧。曹操批准了他們的辭呈，自任司空，太尉這個職務就空了起來。

三公之中僅存的碩果老司徒趙溫，繼續裝聾作啞。

趙溫早年間曾任京兆郡丞，比甘寧做的那個蜀郡丞略大。但是趙溫極不滿意。這樣的官職，怎能讓我治國平天下？他長嘆一聲：「大丈夫當雄飛，安能雌伏！」遂棄官歸鄉里。

董卓遷漢獻帝去長安，趙溫復出，一路保駕護航，受封侍中，升官至司空，又至司徒，錄尚書事。以三公之首的司徒，兼領尚書台的職務，那就是東漢大臣的頭把交椅了。但可惜的是，趙溫生不逢時。此時不要說司徒錄尚書事，就算皇帝也不過是個傀儡。董卓死後，李傕、郭汜爭搶漢獻帝，互相殺伐。趙溫在這樣的槍林彈雨中，又護送漢獻帝回到洛陽。好景不長，曹操又劫漢獻帝至許都。不久，同僚張喜、楊彪辭職，只剩下趙溫這孤獨一枝，無伴終老。

趙溫今年七十二歲。他當年的雄心壯志，此時唯剩下保命而已。趙溫為感謝曹操多年不殺之恩，拍曹操的馬屁。此時，曹丕已經成年。本年剛開春，正月裡，趙溫辟曹丕為司徒掾。這是一個很高的仕途起點。

不料，馬屁拍在了馬腿上。曹操勃然大怒，說：「犬子無德無才，豈能勝任司徒掾？可見趙溫是為了拍我馬屁！」便以「選舉故不以實」的罪名，罷免趙溫。這位「大丈夫當雄飛」的趙溫，就在本年中「雌伏」病榻，一命嗚呼。

現在，曹操自任司空，司徒、太尉都空缺。三公制已經名存實亡。曹操最討厭華而不實的東西。既然名存實亡，那就乾脆不要了。本年六月，曹操廢三公制，恢復西漢的丞相制。三公制有三個宰相，丞相制只有一個宰相。丞相當然不會是別人，而是在玄武池邊觀兵的曹操。

池中戰局已漸趨明朗。劉表水軍落於下風。但是，左近裡殺出一支生力軍，這是江東孫權的水軍。劉表、孫權雖然是世仇，但兔死狐悲，孫權出手，是極可能的。身為第一流的軍事家，必須把這種可能性考慮進去。曹操對此自然早有準備，示意指揮官變陣，後續增援也陸續抵達。

曹操以崔琰為丞相西曹掾，毛玠為丞相東曹掾。此二人均為名士，儀表堂堂，作風清正。曹操委以人事選拔工作，史稱「吏潔於上，俗移於下」。曹操的第一個官職是司馬防給的，如今曹操投桃報李，選拔司馬家的兩位公子入丞相府。大公子司馬朗，久已在幕府之中，現在出任丞相主簿，即祕書長一職。二公子司馬懿，前次征辟，裝病不出。曹操當時正要掃平河北，沒有工夫搭理他，就派人監視，看他真病假病。沒想到七年之後，曹操掃平河北歸來，司馬懿居然在床上裝了七年病。曹操一聲輕笑：年輕人，真有耐心啊。此時丞相府初建，曹操復派使者征辟司馬懿，並且交代了一句：「如果他還不來，就逮捕殺死。」司馬懿只好出山，任文學掾。盧植的兒子盧毓，出任法曹議令史。至此，丞相府初步建成。

玄武池中，劉表殘部得到江東水軍的增援，雙方相持不下。曹操將目光瞄向西北方。此處，模擬張遼、樂進、于禁的三支生力軍已經迅速移動，開始投入戰場。

曹操帳下驍勇善戰的異姓將領，以張遼、樂進、于禁、徐晃、張郃為最，後世號為「五子良將」。此時，真正的張遼、樂進、于禁，已經被提前派往潁川郡，分駐在三個據點，成犄角之勢。潁川郡與南陽郡接壤，南陽郡就是荊州劉表的北大門了。

張遼臨出發之前，遭遇了一次有驚無險的兵變。半夜裡軍中突然驚亂起火。這種現象，叫「夜驚」。白天，軍隊超負荷作戰，緊繃的神經在夜深人靜之時，只需要一聲驚呼，就會繃斷，造成難以收拾的後果。處理不當，一支軍隊將會無敵自潰。

張遼立刻派人傳令：「全軍安坐！」他親自率親兵數十人，立在中軍。命令傳下，眼見驚擾的將士成片坐下，安靜的力量猶如一圈圈漣漪向外推擴。很快，全軍都已席地而坐。張遼這才開始細究是誰最早擾動軍心，找出罪魁，處斬。

張遼、樂進、于禁領兵抵達前線據點。曹操又派老成持重的趙儼，監督三軍。張、樂、于都是獨當一面的戰將，互相誰也不服誰。經趙儼的調和，三人居然相安無事。這三個據點，戰前是橋頭堡。戰中坐觀成敗，如果戰事順利，則錦上添花；如果戰事不利，則雪中送炭；如果戰敗，則據守陣地，負責殿後。

果然，有了三支生力軍的加入，玄武池中的形勢再次扭轉。

朝廷已經穩定，前線已經布好，還有哪裡可能出紕漏？不錯，關西還有一支勁旅——馬騰、韓遂的涼州軍。

韓遂是老資格的軍閥，馬騰是後加入的新秀。兩人一度結為兄弟，親密無間，但不久就鬧到不可開交，兵戎相見。曹操派張既招安馬騰。

張既與馬騰是老相識了。前次官渡之戰，張既就不辱使命，勸說馬騰與曹操合作，搞定了高幹的叛亂。現在張既再次到來，勸馬騰重歸朝廷，封妻蔭子。馬騰覺得當土匪確實沒有前途，一口答應。張既走後，馬騰猶豫，首鼠兩端。張既立刻催涼州諸縣做好一切迎接工作，並且派涼州全部高級官員列隊迎接。馬騰被趕鴨子上架，不得已，留下兒子馬超統領部眾，自己帶全家上路。

馬騰全家被安置在鄴城，妥善看護。馬騰本人封衛尉，馬超遙授偏將軍。馬騰全家都成了人質，除非馬超喪心病狂，否則涼州不足為慮。

可能生變的漏洞，已經一一排除。玄武池中，曹軍已經全殲劉表軍，開始搶灘登陸。江東水師也已節節敗退。曹操心滿意足地站起身，下令停止彩排。

時已沉暮，萬籟俱寂。訓練有素的萬千將士長身矗立，靜默如夜。波心蕩，冷月無聲。

讓玄武池中發生的一切，明日重演於長江之上吧。

4 許都的後事

建安十三年（西元二〇八年）秋七月，曹操南征劉表。

出發之前，他找來謀主荀彧，請教此次出兵的方略。荀彧說：「表面上兵出宛、葉，暗地裡精兵急行軍，打閃電戰。」葉是南陽郡的前哨，宛是南陽郡的首府。張遼等三軍就駐防在葉縣左近，扼守由潁川入南陽的三大據點。曹操多次攻打張繡，戰事就發生在宛縣。此次出宛、葉，也可謂輕車熟路。荀彧的謀略，曹操全盤接納。

曹操率兵走了。八月分，曹操的親信郗慮被任為御史大夫。丞相制下，御史大夫就是副丞相。郗慮上任五天以後，以「大逆不道」的罪名處死了太中大夫孔融。孔融乃是「建安七子」

之首，天下呼聲最高的名士。曹操挾天子以來，獨斷專行，人人噤聲，唯有孔融，屢次出言戲侮。曹操此次授意郗慮：我走後，你動手。交換條件，就是任郗慮為御史大夫。郗慮辦得乾脆俐落。

曹操此次出征，曹丕、曹沖等諸子隨行。曹操躊躇滿志，帶諸子前來觀兵。好好瞧著，為父是如何翦滅群雄，將這個四分五裂的國家，重新摶成一體的。

二 天崩地裂

1 劉表之死

如果我現身在建安十三年（西元二〇八年）的襄陽，那種富庶繁華下隱匿的動盪，可能是比較驚心動魄的。

襄陽地處水陸之沖，以前被一夥起義軍占據著。自初平元年（西元一九〇年）以來，便為劉表所有。劉表花了大力氣，將此地改造成荊州州政府的所在地，十餘年未動刀兵，繁華甲於天下。但如今不同了，形勢已經不容他偏安此地。

襄陽的北面，關東大地上除了僻處東北的公孫康外，已經沒有曹操的敵手。並且，曹操已經把勢力滲透到關西，以韋康為涼州刺史，鍾繇坐鎮長安。在這樣的情勢下，關西的馬騰、韓遂只好向曹操示好，在此前的官渡之戰中明確倒向曹操陣營，協助鐘繇擊敗了袁尚派來奔襲長安的高幹、郭援。而在本年六月，馬騰應詔入朝，大有金盆洗手做個良民之勢。

襄陽西面是益州的地盤，劉焉已經死了好幾年了，現在當家的是劉璋。七年前，益州的地盤上隱約鬧過一次兵變，甘寧等幾個川將跑到荊州的地盤上來了，被派到江夏黃祖手下。然而就在本年初，黃祖被江東的孫權打死，甘寧又投了孫權。

江東的孫權還是了得的。同樣是益州兵變的那一年，孫策剛死，孫權繼位。江東地面上太守李術造反，被孫權以嫺熟狠辣的外交、軍事手段搞定了。比起劉璋對付益州事變的手忙腳亂來，孫權的確了得。

襄陽左近的宛城，以前是張繡所駐紮的。去年七月，張繡已經病死在曹操征烏桓的軍中了。一起病死的，還有郭嘉。現在為荊州看守北門的，是駐紮在新野的劉備。劉備是七年前來這裡的。當時他困頓潦倒，本州的州牧劉表親自迎至郊外，足兵足食把他安頓在新野。上一年，聽說他親自來襄陽，請出了一位隱居於襄陽西郊、名叫諸葛亮的年輕人去新野任職。

這些都是不久前的時事，但最要命的還是今年北邊傳來的消息：曹操於本年六月出任丞相，並且現在整齊了兵馬，往襄陽來了。

襄陽的百姓，只感覺要變天了。

襄陽的天，現在還是劉表。他躺在病榻上，一如十四年前的劉焉。榻前立著的幾位，可能是妻子蔡氏，少子劉琮——或者在屏風外面還有蔡瑁、張允幾個。這些人，這些日子一直盯著自己，餓狼似的眼睛又凶又怯，閃閃的像鬼火。

就在這種鬼火的縈繞裡，一會兒是曹操南下的凶信，一會兒是荊州各地的公報，紛紛沓沓，煩不勝煩。劉表只是一揮手，目示蔡瑁全權代辦，然後便見蔡瑁隱藏著欣喜的眼神，倉皇而鄭重地出去。

劉表全看在眼裡，只是不說。他心裡是清楚的，卻只疑惑長子劉琦怎麼好長日子都不曾來過。哦，劉琦在鎮守江夏。是了，年初黃祖被孫權打死了。可惜了黃祖苦心經營的江夏，險些被孫權小兒打破。北邊……是劉備在守……又有報告來了！不是說了嘛，蔡瑁你全權代理就可以了。劉表不耐煩地又一揮手。然後他突發奇想：要是只這一揮手，便再無人擾，該有多好！於是他模糊地望著床邊盡了全力嘗試著揮出手去……

建安十三年（西元二〇八年）秋八月，老三家的最後一人——荊州牧劉表病死。舊的時代結束了，新的序幕開啟了。

2 暗戰白事會

襄陽城，劉表的喪禮正在隆重舉行。滿城懸白飄黃，哀樂繞梁。

靈堂之上，孝子賢孫跪倒一片。但是，你卻難以在這場喪禮上感受到絲毫哀痛。有的只是末日般的壓抑，以及無處不在的陰謀氣息。

劉表有二子，長子劉琦，次子劉琮。兩人的生母死後，劉表續弦，娶了蔡瑁之姐蔡氏，並將蔡氏侄女嫁給劉琮。自此，蔡氏家族傾盡全力打壓劉琦，扶劉琮上位。

劉琦並不是一個權力欲很強的人，面對弟弟的咄咄逼人，甘願退讓。他擔心的是，自古以來政治鬥爭從不會適可而止，一定是趕盡殺絕。劉琦想起了諸葛亮，此人雖然年輕，卻有著與其年齡不相稱的謀略。

劉琦與諸葛亮並不陌生。劉琦的父親劉表，與諸葛亮的岳父黃承彥，娶的都是荊州望族蔡家的女子，是連襟。劉琦與諸葛亮都是小一輩中的知名人物，自然也有交情。

劉琦借著這層關係，幾次三番求教諸葛亮。諸葛亮則每每笑而不語，起身就走。疏不間親這樣粗淺的道理，諸葛亮豈能不懂。

世界上沒有不能說的話，只有不能說的時機。聰明人，懂得創造這樣的時機。整本《三國志》中，劉琦都庸庸碌碌，唯獨在這裡靈光一閃，創造了這麼一個時機。

一日，劉琦邀請諸葛亮遊園。二人邊賞玩邊清談，不知不覺登梯上樓，憑欄遠眺，以窮千里之目。賞玩宴飲之暇，劉琦再次求教：我弟弟要取代我，我後媽要謀害我，我父親不信任我，請諸葛兄賜示良策！諸葛亮一言不合就要下樓，卻見樓梯已經被下人們撤掉了。諸葛亮回頭，微笑著看了一眼劉琦。劉琦也會心一笑：「今日上不至天，下不至地，言出子口，入於吾耳，可以放心說了嗎？」諸葛亮明白，說話的時機已到，就輕輕點了一句：「君不見申生在內而危，重耳在外而安乎？」

劉琦心領神會。當時孫權剛剛打死黃祖，劉琦主動請纓鎮守江夏、防備孫權，以為父親分憂。劉表同意。

劉表病重，劉琦趕回探望，被蔡氏一黨攔截門外，堅拒不納。劉琦無奈，大哭而去。劉表病逝，蔡氏一黨擁立劉琮為荊州牧。劉表的政治遺產，除荊州牧外，還有一個「成武侯」的爵位。劉琮為了安慰劉琦，派人將這塊侯印送給劉琦。劉琦拿到侯印，勃然大怒，砸碎在地上。他統率江夏之眾，想借奔喪為名，對劉琮發動突然襲擊。

劉表的死訊傳到江東，相伴而來的，還有曹操南下的消息。世仇已死，孫權卻沒有半點高興之情。魯肅說：「劉表新亡，琦、琮不睦，荊州諸將，或為琦黨，或為琮黨。劉備寄寓，有如養虎。此乃危急存亡之秋，我江東不可坐觀成敗。我請求以弔喪為名，前往荊州觀察形勢。如果劉備能控制荊州局面，我就與其聯盟，共對曹操；如果劉備沒有這個能力，我立刻還報，主公出兵荊州，分一杯羹，再圖後計，不可讓曹操獨占。」孫權同意。魯肅的一葉扁舟，直望襄陽而來。

靈堂的後舍，剛剛掌握荊州最高權力的劉琮，不知所措。蔡氏一黨推出蒯越、傅巽二人，勸說劉琮降曹。劉琮大驚失色：「我想與諸位共有荊州，守先父之基業，進以爭天下，何為不可？」蒯越冷笑：即便劉表在此，也無法抵擋曹操，何況你這乳臭小兒？劉琮有此膽氣，一定是對那位北大門的守門員還存有幻想。

傅巽開口：「我們是人臣，曹操挾天子是人主，以臣拒主，不可；主公新有荊州，曹操據有天下，以一州敵天下，不可；劉備逃竄四方，曹操威震華夏，以劉備敵曹操，亦不可。」眼瞅劉琮還在猶豫，傅巽再接口：「主公自以為比劉備如何？」

劉琮連忙說：「不如。所以我希望讓劉備對抗曹操。」

傅巽說：「以劉備對抗曹操，劉備如果不敵，不如一開始就投降；劉備如果贏了，他會屈居主公之下嗎？請主公不必再猶豫。」

蔡氏、蔡瑁、張允一干人等也力勸劉琮。劉琮無奈，只好同意，取出當年朝廷賜予劉表的一支象徵權力的節，派使者前往曹操軍中獻降書。蔡瑁格外關照：此事目前不可讓劉備知道。

劉備此時已由新野退居樊城，與襄陽僅隔一條漢水。劉備最後一次來襄陽，是劉表病重的時候。當時劉表握住劉備的手，說：「我兒不才，諸將零落。我死之後，卿接管荊州。」這種託孤的場面，劉備早見識過了。十四年前，陶謙就是這樣以徐州相讓。對此，劉備的態度是一貫的：讓。

此讓並非出於禮節，更非出於仁心。劉備深知，此時的荊州並不在荊州牧劉表手中，而在屏風之後的蔡氏一族手中。本土豪強不予支持，劉表的話只是空頭支票。何況劉表此言，也未必不是試探。

但是，劉備深知劉表之死，荊州將會出現新的權力角逐。洗牌之後，自己能夠擴大幾分勢力，全取決於此刻的行動。劉備密切關注曹操的親征，密切關注荊州的形勢。他唯獨沒有料到，早已有荊州來使，穿越自己的轄地，往曹操軍中去了。

曹操已經行軍至宛縣。這是他昔年與張繡激戰的傷心地，那一役他折損一子一侄，還有一員愛將典韋。時隔多年，曹操再度來到此地，感慨萬千。但此時他沒有時間憑弔往昔。劉琮的使者拿了節杖，獻上降表。曹操目視眾文武，讓他們驗一驗此降的真假。謀士婁圭力排眾議，認為是真。曹操心裡默推一番，覺得有理，便接受了劉琮的投誠。

看來此次出征，遠比演習來得順利啊！劉表已死，劉琮不足為慮，孫權還離得遠。下一個對手，就是劉備了。此人之前已打過多次交道，屢被他逃脫，此次務必生擒活捉。

曹操計議已定，下令盡釋輜重，輕兵急行。一來防止劉琮之降夜長夢多，速抵襄陽接管荊州；二來打劉備一個措手不及。

江夏劉琦企圖禍起蕭牆，江東孫權想要渾水摸魚，荊州劉琮暗獻降書降表，曹操大軍即將兵臨城下。圍繞劉表這場喪禮的陰謀，疑雲漸濃。受困於此的不是死人劉表，而是活人劉備。

3 劉備快跑

劉琮投降、荊州易幟的消息，近水樓台的劉備反而是最後的知情者。此前，他已撤出新野，堅壁清野，企圖依託荊州地形複雜的深廣腹地，與曹操背水一戰。他得知消息，猶疑不定，派親信渡水，探問虛實。

劉琮乾脆派使者宋忠，去知會劉備，讓他解除武裝、放棄抵抗，以免讓曹操懷疑其投降誠意。宋忠是經學大師，雖在荊州任職，德高望重，但並不管事。劉備得知，勃然大怒，恨不能斬殺來使。但殺宋忠並不管用，即將其罵回。罵街並不能解決問題。劉備早知劉琮無用，但不料，也不信，竟會沒用到這地步。此前的計畫已經全盤打亂，劉備息怒之餘，必須立刻重新調整策略。

他召集部下商議，諸葛亮勸劉備趁劉琮新降，荊州武備弛懈、人心未穩，閃擊襄陽，據以為抗曹的大本營。劉備以多年游擊戰的經驗，否定了這個建議。劉備知道，一來此時不能與劉琮集團妄起戰端，否則腹背受敵；二來坐困孤城只能是死路一條，審配守鄴城就是前車之鑑，不如出沒於南方廣袤的森林湖澤，更能發揮戰力。目前只能採取三十六計的最後一計——走為上。

走去哪裡？荊州的首府是襄陽，但後方重鎮江陵屯有大批糧草軍械。唯有先據江陵，再連絡劉琦、孫權，號令荊州諸將，才能對抗曹操。計議已定，劉備先派大將關羽率領一支數百艘船的水軍，沿漢水南下，他本人攜眾渡江，約定到江陵會合。

來到襄陽城下，劉備駐馬，朝著城頭疾呼劉琮，要他出來對質。劉琮沒臉，躲在城堞的陰影裡。襄陽的官員、百姓，有不甘降曹的，有被曹操此前嗜殺的惡名嚇怕的，此時湧出城來，附在劉備身邊。劉備繼續前行，路過城郊的劉表墓。劉備想到一世雄傑，身後如此，悲從中來，涕泣而去。

劉備一路走到南郡當陽縣，附隨百姓已有十餘萬，拖家帶口、肩挑背扛，跟在劉備身後一路向南，不知前路何在。手下人勸：「目前以龜速前行，早晚必被曹操趕上。不如盡棄輜重人眾，速行保江陵。」劉備正色道：「夫濟大事，必以人為本。今人歸我，我何忍棄去！」「以人為本」今天是一個盡人皆知的口號，當初竟有如此擲地有聲的出處。晉代史學家習鑿齒稱，劉備越是顛沛流離，信義越是昭著，他能夠成大事，絕非僥倖。

劉備走後，劉琮待在襄陽城裡，魂不守舍，坐等曹操的來臨。他此前在蔡氏慫恿下，趕跑兄長，正是為了坐領荊州後一展宏圖，與曹操、孫權共逐鹿。沒想到此時兄長在江夏領兵，即將與曹、孫、劉共同演繹時代的風雲，而自己身為荊州之主，卻早已無拳無勇，任人宰割。

大將王威走來，請示劉琮：「荊州已降，劉備已跑。此時曹操毫無防備，正以少數兵力輕行單進。請授我精兵數千，我必能擒拿曹操。屆時天下震動，再請主公號令四方。」劉琮苦笑。我何嘗不想與你出奇策、定天下？今日之權，豈在我手？王威見計不納，悵悵而去。

此時，手下來報：曹操大軍已抵達襄陽城下，請主公定奪。此時劉琮早已心如死灰，任人擺布。他神志昏沉，只覺得蔡瑁、蒯越之輩往自己手裡塞了荊州牧的印綬，傅巽、張允之流往自己脖子上掛了白練，繼母蔡氏以一塊白帕掩面，哭哭啼啼，扶著自己走出襄陽城。對面馬上，正是睥睨天下如無物的曹操。蔡氏止住哭聲，一扯袖子，輕聲道：「跪。」劉琮不由自主，雙膝一軟，跪倒在劉表當年單騎取下的這片土地之上。

劉琮坐擁兩湖之廣、數十萬之眾，未發一槍一彈，荊州易幟。

曹操根本沒有興趣入襄陽城。他的興趣，在於前方奔跑的劉備。他簡單整頓了一下，從帶來的精兵之中再選出五千精銳騎兵，一日一夜急行軍三百里追殺劉備。這支騎兵的先鋒，就是曹純率領的王牌軍——虎豹騎。與曹純共同前往的，是荊州降將文聘。文聘在荊州多年，熟悉地理，對劉備也算知根知底。曹純、文聘率領虎豹騎趕到當陽縣東邊的長坂坡，正見到劉備的十幾萬老弱病殘迤邐而行。虎豹騎立刻衝擊，如狼入羊群，大開殺戒。

劉備見曹操殺到，沒有辦法，拋下妻子，與諸葛亮、徐庶先走。張飛帶領二十名精悍騎兵，扼守一座橋，負責斷後，並接應逃散人員。

有散兵游勇來報：徐庶之母已被曹軍擄走。徐庶聽聞，方寸大亂，求去。劉備握手泣涕，不忍相留，目送徐庶往曹軍而去。徐庶後來在曹魏官至御史中丞，但再無事蹟傳留，成為一個庸碌的官僚。不知與民間「徐庶入曹營——一言不發」的猜想是否有關。

又有散兵游勇來報：趙雲已投降曹軍。趙雲此前是公孫瓚的戰將，與劉備一見如故，遂投在麾下，負責統領騎兵。劉備聽到此言勃然大怒，順手操起一柄手戟就扔向此人，道：「趙子龍絕不會棄我而去！」不久之後，趙雲滿身血汙，懷抱幼子劉禪，保護著劉備的妻子甘夫人，殺出亂軍，翩然而至。

張飛見趙雲已到，散兵游勇也聚得差不多了，遂毀掉橋梁，扼守河流。當時曹軍已發現劉備殘部通過此橋逃竄，主力逐漸集聚過來。張飛在河對岸斷橋之畔瞋目橫矛，大喝一聲：「我就是張翼德，有種的前來決一死戰！」

當時風雲變色，眾騎逡巡，一怒之威，竟至於斯！

關羽、張飛這兩位萬人敵，將來會統領千軍萬馬、威震華夏。但我始終覺得，他們最輝煌的時刻，正是千里走單騎與據水斷橋。當此之時，窮困潦倒，一無所有，而膽氣益壯。千載之下讀史至此，猶心中凜凜！

劉備見事已至此，只好改變逃跑路線，不再跑往南邊的江陵，而打算折向東邊的漢水。他打算先投靠劉琦，再收拾劉表殘部，事若不濟，只好一路南逃到交州去。

就在此時，氣喘吁吁的魯肅終於追上了劉備。

4 江東來客

魯肅此前奉孫權之命，想以弔喪為名來荊州觀望形勢。沒想到戰局急轉直下，劉琮不經抵抗就降曹，劉備一路南逃。魯肅得知消息，不再前往襄陽，而逕直來找劉備。日夜兼程，終於在當陽遇見輸得精光，但不改梟雄氣概的劉備。

魯肅向劉備轉達了孫權的問候及對劉表去世的哀悼，雙方問禮已畢，魯肅切入正題：「你下一步怎麼打算？」劉備說：「打算南走交州，投在故人蒼梧太守吳巨手下。」魯肅說：「吳巨不過是個凡人，偏在遠郡，不足與謀。江東孫將軍據有六郡，兵精糧足，不妨合作。」順眼看到一邊的諸葛亮，便說：「閣下的兄長諸葛瑾，與我是老朋友。」

魯肅長袖善舞，儀禮翩翩，說動劉備。劉備遂與魯肅一起來到漢水渡口，正遇上關羽率領水軍至此，遂一起沿漢水而下。此前江夏太守劉琦打算發兵攻打劉琮，曹操的突然到來打亂了他的如意算盤。劉琦只好南渡長江，來到鄂縣，借長江天塹以防守曹操。現在，劉備、諸葛亮、魯肅就乘坐關羽的大船，來到鄂縣，暫避風頭。

同時，劉備派諸葛亮與魯肅一起，順流而下，到江東面見孫權，商議合作大計。

三　三方會獵

1　曹操接管荊州

曹操沒有追上劉備，俘獲了劉備拋下的輜重糧草，以及十幾萬人眾，南下駐守江陵。此時，他才有空盤點戰利品，安撫荊州。

他先封劉琮為青州刺史、列侯，打發到遠遠的北方去，實際上也沒有給他實權，不久就招入朝廷，當諫議大夫。他又封蒯越等十五人為侯。蒯越早年入何進幕府，出誅殺宦官之計而不納；後佐助劉表，平定荊州；現勸說劉琮，歸降曹操，也算是個奇士。曹操給荀彧寫信說：「不喜得荊州，喜得蒯異度。」異度，是蒯越的字。這不過是收買人心的話。蒯越在曹操手下，不過養老而已，再沒有早年的智計百出。

曹操此時要做的，是收買荊州的人心。新降一地，收買人心，最有效的作法莫過於整改前任的弊政。劉表治荊州，除了不重視武備，實在沒有什麼弊政可言。曹操雞蛋裡挑骨頭，重用了幾個在劉表時代受排擠的名士，比如韓嵩、劉先、鄧羲、和洽等。

比較特別的，是一位大將文聘。文聘駐守外地，劉琮降曹，命令文聘一起投降，文聘不從。曹操渡漢水過襄陽，文聘才姍姍來遲。曹操指責：「為何這麼晚才來？」文聘答：「不能保全先主基業，不能輔助孤弱，心中悲慚，無顏早來。」說罷，唏噓流涕。曹操大受震撼。相比之下，一早來降的蔡瑁、蒯越之流，都是賣主求榮之徒，不堪重用。曹操感嘆：「卿真忠臣也！」遂派他與曹純一起追殺劉備，大戰長坂坡。稍後又任以江夏太守。江夏是荊州故地，是防守孫吳的東大門，而曹操竟然放心讓一名荊州降將去守，這是曹操用人不疑的地方，也是文聘的忠烈之氣使曹操放心。

還有裴潛，劉表時代不得志，躲在長沙，此刻出來做官。曹操說：「你此前與劉備共事過，劉備是什麼樣的人？」裴潛說：「讓他在中原，他只會作亂而不能為治；讓他在邊地、守險要，倒足以勝任一方之主。」前半句話，不過是貶低劉備拍曹操的馬屁，後半句話才是關鍵。

曹操當然懂這個道理。他從徐州之戰與劉備交手以來，至今不能除之，總被劉備抓住一點機會死灰復燃，心中也無比焦躁。劉備逃往東方，智囊群一致認為：孫權一定會像當年公孫康斬殺二袁、以首級來獻那樣，殺掉劉備獻上首級以自保。唯有謀士程昱提出：「孫權剛剛即位，無力獨自抗衡我軍。但劉備有英名，關、張都是萬人敵。如果劉備得到孫權的援助，二人聯手對付我們，則此戰恐怕將曠日持久，不太好打了。劉備也會像以前一樣，再次滿血復活。」曹操覺得很有道理。當務之急是：搶在孫劉聯合之前，幹掉劉備，使孫權孤掌難鳴，逼孫權望風而降。所以他安定好江陵之後，決定繼續沿江東下，先捉劉備，捎帶嚇降孫權，畢其功於一役。在他看來，孫權也不過是如劉琮般的「富二代」，劉備如果成擒，孫權必定喪膽。

在別人看來，包括曹操自己都覺得，這些計畫順理成章、天衣無縫。但是有個人實在看不下去了。他在眾人之先，看到了危機所在，忍不住出來勸諫。

此人正是賈詡。

2　賈詡的破例

賈詡以前是張繡的謀士，更早是涼州軍的成員。曹操的幕府儘管成分複雜，但具有涼州軍背景的，仍是絕無僅有。因此賈詡非常慎重，從來不主動開口。一篇《三國志·賈詡傳》，主動獻策的，僅此一次。以賈詡的冷靜持重，居然主動獻計，也許是面對赤壁之戰這樣大的舞台，即便是賈詡也難免熱血賁張一下吧。

賈詡一貫表情木然，泥塑木雕一般坐著。現在居然主動站出來，令曹操也感到大跌眼鏡。只見賈詡背書一般木木地說：「明公昔破袁氏，今收漢南，威名遠播，軍勢既大；如果能先緩一緩，以劉表荊州舊有的底子進行整頓，扎實地搞好安撫工作，那麼不必興師動眾，就可以讓孫權拱手來降了。」

曹操不以為然。

賈詡見曹操不以為然，也不堅持己見，默默地坐回了自己的位置，重新變成了泥塑木雕。不獨曹操不以為然，幾百年後的裴松之給《三國志．賈詡傳》作注的時候一樣不以為然，還跳出來大肆批評：「當時西北有馬超、韓遂的後顧之憂，荊州士民也只服劉備和孫權。這時候不趁大好形勢立馬拿下江東，更待何時？後來之所以赤壁戰敗，主要是天數。總之賈詡這個獻計是錯的！」不可否認，裴松之對賈詡很有成見。他在該傳的末尾再次跳出來指責賈詡不配和荀彧、荀攸合傳。其實，一個重要原因在於裴松之的時代是講究門第的時代，而賈詡出身寒族，在他眼裡自然不配跟貴為世族領袖的二荀合傳。

書生輕議塚中人，塚中笑爾書生氣。

實際上，賈詡這個謀略是赤壁一戰中曹操智囊團提出的含金量最高的謀略。

第一，曹操一下子吃下荊州這麼大的地盤，必須花時間慢慢消化。強嚥不行，必須靠「養」。

第二，曹操要和孫權作戰，必須靠水軍；曹操自己的水軍不行，必須靠原屬劉表的荊襄水師。荊州新破，荊襄水師的戰鬥力和忠誠度都無法保證，必須靠「養」。

第三，曹操軍隊新到南方，水土不服難免發生疾病甚至可怕的瘟疫。仍然必須靠「養」。

第四，曹操坐守荊州，而不主動出擊，就可以逼孫劉被動出擊，「致人而不致於人」，以逸待勞。

第五，曹操坐鎮荊州，劉備就沒有立足之地，也阻斷入川的去路；劉備沒有實力，孫權自然孤掌難鳴。至於西北的馬超、韓遂，完全是觀望之徒、烏合之眾，曹操不去收拾他們，他們絕對不敢主動跳出來沒事找抽。

這實在是一個王翦滅楚的翻版計謀。可惜計謀至此化境，知音難覓。即便曹操也難以覷破其中精妙。他目前只能採納程昱這個級別的計謀。所以很自然的，曹操收編了荊州水師，統領大軍南下。同時任此前監督張遼、樂進、于禁三軍的趙儼為章陵太守，監督于禁、張遼、張郃、朱靈、李典、路招、馮楷七軍，從北方南下，施加壓力。

同時，曹操以他特有的慷慨蒼涼的文筆，寫了一封簡短的書信，派人寄去江東。這封書信文辭雖簡，其中透出的震懾力卻堪當百萬之師，險些嚇得孫權束手待斃、江東文武不戰而降。

如果不是有諸葛亮、魯肅、周瑜這三個年輕人的話。

3 諸葛亮的處子秀

孫權已經移鎮揚州境內長江沿線離荊州最近的柴桑，擺出積極的態勢。諸葛亮在魯肅的引領下來到柴桑，見到了孫權。孫權今年二十七歲，比諸葛亮小一歲，方臉大口，目有精光，鬍鬚略帶紫色光澤。

孫權初領江東，此時雖已經歷幾次小小的考驗，但他所對付的敵人，不過是李術這樣的平庸之輩、山越這樣的少數民族。最強大的敵人不過是黃祖，尚且幾次三番、費盡心力，才啃下這塊硬骨頭。現在面對曹操這樣傳說中的對手，孫權實在沒有堅定的戰心。

孫權為人，與父兄有很大不同。孫堅、孫策，都是輕於犯險的輕狡之徒，所以都短命而死。孫權平時打獵，也喜歡冒險親自射虎。但是他性格非常謹慎，瞻前顧後，計出萬全。孫策說：打仗，你不如我；守成，我不如你。漢朝一個使者出使江東，看過孫家幾個兄弟後說：令兄弟個個是英雄好漢，但是大多短壽；唯有老二孫仲謀，骨骼清奇，是長壽之相。守成也好，長壽也罷，都是性格使然。孫權現在打赤壁之戰，未來打荊州之戰、夷陵之戰，都以謹慎取得最後的勝利。三家逐鹿的三大戰役，孫權均取勝，絕非偶然。

現在，諸葛亮就面對這樣一個孫權。諸葛亮深知，勸孫權打，只會激發他性格中謹慎的一面；不如勸孫權不打，反而可以激發他性格中冒險、狂熱的基因。所以諸葛亮開口就說：「當年天下大亂，孫將軍坐領江東，我家主公起兵漢南，都是趁一時的風雲際會。如今曹操剿滅群雄，破荊州，威震天下。勸孫將軍量力而行，能打就打，不能打乾脆投降。」

孫權一聽，心感疑慮：你為劉備，必定勸我當砲灰抗曹，如今勸我投降，卻是何故？遂問：「那劉備為何不降？」

諸葛亮正色道：「楚漢間的田橫，不過一介武夫，尚且懂得守義不辱的道理。何況我主公王室之胄，英才蓋世，天下仰慕。若抗曹不成，此乃天意，安能屈居人下？」

孫權蝸居江東數十載，所聽都是圖霸之言，初聞大義，作色勃然：「我不能以吳越之地、十萬之眾受制於人！我意已決！」慷慨豪邁之後，孫權冷靜下來，又問：「劉備新敗，有什麼資本與我合作？」

諸葛亮說：「我主公雖敗，倖存戰士及關羽水軍尚有精甲萬人，劉琦的江夏兵也有萬人。我軍雖少，曹軍卻有必敗之勢者三：曹操一日一夜急行軍追殺我軍，已是強弩之末，此其一；曹軍來自北方，不習水戰，此其二；曹操新收編的荊州軍，人心未定，此其三。孫將軍如果能派猛將率數萬人與劉將軍合作，一定能打敗曹操，鼎足三分。」

孫權聽了，點點頭。赤壁戰前，孫權要三次下決心，這是第一次。諸葛亮無論如何巧舌如簧，都不過是外人而已。此時，另一個「外人」——曹操寄來的書信，已經擺在了孫權案頭。

4 周郎雄姿英發

曹操的文筆真是好，我沒有能力翻譯出其中的神味，謹恭錄原文如下：

「近者奉辭伐罪，旌麾南指，劉琮束手。今治水軍八十萬眾，方與將軍會獵於吳。」

輕描淡寫之中，霸氣沛然莫之能禦。

孫權一言不發，把信遞給群臣。所有人都被嚇傻了。先是死一般的靜默，隨後炸開了鍋。託孤老臣張昭力勸孫權投降。

當時人包括後來的讀史者，都認為這是張昭職業生涯的一大汙點。張昭的立場，要從其身分來索解。張昭乃是漢末的名士，原本是徐州彭城人，漢末大亂而避難揚州。他與揚州本土出身的豪強如周瑜、魯肅不同。漢末避亂四方的名士很多，比如跑到遼東去的管寧、國淵，跑到荊州去的王粲、和洽，包括跑到江東的張昭、諸葛瑾等人。名士避難，是因為中原雲擾；如今中原已定，他們自然想要回去。

周瑜、魯肅輩則不同。他們是時代的弄潮兒，唯恐天下不亂，好成就一番英雄霸業，勝固可喜，敗亦欣然。張昭之欲降，周瑜之欲戰，不是個人能力問題，主要是身分決定立場。

再者，孫策臨死之前交代張昭：「緩步西歸，亦無所慮。」默許了張昭勸孫權投降的權利。

孫權看群情洶湧，都想降曹，心中憂悶，起身上廁所。始終一言不發的魯肅，此時追趕出來。孫權心知魯肅有不同意見，滿懷期待，握住魯肅的手：「卿欲何言？」魯肅說：「剛才眾人的話，乃是坑害將軍，不足與謀大事。如今，所有人都可以降曹，唯有將軍不可。」孫權納悶：「何解？」魯肅說：「我投降曹操，還可以慢慢做到郡守州刺史，保全如今的官職；您投降曹操，結局會是什麼呢？」孫權長嘆一聲：「剛才眾人的話，我聽了極其失望。只有你能懂我的心。」這是孫權第二次下決心。

魯肅勸孫權立刻召回在外地的周瑜，共商大計。

周瑜乃是孫策的結義兄弟，與孫策一樣英氣逼人。當年孫策打破皖城，得到當地橋公的兩個女兒，都有流離國色。孫策娶大喬，而以小喬與周瑜。周瑜雅好音律，配以佳人，一派儒將風範，江東人呼孫策為「孫郎」，呼周瑜為「周郎」。郎，是郎君的意思。以今天的話講，有點「國民老公」的意味。

周瑜風塵僕僕趕到柴桑，劈臉就說：「曹操託名漢相，實為漢賊。將軍以神武雄才，兼父兄之烈，割據江東，地方數千里，總攬英雄，正當橫行天下，為國家掃除奸佞，何況現在曹操自己送上門來找死，正可以迎頭痛擊，怎麼會想到投降呢？」

周瑜一臉詫異的憤憤然，讓孫權、魯肅倍生安全感。周瑜拿起一把算籌，一支一支擺放在案上：「我來給將軍算一算曹操犯下的錯誤。一、馬超、韓遂尚在，後方不穩；二、曹操捨棄擅長的鞍馬，走上不擅長的船隻，來跟吳越人打水戰；三、如今天氣寒冷，馬缺糧草；四、中原人來吳越煙瘴之地，水土不服，易染瘟疫。這四項都是用兵大忌，犯一個就完蛋，何況曹操全犯了。活捉曹操，正在今日！請給我數萬精兵，保證為將軍破賊。」

張昭諸人已經喪膽，固不必說；諸葛亮、魯肅精於計算，但傳遞給孫權的資訊，也不過是「戰也死，不戰也死，不如一戰」。只有周瑜，把話說得這樣痛快淋漓。這就是謀士與英雄的區別。

孫權聽得熱血沸騰，拍案大呼：「老賊早就想廢天子自立，怕的不過是袁紹、袁術、呂布、劉表和我江東孫氏。如今群雄已滅，只剩我一個了。我與老賊勢不兩立！」說畢，仍不過癮，拔出寶刀，攔腰砍斷桌案，提刀四顧。「誰再說降曹，此案就是下場！」

當天晚上，周瑜再次祕密找到孫權，給孫權計算曹操的真實兵力：「所謂八十萬人，只好嚇嚇外行人。曹操帶來的中原戰士，除去各地防守武裝，不過十五、六萬，況且急行軍追殺劉備，已經疲弊不堪；收編的荊州軍，不過七、八萬，而且這些荊州軍，個個心存疑慮，在觀望形勢。曹操一旦不利，他們投降得比誰都快。以疲敝之兵，統領狐疑之眾，人數再多，不足為慮。請給我精兵五萬人，我為將軍破曹操。」

孫權沉吟半晌，說：「五萬人一下子湊不齊，我先給你三萬人吧。船隻糧草也已準備好。你和魯肅、程公先出兵，我在後方繼續招兵買馬，往前線送。你打贏了最好，打不贏的話就回來，我再與曹操決一死戰。」這是孫權謹慎的地方。孫權從來不會把全部家當交到一個人手上，

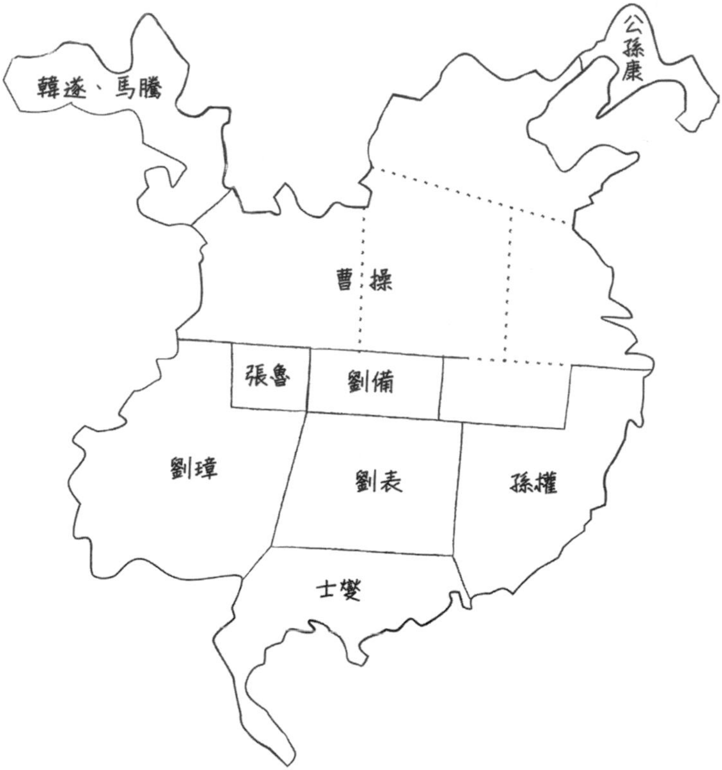

圖 14　赤壁之戰前的天下局勢

而總是利用江東的廣袤腹地，布置縱深防線。此次赤壁之戰如此，未來夷陵之戰也是如此。

周瑜滿不在乎，三萬就三萬，領人走了。

劉備駐紮在鄂縣，眼瞅著西邊曹軍順流而下，東邊吳軍溯流而上。大戰一觸即發。

5 赤壁・東風・火

程普是孫氏的老將了。他從孫堅時代開始，就跟著討黃巾、破董卓，孫策時代又跟著橫掃江東。孫氏諸將，程普年齡最大，資格最老，眾人尊稱他為「程公」，連孫權也這樣稱呼。

如今大敵當前，程普滿以為可以統領大軍，獨當一面，扶大廈之將傾。沒料到，卻屈在一個小輩手下當副將。程普心懷不滿，多次在軍中倚老賣老，公開折侮周瑜。周瑜卻謙虛自抑，不與計較。時間一久，程普反為周瑜的人格魅力所折服，感嘆道：「與周公瑾交，如飲醇醪美酒，不覺陶醉其中。」

現在，周瑜就帶著程普、魯肅溯流而上，經過劉備駐紮的鄂縣。劉備當時天天盼救兵，望眼欲穿。如今周瑜兵到，劉備大喜過望，派人請周瑜喝酒連絡感情。周瑜派人回話：「我有軍務在身，無法抽身。如果您願意屈尊來我營中，十分歡迎。」劉備想知道吳軍的虛實，只好乘一條小船來到周瑜軍中。席間，劉備說：「孫將軍能夠決定抗曹，真不錯。不知你帶來多少軍隊？」周瑜說：「三萬人。」劉備略顯失望：「恨少！」周瑜輕輕一笑：「夠用了。

您就看我破敵吧。」劉備是反覆與曹操打交道的老油條，周瑜卻沒有興趣過問他的經驗教訓，認為沒有參考價值。劉備只好沒話找話，問魯肅在哪裡，能不能叫來見一見。周瑜說：「魯肅也有軍命在身，您想見的話，可以另外再去找他。」周瑜軍容嚴整，有周亞夫細柳營之風，劉備聽到此話，慚愧而去。

周瑜瞧不上劉備，他的對手還在上游。周瑜繼續率領三萬大軍挺進。

曹操端坐艙中。他的心，隨著船隻左右晃蕩。沿江東下以來，士兵水土不服，軍中暴發瘟疫，非戰鬥減員嚴重。連他的愛子曹沖也染病在身。他此刻只想速戰速決幹掉劉備，卻收到消息：孫權已經與劉備結盟，派大將周瑜領兵迎頭而來。前兩天，雙方狹路相逢於赤壁，先打了一場遭遇戰。曹軍不利，暫時退卻，倚靠北岸結營紮寨。

孫權果然非劉琮之輩可比啊！

但江東文武也並非毫不懼怕。曹操此刻面前就放著一份降書，來自江東老將黃蓋，約定某日開戰，身率十艘戰艦充當前鋒，屆時將伺機來降。曹操懶得去分析此降的真偽。黃蓋投降之日，曹操就會立即將他本人禮敬的同時軟禁到後方，同時將他帶來的士兵分而化之。區區十條戰艦的士兵，我曹操還是消化得了的。

約降的時間已到。水面上，果然有十艘戰艦，順風而來。說來也怪，此時正當冬季，江面上卻東南風疾。十艘戰艦行到中流，都開始揚帆，帆布都被大風灌得滿滿的。船乘風勢，脫箭而來。黃蓋挺立船頭，與眾士兵大喊：「投降！」曹軍將士紛紛站上船頭，指點觀望，歡呼雀躍。來船距曹操水軍僅二里路，突然之間，十艘戰艦全部著火。

曹操大驚失色，命令手下開船躲避，哪裡還來得及。十艘戰艦挨上曹軍的戰艦，火勢蔓延開來，漸成燎原之勢。連岸上的營盤，也燃燒起來。對岸周瑜軍此時齊聲吶喊，擂鼓大進。劉備也率領關羽、張飛，水陸並進，趁火打劫。曹軍被火燒死、落水溺死者，不計其數。

兵敗如山倒。曹操終於能體會八年前袁紹的心情了。那真是徹底的絕望。

曹操收拾殘兵敗將，從一條華容小道逃亡。當時剛下過大雨，道路泥濘，不堪行走，天又颳大風。曹操一狠心，派那些已經感染瘟疫的士兵背負乾草，填滿道路，以方便後續人馬行走。道路剛鋪好，曹操就揮兵大進，那些染病的羸卒被踏倒在泥濘之中，死者狼藉。

曹操跑到安全地帶，終於可以喘一口氣。他回頭望了一眼茫茫大江，心下一片絕望。這真是一個陌生的領域，北方的戰術，在此完全行不通啊！如今我已年過半百，還有精力從頭學起、與小輩爭鋒於此大江之上嗎？曹操感慨之餘，寫了兩封短書，一封給周瑜，上面寫著四個字：「孤不羞走。」一封給孫權：「赤壁之役，值有疾病，孤燒船自退，橫使周瑜虛獲此名。」

無論曹操如何自我解嘲，如何百般狡辯，鐵打的事實是：周瑜一戰成名，不僅在三國時代，且在中國戰爭史上，鐫刻下了自己不朽的名字。

四 鼎足初成

1 孫權擴大戰果

曹操留曹仁、徐晃守江陵，樂進守襄陽，自己帶領殘兵北還。到譙縣時，幼子曹沖已死。曹操痛哭流涕，兼想起郭嘉這個早逝的天才，更是悲從中來，大呼：「郭奉孝在，不使孤至此！哀哉奉孝！痛哉奉孝！惜哉奉孝！」曹操表面上在哭死人，實際在打活人的臉。不過說實話，赤壁之戰，曹操智囊團確實大失水準。除了賈詡出過一個過於高深的計謀外，只有程昱略有發揮，預測到劉備與孫權的聯合將使戰局變得被動。其餘人等，完全沒有表現。

曹操北還之後，防禦的重任留在了曹仁、徐晃和樂進三員守將的身上。荊州自然是不可能完全保住了。但是能夠留下多少，取決於此三人的發揮，尤其取決於守護前線江陵的主帥曹仁的發揮。

周瑜赤壁一戰成名，乘勝率程普、甘寧、呂蒙、凌統等虎將，圍攻江陵。守將曹仁在城上觀看，見周瑜的數萬主力部隊尚未集結，先期到達的是幾千先鋒軍。曹仁當即撥付三百敢死隊，交給部將牛金，讓他帶領出城，衝擊孫吳的先鋒軍。牛金殺出城來，左馳右突，很快吸引了大量吳軍合力圍剿。眾人在城頭觀看，無不失色。曹仁勃然大怒，喝令左右：「取馬來！」當即披甲上馬，要出城救援牛金。謀士陳矯勸說：「敵眾我寡，勢不可當。犯不著為了幾百個人，以身赴險。」曹仁一言不發，帶了幾十員騎兵開門出城，來到壕溝邊。陳矯原本以為曹仁不過是想站在壕溝邊吶喊助威而已，曹仁卻直接催馬過溝，衝入重圍，救出牛金，送還安全地帶。回頭一看，還有少數曹兵被困，曹仁再次殺入，將敢死隊全部救出。回城卸甲，陳矯感嘆道：「將軍真天人也！」像曹仁這樣勇猛的表現，整部三國史也絕不多見。西晉有部《傅子》，誇曹仁：「曹大司馬之勇，即便是古之猛將孟賁、夏育也超不過他。張遼的勇猛，只能排第二。」當非溢美之詞。

而且曹仁在三國史上，還不是以勇猛著稱，而是以善於防守著稱。現在，周瑜就面臨這樣一個敵手。周瑜兵臨城下，圍攻多日，不見成效。此時甘寧提出：「不妨分我一部分兵，先去攻占西邊與益州接壤的夷陵，一來孤立曹仁，二來做為將來進取益州、全有長江的橋頭堡。」周瑜同意。甘寧率少量兵馬，迅速占領夷陵。益州震動，一些川將主動投降孫吳。

曹仁見甘寧兵少，派人圍攻，甘寧求救。周瑜部下大多認為不宜分兵，否則兩邊都將陷入苦戰。呂蒙獨提出：「甘寧在所必救。請留凌統在此圍江陵，我保證他能守十天。我們率主力部馳援甘寧，解圍之後立即回來，不會誤事。」周瑜採納，僅留凌統，身率程普、呂蒙及主力部隊救援甘寧，大破曹軍，俘獲戰馬三百匹而還。凌統也頗有本事，在曹仁的猛攻之下，堅守了十天。

周瑜占領了夷陵，兵威大振，強行渡長江，直逼江陵城下。周瑜親冒矢石，身先士卒。不巧，右邊胸口中了一枝冷箭，受重傷。部下沒有辦法，護送周瑜返還安全地帶養傷。士氣大挫。周瑜傷勢稍好，立刻起身，騎馬巡行軍營，激勵士卒，繼續圍城猛攻。這樣打了一年時間，曹仁迫不得已，棄城而去。孫權表了周瑜為南郡太守，駐守江陵。又以程普為江夏太守。這樣一來，荊州範圍內的長江沿線，就全為孫吳所有了。

孫權此時東據揚州，西控益州，全有荊州的江北地區，將劉備隔在長江以南。按照魯肅之前的榻上對，以及甘寧的獻策，孫權下一步就將吃下益州，全有長江，從而抗衡曹操。志得意滿的孫權、周瑜，根本沒有把劉備放在眼裡，也並不打算讓劉備插手取蜀和抗曹兩項大計。

儘管此時，益州與劉備早已眉來眼去。

2 周瑜壯志未酬

早在魯肅初見孫權之時，兩人坐在榻上定計，魯肅就定下方略：先鼎足江東，再進取荊州、益州，「竟長江所極，據而有之」，最後稱帝以圖天下。後來甘寧來降，定下的規畫與魯肅近似。所以，在江東日程表中，益州是其中重要一環。

此時，周瑜打下江陵、夷陵，與益州接壤，甚至有川將畏懼來降，進取益州便成題中之義。周瑜親自跑到京口，來找孫權：「曹操新敗，北方各反曹勢力蠢蠢欲動。現在曹操自顧不暇，正是最好時機。請讓我和孫瑜攻取益州，占據漢中，然留孫瑜坐鎮漢中，結好馬超，我回來與將軍一起兵出襄陽，北方可圖。」周瑜的棋局真是大，孫瑜出漢中，連絡馬超圖關中，他自與孫權出襄陽，也許在東路還可以安排一路人馬。這樣大的氣魄，只有「隆中對」差堪比擬。

孫權聽了，沒有理由反對。周瑜就回江陵整治軍隊。然而，走到巴丘，周瑜病死，年僅三十六歲。這樣的暴斃，也許與此前曹仁射的那枝冷箭有關。周瑜命短，沒有更多的表現。否則以他的英雄氣，他所規畫的藍圖，或許真有實現的可能。不過僅赤壁一戰，便足以令周瑜不朽了。

周瑜一死，他一貫瞧不上的劉備，便借到了他生前駐守的南郡，不久之後，又拿下了周瑜心心念念的益州。

赤壁戰後，劉備曾先派關羽攻打樂進守的襄陽，不利，遂轉而南下，把荊南的武陵、長沙、桂陽、零陵四個郡拿下。委任諸葛亮為軍師中郎將，駐紮在長沙、桂陽、零陵三郡交界處的一個臨烝縣，徵收賦稅，足食足兵。

此時，劉琦已經病死。劉備表孫權為車騎將軍領徐州牧，孫權即表劉備為荊州牧。

劉備來到江陵南邊一個渡口叫油江口，安營紮寨，改此地地名為「公安」。公安的北、東、西三面，已被孫權占完。劉備駐紮公安，是表現一個積極逐鹿中原的態勢。否則的話，他只能逐漸淪為荊南的二等軍閥了。在此期間，劉表許多舊部都投奔劉備。其中包括一員驍將，名叫黃忠。劉備勢力漸漸壯大，孫權送了一個妹妹來嫁給劉備。這個妹妹，與孫策、孫權兄弟一樣，剛猛好武。她手下的一百多名婢女，個個腰間佩刀。劉備每次出入孫夫人的閨房，心中常凜凜然。孫夫人之嫁與劉備，恐怕兼有和親與間諜的雙重身分。

劉備雖然占有荊南四郡，實力大增，但荊南地廣人稀，不是荊州的核心區。更要命的是，劉備被孫權隔在江南，沒有辦法與曹操正面交鋒，沒有辦法逐鹿中原。東邊是孫權，南邊是孫權的後花園交州士燮，都不能打，無法擴張領土。劉備沒有辦法，輕身犯險，親自跑到京口，向孫權借地。

當時，周瑜祕密給孫權寫信，說劉備乃是梟雄，將來必成大敵，不如趁此機會扣留。呂範也當面勸說孫權，把劉備留在江東。魯肅反對。他說：「曹操實力強盛，江東單獨對敵，恐怕困難。不如把荊州借給劉備，為我們樹一個盟友，為曹操樹一個敵人。」孫權思忖良久，沒有當場表態。

直到周瑜死後，孫權感於沒有人可以拿下益州。周瑜臨死之前，推薦魯肅為接班人。魯肅建議借荊州給劉備，周瑜是知道的。周瑜這一遺囑，等於默認了魯肅的方案。也許周瑜也認為，自己死後，江東無人足以氣吞益州而與曹操爭衡了吧！

孫權採納了魯肅的建議，把南郡借給了劉備。這就是歷史上「借荊州」的公案。

孫權後來曾經評價魯肅，說借荊州乃是一大敗筆。實際上，如果孫權不借荊州而扣留劉備，那麼劉備部屬首先將與孫權反目成仇，單憑孫權也確實難以抗衡曹操。周瑜自有英雄氣，可惜短命，不久就死了。周瑜一死，江東誰有把握再打一場赤壁之戰？魯肅借荊州，乃是大戰略、大手筆，孫權欣賞不來，能欣賞的人在北方。借荊州的消息傳到北方，曹操正在寫字，心中大震，毛筆落地。由此可見魯肅勸借荊州的威力。

周瑜壯志未酬，劉備卻望見了益州。

3 劉備望見益州

益州牧劉璋，是個暗弱的「二世祖」。赤壁戰前，他眼見曹操聲勢浩大，兵壓荊州，遂派一個叫陰溥的使者前往致敬。曹操很高興，認為劉璋識時務，封他為振威將軍。劉璋又派別駕張肅，帶了三百叟族戰士以及不少財物，送去給曹操。曹操一高興，又封張肅為廣漢太守。廣漢在益州境內，這不過是拿劉璋的地盤做順水人情。曹操拿下荊州，劉璋又派張肅的弟弟張松，前往見曹操結好。

此時的曹操，已經頗有些不耐煩了。他已占領荊州，眼下就要消滅劉備、占領揚州。回頭收拾益州，不過是時間早晚而已。劉璋接二連三討好曹操，卻不趕緊獻州來降，不過是觀望形勢而已。這點小心思，曹操豈能不懂。所以張松來的時候，曹操極冷淡。

張松是益州的智謀之士，心高氣傲，早想賣了益州，換個東家。曹操如此冷淡，張松一怒之下，回到益州。恰好此時，曹操赤壁兵敗，荊州得而復失。張松遂勸劉璋：「曹操囂張跋扈，乃是漢賊。劉備與您同是漢室宗親，近又大破曹操，不如結交劉備。」

晉代史家習鑿齒讀史至此，感嘆說：「曹操稍稍一驕傲，天下三分。勤於數十年之內，而棄於俯仰之間，豈不可惜！」他的意思，曹操如果禮遇張松，張松定會把益州賣給曹操。這樣一來，劉備沒有容身之處，孫權孤掌難鳴，曹操可以再有天下。這個議論是很有些見地的。

張松勸劉璋與曹操決裂，結好劉備，同時舉薦謀士法正前往劉備處連絡感情。法正乃是智謀之士，在劉璋處鬱鬱不得志，常與張松一起慨嘆知己難遇。所以張松推薦法正，先去會一會這位知己。

劉備見到法正，噓寒問暖、殷勤款待，相見恨晚。法正在觀察劉備的雄略，劉備也在有一句沒一句套法正的話，了解益州的山川地理、兵力布置。以法正的高明，何嘗不知劉備在套話，但這正是他心目中的雄主所應做的事情，所以樂得把劉璋的底細和盤托出。

法正回見劉璋覆命，而後第一時間找到張松，通知他：此人正是你我的明主。

劉備借到南郡以後，只差一個藉口取益州了。不料，孫權卻還沒有徹底放棄「榻上對」的國策，想要吃下益州。他派人對劉備說：不如我們聯手攻打益州，如何？劉備找部下開會商量。有人說：可以。如果拿下了益州，孫吳與益州之間隔著一個我們，我們可以占益州，孫吳不行。但是荊州一位主簿殷觀反對。他說：「如果我們出兵給孫吳當前驅，萬一前方拿不下益州，後方卻被孫吳給端了，那就完蛋了。不如假裝同意，再以新得諸郡、人心未穩為藉口，讓孫吳自己去打。」劉備覺得這個辦法最好，就回話：「我新得諸郡，人心未穩。再說，曹操乃是國賊，當今天下群雄應當戮力一心，共同抗曹，不宜內部起衝突。更何況，劉璋乃是我的同宗，我不忍心攻打他。」

沒料到，孫權居然直接派孫瑜領兵，打算繞過劉備，出征益州。劉備乾脆派關羽、張飛、諸葛亮掐住幾處隘口，不讓孫瑜通過，還放了一句狠話：「如果你一定要打劉璋，使我背信棄義於天下，那我也不用在江湖上混了，乾脆披散頭髮，歸隱山林算了。」孫權這才明白劉備想獨吞益州，但是沒有辦法，只好召還孫瑜。

劉備擺平了東邊的孫權，繼續眼巴巴望著西邊的益州。終於，益州派法正前來，伸出了橄欖枝。

第24章 馬超：最後的涼州勇士

益州劉璋向劉備伸出橄欖枝的緣由是：曹操正派兵討伐漢中的張魯。劉璋未雨綢繆，想到張魯一旦完蛋，下一個肯定輪到自己。劉璋並不清楚，曹操討伐張魯，乃是項莊舞劍，意在沛公。不過這個沛公並非自作多情的劉璋，而是涼州群龍之首——馬超。

所謂涼州軍閥，乃是黃巾起義以來，在此地聚集的大大小小的割據勢力。這些割據勢力，仗著天高皇帝遠，既不曾參與漢末群雄逐鹿，也不曾被群雄所吃掉。涼州軍閥之中，最大的兩支乃是韓遂和馬騰。馬騰被招安後，全家搬到鄴城被軟禁。現在統領馬騰部眾的，便是他的長子馬超。

馬超首次展露鋒芒，還是官渡之戰時期。當時高幹、郭援奔襲關中，馬騰受鐘繇的求援，派馬超助拳。戰鬥中，馬超一腳被飛矢射中，血流不止。馬超隨便找塊布，包起來繼續打。馬超不要命的打法，給人留下了深刻印象。馬騰晚年，不想再搏命江湖，向朝廷傳達了願受招安的意思。但曹操對馬騰已經沒有了興趣。馬騰老了，不足為慮。曹操真正感興趣的，乃是這個遠勝乃父的悍將馬超。曹操做丞相後，曾征辟馬超入幕府；後來又拿出徐州刺史的官帽來吸引馬超。馬超一律不為所動。

馬騰被招安後，馬家軍由馬超率領，屯駐在槐里。槐里，距長安只有二十公里，近在肘腋之間。所以赤壁之戰時，諸葛亮、周瑜都認為曹操在南方不敢久留。因為馬超一旦發動進攻，函谷關以西必然陷落。有馬超在，曹操既不敢放開手跟劉備、孫權比拚，更不敢取漢中、益州。馬兒不死，孤不得安。但是，曹操打算搞定馬超卻苦於師出無名。

當時并州有一個叫商曜的流匪造反，曹操派夏侯淵、徐晃出征。區區商曜，自然不足以勞動夏侯淵和徐晃，曹操有後招。他命令駐守長安的鍾繇，大舉出兵討伐漢中張魯。同時特地給夏侯淵和徐晃下了一道命令：發兵河東郡，協助鍾繇。從并州下河東到漢中，勢必經過馬超的領地。

當時有位叫高柔的謀士，勸諫曹操：「大軍西出，恐怕會驚擾馬超、韓遂，激發他們造反。」曹操沒有聽。我要的就是逼反馬超，你懂什麼！

馬超得到情報，立刻意識到：此乃假途伐虢之計，曹操終於要對我動手了。他立刻連絡韓遂，號召涼州各路軍閥，先下手為強。馬超在涼州，以悍勇著稱，父子兩代經營多年，具有相當的號召力。很快，馬超、韓遂拉攏了十個軍閥，聚集了十多萬人，一口氣攻陷三輔，越過長安，直抵潼關。曹操得到消息，非常興奮。立刻派善於防守的大將曹仁先去抵禦。他特別交代：「涼州軍勇悍，只可防守，不可出戰，等我來。」建安十六年（西元二一一年）秋七月，曹操親率部隊，直抵潼關。

出發之前，有人勸說：「涼州軍武力強悍，善用長矛，必須選拔精兵強將做為前鋒，方可抵敵。」曹操笑笑：「交戰與否，不取決於賊，而取決於我。他的長矛再厲害，我也會讓它們發揮不出來。你們瞧著吧，看我怎麼破敵。」由此可見，戰鬥尚未開始，曹操已經躊躇滿志，決心一掃赤壁的陰霾。從這段話還可以看出，此戰的基調，就是涼州軍被曹操牽著鼻子走。

潼關，位於黃河「幾」字形第四折的拐角處。討伐涼州，有兩條路。一條是，強攻潼關，走陸路。另一條是從潼關北面先渡過自西向東流的黃河，再從蒲阪津渡過自北向南流的黃河。如果曹操一開始就選第二條路線，涼州軍勢必防守黃河沿岸各大要津，據黃河天塹以抵抗曹操。所以曹操把全部軍隊集中到潼關，擺出一副要過潼關強攻的態勢。馬超、韓遂果然也把十萬大軍集中在潼關，不再分兵黃河沿線。

徐晃看到這一形勢，立刻彙報：「請撥我一支軍隊，繞道北面，橫渡黃河，從敵軍北部攻打。」此計正中曹操下懷，他當即分兵四千，讓徐晃、朱靈率領，悄悄去北部渡蒲阪津。

曹操親自兵臨潼關，吸引了涼州軍的注意力。馬超連絡的十大軍閥，陸續帶兵前來。曹軍眼看涼州軍越來越多，猶如蟻聚，心急如焚。再看曹操，卻面露喜色。眾人問他，曹操說：「涼州地域遼闊，山勢險峻。如果他們各聚山頭，我逐一擊破，不知要打到什麼時候。現在他們聚集到一起來送死，所以我很高興。」

徐晃發來消息，說已經抵達蒲阪津，是否可以渡河？曹操見涼州軍已經全部被吸引到潼關，遙控徐晃：可以渡河。同時曹操放棄潼關，北渡黃河，前往蒲阪津。

馬超發現曹操渡河，立刻分兵兩路：派一個叫梁興的軍閥，率五千人馬趕往蒲阪津攔截，同時自率一萬騎兵追殺曹操。曹操當時盤踞在一張胡床之上，由幾名士兵抬著，在黃河南岸指揮若定，讓士兵渡河，自己負責斷後。遠遠看到馬超軍殺來，曹操毫不在意，繼續踞床指揮。曹操身邊的衛士許褚著急了，立刻扶曹操上船。同時，有一個叫丁斐的校尉急中生智，派人將牛馬散放在河邊。涼州軍四散爭搶牛馬，來勢漸緩，曹操得以上船。

馬超遠遠看到曹操上船渡河，立刻命令手下萬箭齊發，飛矢如雨。曹軍看到馬超大軍殺到，紛紛擠上曹操的船，落在水裡的也游過來雙手攀船。船小人多，吃重不起，眼看就要沉沒。許褚此時左手拿起一個馬鞍做為盾牌，遮護曹操，右手揮刀砍殺登船的士兵，船終於減負，可以行走。但是，划船的船工已被箭射死。許褚棄刀，取過船槳，奮力划行，終於倖免於難。

曹操跑到蒲阪津，與大部隊會合。眾人本以為曹操已經遇難，此刻再見，驚喜交加，甚至有人痛哭流涕。曹操為提振士氣，哈哈大笑：「今日差點為小賊所困！」

徐晃、朱靈，此時已經強渡蒲阪津，並且以逸待勞，在河對岸擊敗了急行軍趕來的梁興的軍隊，建立據點。曹操遂指揮大軍也渡過蒲阪津。黃河天塹，終於不再構成涼州軍的屏障。曹操沿著黃河，一路修甬道，抵達渭水。甬道，乃是一種防禦工事，兩邊築牆，中間通路。從戰役開始到現在，馬超始終無從與曹操交手，涼州軍的長矛，果然無從施展。

現在，曹操兩渡黃河，從北邊繞了一圈，現在與馬超隔渭水對峙。曹操在渭水北岸多設疑兵，讓馬超拿不準曹軍主力所在，只好分兵把守，精神高度緊張。實際上，曹操卻派工程兵駕船，半夜在渭水之上鋪設浮橋，火速過河，築造防禦工事。西北土質多疏鬆，像流沙一樣，無法凝固築城。謀士婁圭獻策：「天氣寒冷，築城之後，可以立刻用水澆淋，一夜之間可以凍嚴實。」曹操同意。一座牢固的防禦據點，一夜之間就出現在了西北軍的面前。

交戰以來，馬超連失先機，先後喪失潼關、黃河、渭水三處天險。天氣寒冷，進入冬季，涼州軍的糧草供應大成問題。馬超多次挑戰，曹操一律深溝高壘，堅壁清野，拒不出戰。馬超求戰不得，只好求和。曹操嚴詞拒絕。他要徹底解決涼州軍，戰局此時才漸入佳境，怎會同意求和？馬超實在沒轍，只好開出高額條件，割讓河西之地，送十大軍閥的兒子到曹軍為人質。

曹操問謀士賈詡，賈詡說：「不妨假裝同意。」曹操又問：「同意之後呢？有什麼辦法可以打敗涼州軍？」賈詡說：「離之而已。」賈詡說話，惜字如金，曹操卻已經心領神會：「懂了！」

曹操與馬超講和，需要談條件。雙方約定，不帶兵馬，單獨會面。

馬超感到自己又有翻盤的機會了。馬超素來自負勇武絕人，他想趁會面之時，擒拿曹操。馬超與韓遂一起，離開營盤，來到兩軍之間的指定位置。曹操也已經守約而至。馬超注意到，曹操只帶來了一個人。此人身長八尺餘，腰大十圍，容貌雄毅，並且極其警惕，隨時手按劍柄，目光直射馬超。馬超心中一動，問曹操：「我聽說你軍中有位虎侯，此人何在？」曹操聽了，回過頭去，指了指那位隨從：「許褚，馬超想認識你呢。」許褚瞪大眼睛，怒視馬超。許褚力大如虎，而脾性癡頑，軍中給他起外號叫「虎癡」，所以馬超稱他「虎侯」。馬超聽說此人就是許褚，只好放棄原計畫。

此事後來被做為許褚勝馬超一籌的證據。實際上，許褚只是一介保鏢，而馬超身為三軍統帥，需要考慮更多。馬超此次計畫，只能成功，不能失敗。許褚在場，馬超感到沒有把握短時間內既搞定許褚，又拿下曹操，而如果無法活捉曹操，議和之事肯定泡湯，所以才放棄計畫。這次未遂的事件，既可看出許褚的勇武，更可看出馬超的藝高人膽大。

曹操與馬超、韓遂交馬和談，涼州軍久聞曹操大名，爭先恐後想要看曹操。曹操見狀，哈哈大笑：「你們都想看曹操嗎？沒什麼好看的。曹操也是人，不是神，沒有四隻眼睛兩張嘴。」頓了一頓，指了指腦袋：「只是比普通人多點智商而已。」

雙方議和，曾多次會面，有時馬超和韓遂一起來，曹操就只談公事，商量條件；有時韓遂自己來，曹操就和韓遂話家常。曹操與韓遂的父親，曾同年舉孝廉，而曹操與韓遂年齡又比較接近，算是一輩人。兩人聊起往事，常常忘卻所以，哈哈大笑。有涼州軍報告馬超：曹操與韓遂在兩軍陣前相談甚歡，不知在聊什麼。馬超心下疑惑，等韓遂回來就問：「你們今天談了什麼？」韓遂想了想，都是不足掛齒的雞毛蒜皮，就回說：「沒聊什麼。」馬超更加起疑。

曹操又給韓遂寫信，故意寫了幾行，又塗抹掉。馬超見信，懷疑是韓遂把關鍵字句給抹掉了，更加狐疑不安。

在這種情況下，曹操終於發兵攻打涼州軍。自開戰以來，馬超一直渴求一戰，但到此時，他疑慮重重，既怕曹操，又怕韓遂，早無戰心，落荒而逃。涼州軍的烏合之眾，在賈詡一個「離」字之下，分崩離析，主力被殲，餘部鼠竄。

曹操赤壁之敗的惡氣，終於吐盡。正好此時，後方有兩個小賊造反，煽動了幽州、冀州，一時聲勢頗為浩大。曹操就帶兵回去。臨走之前，涼州有個參軍叫楊阜，對曹操說：「馬超有韓信、英布之勇，甚得羌胡之心。如果不嚴加防備，讓他死灰復燃，隴右諸郡很快就歸馬超了。」曹操覺得馬超主力已滅，不足為慮，沒有把楊阜的話放在心上，只留了夏侯淵鎮守長安。曹操回鄴城之後，殺光了馬騰全家。

兩年之後的建安十八年（西元二一三年），馬超積攢了力量，果然捲土重來，同時還連絡了漢中張魯，聲勢浩大，隴右諸郡全部叛降馬超，只有涼州州政府所在地冀城能夠堅守。而冀城的堅守，正是因為那位參軍楊阜，帶了全族男丁協助守城。

馬超從正月打到八月，冀城始終堅守不下。涼州刺史韋康派了別駕閻溫潛水沿渭河去長安找夏侯淵求救，結果被馬超抓到。馬超抓著閻溫去城下炫耀，閻溫突然大喊：「援兵三日之內就能趕到，請務必堅守！」守城將士大喜過望，禁不住淚流滿面。馬超一怒之下，殺死閻溫，繼續圍城。

三天過去了，援軍壓根兒不見人影。刺史韋康崩潰，獻城投降。馬超進城之後，第一時間殺了刺史韋康，發洩久攻不下的惡氣。他哪裡知道，真正的元凶卻是楊阜。

楊阜以妻子生病為名，請假回家，馬超並不放在心上，准假。楊阜星夜趕到歷城，他的一位姑表兄姜敘，此時擔任撫夷將軍，在這裡擁有一支軍隊。楊阜面見姜敘及姑姑楊老太太，痛哭唏噓，請求姜敘出兵討伐馬超。馬超軍勢浩大，姜敘哪裡敢雞蛋碰石頭，沉吟不語。楊老太太勃然大怒，喝令姜敘：「為君父報仇，死於忠義，乃是得其所哉。不必猶豫！」姜敘得了激勵，答應楊阜。楊阜又約結冀城外的趙昂，做為外援；約結冀城內的梁寬，做為內應。趙昂的兒子當時被馬超扣作人質，趙昂回家找妻子商量，妻子厲聲道：「雪君父之大恥，即便喪命也應該，何況死個兒子！」姜母和趙妻口中的「君父」，都是指的刺史韋康。東漢人以上司為君父，這是流行觀念。

有了梁寬的內應，姜敘、趙昂的外兵，楊阜很快拿下冀縣，殺光了馬超的妻兒老小。馬超做為報復，也殺了姜敘的老母和趙昂的兒子。楊阜挺身與馬超惡戰，身中五處重傷，仍然奮鬥不休。馬超進退失據，只好跑路，去了漢中。

張魯久聞馬超大名，沒想到居然能成為他的主子，非常高興，封了馬超做大官，同時還想把女兒嫁給他。有人勸張魯：「馬超先連累死父親馬騰全族，又連累死自己的妻兒老小。這種人，怎麼能與他結親？」張魯聽了，遂作罷。

馬超在張魯手下，過了個年。大年初一，家家戶戶張燈結綵。即便是三國亂世，各方勢力也暫且放下手頭的軍務，四處洋溢著喜慶的氣氛。馬超有個小舅子，此時也淪落漢中，跑來向馬超拜年。馬超捶胸吐血，悽愴道：「我全族幾百口人，全死完了，你我二人，還拜什麼年呢？」

馬超向張魯請兵，想要重回涼州的戰場，張魯同意。但是馬超在前線數戰不利，而後方又有張魯手下嫉賢妒能，多次說馬超壞話。馬超不敢再回漢中，從羌族界內輾轉繞到益州，投降劉備。

當時劉備正在圍攻成都，聽到馬超來了，非常高興，說：「馬超來了，益州歸我了！」他派人攔住馬超的殘兵敗將，好好整頓軍容，打扮得光鮮亮麗，又暗中把自己的軍隊撥付給馬超，讓馬超帶著這支盔明甲亮的大軍，抵達成都城下。涼州軍善戰，聞名天下。劉璋聽說馬超帶兵而至，大驚失色，當場崩潰，出門投降。這是馬超在歷史上的最後一次威風。

馬超這樣的悍將，曾經是與劉備平起平坐的一方諸侯，如今投在麾下，以劉備的識人之明、御人之術，怎麼可能再讓他染指軍權？所以，馬超被高高供在蜀漢的廟堂之上，成為政治花瓶，而再也沒有了用武之地。

馬超逃離漢中的時候，留了個小老婆和一個兒子馬秋，很快被張魯控制起來。後來，張魯投降曹操，把這個小老婆和馬秋一起獻上。曹操把馬超的小老婆賜給了張魯的一個手下，又把馬秋賜給了張魯。張魯親手殺死了馬秋，曹操很滿意。

劉備攻取成都的第二年，即建安二十年（西元二一五年），東躲西藏、惶惶不可終日的韓遂，終於被幾個部將砍下他那顆老朽的頭顱，結束了傳奇的一生。這位昔日的西北王，當時已經七十多歲了。

蜀漢章武二年（西元二二二年），馬超病死。馬超臨死之前，給劉備寫了封信，信上說：「臣全家二百口人，被曹操殺光了。只有一個堂弟馬岱，託付給陛下。別的，沒什麼可說的了。」曾經逼得曹操走投無路的馬超，曾經計畫單槍匹馬綁架曹操的馬超，曾經縱橫西北如入無人之境的馬超，就這樣孤獨地死去了，時年四十七歲。

也許，對於此時的馬超來講，死亡反而是一個解脫吧。

第25章

入蜀：益州的真命天子

曹操派鐘繇打張魯，不過是個幌子。但是這個幌子，不僅晃倒了馬超、韓遂，也晃倒了劉璋。劉璋急忙召集部下商議：曹操拿下張魯，下一步必定攻打益州。怎麼辦？

張松提議：「曹操無敵於天下，能夠與之抗衡的唯有劉備。劉備信義昭著，又與您同為漢室宗親，請他幫忙，再好不過。」

持反對意見的，有三個人。一個是主簿黃權，被劉璋貶了官趕到地方上當個縣長；一個是從事王累，倒掛在城門之上，以死相諫，劉璋不聽；一個是劉巴，勸諫不聽，只好稱病回家。

千載之下，讀史者無不笑話劉璋的愚蠢。引狼入室，真不知他的腦子是怎麼想的。實際上，劉璋的思維仍然停留在軍閥割據的早期。東漢末年，軍閥之間互相求援，是很常見的事情。一個小軍閥被一個大軍閥養為客將，當槍使，也是家常便飯。譬如孫堅、孫策之於袁術，呂布之於袁紹，張繡之於劉表，馬超之於張魯，皆是其例。劉備更是招牌客將，在當時相當於雇傭軍的性質，誰給人給錢，他就幫誰打仗。劉備先後給公孫瓚、陶謙、曹操、袁紹、劉表都當過客將，成功轉型為一方軍閥，乃是赤壁之戰得了荊州以後的事情。

劉備絕非池中之物，一遇風雲便化龍。這一點，曹操、程昱、郭嘉、孫權、周瑜都看得很清楚，唯獨劉璋的思維仍然停留在陳舊的時代。他居然敢於請這條真龍入川，最終玩火自焚，自是意料中事。

劉璋主意已定，還是派謀士法正，率領四千人馬，前往迎接劉備入川。法正見到劉備，直接亮明意圖：「將軍英明，劉璋懦弱，張松又是內應，取益州易如反掌。」

劉備躊躇不決。劉備新招的謀士龐統催促：「荊州經過大戰，荒殘不堪。北有曹操，東有孫權，無法施展。必須取益州，才能成大事。」

劉備這才為難地說出自己心中的疑慮：「我劉備能有今天的名聲與事業，全因為與曹操對著幹。曹操殘暴，我就仁義；曹操苛刻，我就寬鬆；曹操奸詐，我就忠厚。如果現在假裝答應援助劉璋，卻謀取他的土地，豈不是淪為和曹操一樣的貨色了嗎？」仁義乃是劉備的金字招牌，雖然顛沛流離，而信義越加昭彰。取益州是《隆中對》預定的國策，劉備當然早知道要取益州。如果明刀明槍打下益州，劉備絕不會心慈手軟。但是，此次面臨的情況與以往不同。以往的敵人太強，劉備能夠折而不撓、終不為下；此次的敵人太弱，自己送上門來，劉備反而

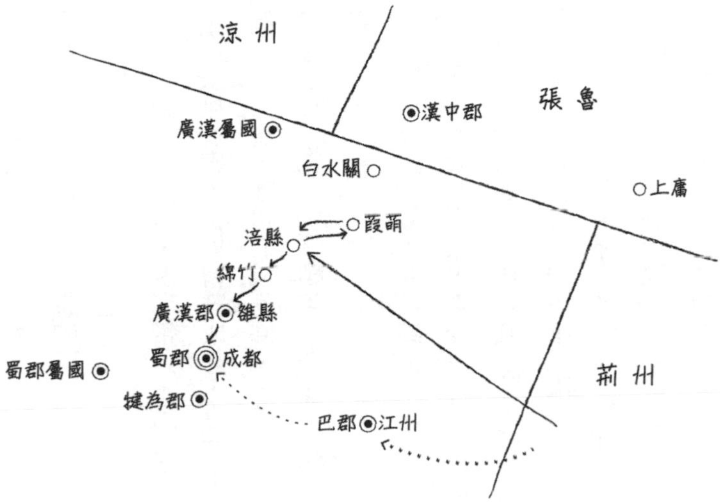

圖 15　劉備入蜀示意圖

沉吟不決，被仁義縛住了手腳。

龐統明白劉備的心意。他說：「此乃權變之時，不可不知變通。劉璋之弱，在這個亂世，早晚是死。你不取益州，別人就會搶先。不如你狠狠心取了益州，大不了事成之後，給劉璋的待遇好一點。總好過他落在曹操、孫權的手裡，生不如死。」劉備勉強點頭。

劉備留下諸葛亮、關羽、張飛、趙雲守荊州，自己帶領龐統、黃忠、魏延，跟著法正溯江而上。劉備帶去的人馬，在一兩萬人的樣子。劉璋專門關照沿途郡縣關卡：不准為難，盛情款待。所以《三國志》以四個字描述劉備的益州之行：「入境如歸。」

劉備進入巴郡。巴郡太守嚴顏眼瞅著劉備大軍揚長而過，拍著心口長嘆：「俗話說：『獨坐窮山，放虎自衛。』說的就是這個情況啊！」他沒有別的辦法，只好加強守備，準備應對接下來的苦戰。

劉備走到涪城，劉璋帶了三萬人馬，一路上高車大馬，錦綢爛漫，盔明甲亮，精光耀日，親自來見劉備。張松留守成都，專門給法正寫了封密信：「可以在宴會的時候，活捉劉璋，控制三萬人馬，我再於成都回應，整個益州可傳檄而定。」英雄所見略同，龐統也如此提議。劉備想了想，說：「我剛來，人生地不熟，不宜操之過急。看看再說吧。」劉備仍然是受制於「仁義」二字。

劉璋見到劉備，非常熱情。二人敘起同宗之情，開懷暢飲，相談甚歡。劉璋非常大方，擺了一個極盛大的宴席，讓雙方將士全都參加，酒水敞開喝。劉備帶來的荊州兵，與劉璋帶來的川軍，互相勸酒。幾杯老酒下肚，就勾肩搭背，親如兄弟。他們哪裡知道，不久之後就要兵戎相見呢？亂世難得好會，權且陶醉在這狂歡之中吧！

酒酣耳熱，劉璋上表朝廷，薦劉備為行大司馬，領司隸校尉；劉備也上表朝廷，薦劉璋為鎮西大將軍，領益州牧。這兩封表文，一定落到曹操手裡，不知他作何感想。劉璋、劉備管不了這些，上表之後，繼續舉杯慶祝、開懷暢飲。這場盛大的宴席持續了一百多天。雙方醉飽，極盡賓主之歡。而後劉璋贈送劉備米二十萬斛，戰馬一千匹，戰車一千乘，還送了許多益州著名的特產蜀錦，出手可謂極其大方。劉璋的熱情，是劉備前所未遇的。劉璋越是熱情，劉備越是舉拳難打笑臉人。

散會之後，劉璋回成都，劉備帶著法正，領兵北上攻打張魯。劉璋的意思是，讓劉備消滅張魯，占領漢中，再預防曹操的進攻。劉璋在涪城的時候，專門交代讓劉備全權指揮白水軍。白水關，乃是成都北面的一道屏障。出了白水關，就是漢中。白水軍，就是白水關的守軍，統軍將領是益州名將高沛、楊懷。高沛、楊懷，對劉備絕不信任，曾多次寫信給劉璋，讓他趕劉備回荊州。他們的白水軍，事實上也不可能聽命於劉備。劉璋的安排，表面上是讓白水軍受劉備差遣，實際上是讓白水軍監督劉備。只要劉備一出關，白水軍在後面把關一閉，趕鴨子上架，劉備就不得不跟張魯開打了。

劉備自然懂得這個道理。所以他帶兵走到白水關南，沒有出關，而是屯駐於此，拿出他的看家本領——廣樹恩德、收買人心。這一待，就是一年。

龐統身為劉備的謀士，此時獻上三策：「上策，選精兵晝夜兼程突襲成都。劉璋鬆懈，肯定束手就擒。中策，假裝回荊州，趁高沛、楊懷來送行，斬殺二人，接收白水軍，對劉璋正式宣戰。下策，回荊州，以後再說。」龐統的下策，乃是發牢騷，真正管用的是上、中二策。

劉備覺得中策可行。他始終想對劉璋堂堂正正宣戰，否則心裡實在內疚不安。

正好此時，曹操討伐孫權，孫權向劉備求援。劉備就派人告知劉璋：「孫權是我盟友，我要回去救他。而且曹操南下，荊州也很危急。請借給我一萬兵，以及糧草輜重若干。」劉備停留在白水關內，不肯出關，早就引起了劉璋的疑慮；此時劉備提出要回荊州，劉璋大失所望。他勉強湊了四千老弱殘兵，給了劉備。劉備索要的各項糧草輜重，也一律減半供應。

劉備要回荊州的消息，不僅騙過了劉璋，也騙過了張松。張松以為劉備真的要走，急壞了，趕緊寫信勸阻。這封信被劉璋截獲，他如夢方醒，一怒之下將張松斬首，並且傳諭各關卡，不要放劉備過關。翻雲覆雨一輩子的張松，這回在陰溝裡翻了船。

張松之死，給了劉備一個完美的藉口。他召來高沛、楊懷，當場斬殺，接收白水軍，將白水軍將士的妻子兒女扣押為人質，讓白水軍跟著猛將黃忠做為前鋒部隊，向成都殺來。

劉璋方面得知消息，有一位叫鄭度的從事獻計說：「要打敗劉備，並不困難，只需採取堅壁清野的策略。將巴西郡、梓潼郡的老百姓全都搬遷到涪水、內水以西，所有田地、倉儲，能搬的搬走，不能搬的燒光，然後據河而守。劉備客場作戰，缺乏糧草，頂多撐個一百天，就只能撤兵。到時候我們再予追擊。」劉璋想了想，說：「我抵抗劉備是為了安撫百姓，怎能煩擾百姓以躲避劉備？」劉璋真是菩薩心腸。

劉璋派大將劉璝、冷苞、張任、鄧賢、吳懿率軍抵禦劉備，雙方相逢於前次宴會的涪城。昔日的歌舞場，今日變作埋骨地。一場大戰，益州軍慘敗，吳懿投降，其餘人等退守綿竹。吳懿是劉璋的親戚，他的妹妹嫁給了劉璋的哥哥劉瑁。這樣一個人尚且投降，可見劉璋大勢已去。

開戰以來，如此順利，這是劉備意想不到的。他進入涪城，非常高興，也學劉璋前次那樣開了一個大宴會，飲酒作樂。酒席上，劉備聽著音樂，賞著舞蹈，品著美酒，情不自禁地慨嘆：「今天這場宴會，真是快樂啊！」

龐統立刻在旁邊潑了一盆冷水：「討伐他人之國，卻感到歡樂，這不是仁者所為。」你不是一向以仁義自居，扭扭捏捏不肯打劉璋嗎？現在仁義哪去了，怎麼高興成這樣？

氣氛變得異常尷尬。

劉備當時已經醉醺醺的了，聽到這話，惱羞成怒，立刻拉古人的典故給自己洗白：「當年武王伐紂，還不是前歌後舞的？我哪裡做錯了？你喝多了，快出去吧！」

龐統起身就走了。

劉備平時喜怒不形於色，冷靜下來，立刻感到剛才失言了，派人請龐統回來。龐統回到原來的位子上，一屁股坐下，也不向劉備道歉，吃喝如常、言笑自若。

劉備心裡仍然感到有點彆扭，想給自己找回點面子，也給龐統一個台階下。他問：「剛才是誰錯了？」

龐統回答：「你也有錯，我也有錯。」你的錯，在於非得以仁義為標準，來束縛自己的手腳；我的錯，在於用你的標準，來評價你的言行。歸根結底，還是你的錯。

劉備聽了，哈哈大笑，心中徹底釋然。包袱卸下，劉備繼續輕裝上陣。

劉璋又派了李嚴、費觀兩個將領，帶兵支援眾將，防守綿竹。李嚴、費觀竟不戰而降，綿竹失守。李嚴是軍隊的高官，費觀是劉璋的女婿。劉備先後得了吳懿、李嚴、費觀的降兵，聲勢大增，繼續圍攻雒城。

雒城是成都之外的最後一道防線，所以劉璋非常重視，專門派兒子劉循親自防守。攻城期間，龐統中了一枝冷箭，傷重不治而死，年僅三十六歲。曹魏的郭嘉，孫吳的周瑜，蜀漢的龐統，都是英年早逝的天才人物，非常可惜。此三人若不死，三國面貌也許會有較大的改觀。

龐統既死，劉備圍攻雒城又吃力，就把主要精力用來收拾附近的一些郡縣，同時招呼諸葛亮率軍入蜀助拳。

諸葛亮接到消息，留關羽守荊州，自己與張飛、趙雲分兵進入益州。其中，張飛在巴郡與嚴顏大戰，生擒之。張飛勸嚴顏投降，嚴顏說：「益州只有斷頭將軍，沒有投降將軍！」事實上，益州降將軍多的是，斷頭將軍只此一家，「嚴將軍頭」千載之下猶感泣鬼神，壯哉！張飛當時大怒，命令手下推嚴顏出去斬首。嚴顏冷笑：「砍頭就砍頭，你發什麼怒！」張飛被嚴顏所震懾，當場鬆綁禮待，收服帳下。

諸葛亮、張飛、趙雲很快抵達成都附近，與劉備軍完成了對成都的合圍。此時，劉備讓法正給劉璋寫了封信，分析形勢，勸他投降。信的最後四個字是：「以保尊門。」投降，起碼可以保住你全家老小性命，千萬不要等到城破，刀槍無眼，玉石俱焚。

成都城中有位久享盛名的名士許靖，此時竟然恬不知恥地翻城牆出來投降，結果被劉璋抓回去了。此時城破在即，劉璋也不敢再殺許靖。由此可見，劉璋已經產生降意。

雪上加霜的事情，是馬超的到來。馬超領著劉備暗中支援的精兵，耀武揚威殺到城下。此時，劉備再派遣手下以辭令風度見長的簡雍進入成都，勸劉璋投降。當時成都城中還有三萬精兵，足夠維持一年的糧食。部下都勸劉璋死守。劉璋感嘆一句：「我父子兩代在益州二十幾年，沒有一點點恩德給老百姓；老百姓卻受我連累，打了三年仗，死傷無數。我哪裡忍心再打下去！」

劉璋派屬下張裔出使劉備，得到「禮其君而安其人」的承諾，遂與簡雍同坐一輛車，開門出降。當時益州官員百姓，無不心酸流淚。劉璋被劉備遷去南郡公安，保留了全部財物和振威將軍的印綬。後來關羽失荊州，劉璋被孫權俘虜，死在吳國。劉璋雖然軟弱，卻能體恤百姓，實在是個良善之君。相比董卓、公孫瓚之輩，真是天淵之別。攻取益州，不僅劉備不忍心，即便讀史者的我們，也於心不忍。但三國亂世就是如此殘酷。

劉備取得益州，跨有荊、益。三足鼎立的第三隻腳，終於立定了。

第26章

漢中：曹劉狹路相逢

劉備攻打益州期間，曹操主要在忙三件事：第一，收拾馬超、韓遂；第二，抽空跟孫權象徵性打了幾仗；第三件才是正事兒——建立魏國。

自從曹操挾天子以來，尤其是擊敗袁紹、統一北方以後，改朝換代已是遲早的事情。曹操改朝換代，沒有別的問題，只有一個「名分」捆縛手腳。他只能夠循序漸進。第一步，乃是赤壁戰前廢除三公，自立為丞相，確立一人之下萬人之上的地位。

建安十七年（西元二一二年），劉備在白水關內收買人心的時候，曹操受詔：贊拜不名，入朝不趨，劍履上殿。詔書上說，這是如漢初蕭何故事。實際上誰都看得出來，這是效仿董卓之故事。這一年，董昭看出曹操心事，建議給曹操進爵為公，加九錫。曹操的謀主荀彧反對，被曹操逼死。

建安十八年（西元二一三年），劉備勢如破竹、正在圍攻雒城的時候，曹操受封為魏公，加九錫，以冀州的十個郡建立了魏國。同時，曹操在魏國專心致志建起了象徵性的宗廟、社稷，以及實質性的魏國政府。日薄西山的漢王朝內部，一個朝氣蓬勃的國中之國正式形成。

建安十九年（西元二一四年），劉備攻占成都的時候，曹操受詔位在諸侯王上，授金璽、赤紱、遠遊冠。同年，曹操還發現了漢獻帝的太太伏皇后與她父親伏完曾有一起反曹密謀。此時伏完已死，曹操派了兩個凶神惡煞的走狗郗慮、華歆，深入皇宮，砸開牆壁，將躲在夾層之中的伏皇后揪著頭髮一路拖行而去。伏皇后號啕大哭，踉踉蹌蹌，經過漢獻帝身邊時，發哀懇求：「能不能救我一救？」漢獻帝表情木然：「我都不知什麼時候死，哪還救得了你。」伏皇后被軟禁，不久暴斃。伏皇后所生的兩個皇子，都被藥死。伏皇后闔門一百多口人，全被殺頭。

建安二十年（西元二一五年），曹操拭乾淨屠刀，這才有工夫來與劉備周旋。三月，曹操親率大軍出發，矛頭直指漢中張魯。上次是假途伐虢，這次玩真的了。四月，抵達漢中左近的河池。一個不識相的地頭蛇氐王竇茂居然伸出螳臂，阻擋曹操。五月，曹操擊殺竇茂，屠城。聲威所及，躲在羌族地區的韓遂被砍了腦袋，送到曹操案頭。韓遂強大的時候，曹操願意耗一整天賠著笑臉跟他走馬聊家常；如今韓遂那顆血肉模糊的腦袋擺在面前，曹操連看都懶得看一眼。他率軍進入漢中。

漢中，是益州的北大門。漢中如果歸曹操，益州將非常危險。劉備雖然在益州還沒站穩腳

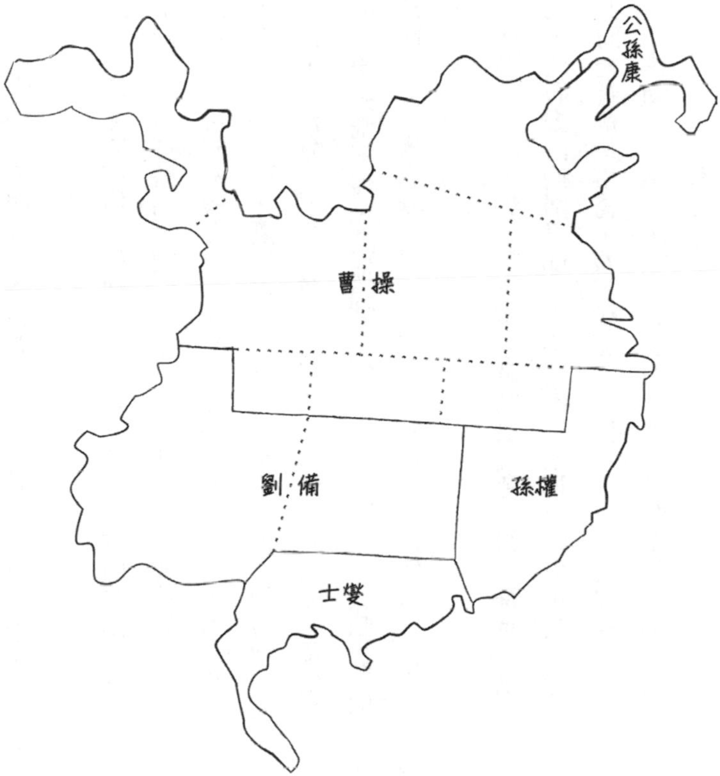

圖 16　曹操攻占漢中後的天下局勢

跟，但搶先攻占漢中，或與張魯聯合對付曹操，勢在必行。但是在這個節骨眼上，盟友孫權向劉備發難了。

當年劉備向孫權借荊州，孫權二話不說，就把周瑜用命換來的南郡拱手相讓。後來孫權客客氣氣請求劉備一起打益州，劉備信誓旦旦說什麼「我和劉璋是同宗」，什麼「應當以大義為重，共同抗曹，不可同室操戈」，什麼「你要是非打劉璋不可，我就披散頭髮，隱遁山林」。信誓旦旦，不思其反。現在劉備攻占了益州，孫權恨得牙根癢癢，破口大罵：「這個狡猾的老賊！」恨不能抓散劉備的頭髮，把他扔到深山老林去餵老虎。孫權忍住性子，又派諸葛亮的大哥諸葛瑾前去與劉備交涉，讓他歸還荊州。劉備回話：「我正要取涼州。等拿下涼州，立馬把荊州還給你。」孫權忍無可忍，決定自行其是。他選任了一批官員，讓他們到零陵、桂陽、長沙赴任。

零陵、桂陽、長沙，赤壁戰後本來就為劉備所先得。孫權所借，主要是南郡。孫權不派人去南郡上任，反而去占荊南三郡，主要是因為南郡有關羽重兵把守，而荊南三郡空虛的緣故。

關羽此時總督荊州事務，看到孫吳的一批官吏，自說自話，到南三郡來當官，當然把他們驅逐乾淨。孫權勃然大怒，決定訴諸武力。他派呂蒙帶兵兩萬，去奪取南三郡；又派魯肅帶兵一萬，防禦關羽。孫權本人也親臨前線，調度各路軍隊。

呂蒙一到，兵力單薄的南三郡，桂陽、長沙望風而降，只有零陵太守郝普堅守。劉備得到消息，孫權居然出兵奪荊州，遂留諸葛亮坐鎮成都，命令關羽率三萬人到益陽，自己親率五萬大軍赴公安，擺出寸土不讓的架勢。雙方劍拔弩張，一場大戰一觸即發。

孫權收到消息，改變策略，讓呂蒙放棄零陵，立刻領兵北上與魯肅會合，共同抵禦關羽。呂蒙卻不肯甘休，略施小計，騙降了郝普，這才安安心心，與魯肅合兵。

魯肅與關羽在益陽碰頭。魯肅落落大方，邀請關羽見面先談一談。雙方約定：軍隊各退一百步，魯肅和關羽，以及幾個要員，每人只帶一口刀前往。關羽是著名的猛將，號稱萬人敵，魯肅的手下都勸他不要前往，以免發生不測。魯肅毫不懼怕，單刀赴會。會上，魯肅責問關羽：為何背信棄義，不肯還荊州？關羽手下，一個沒有留下名字的人大聲說：「天下土地，有德者居之！」魯肅勃然大怒，厲聲呵斥。關羽也握著刀站起來，呵斥此人說：「我們正在商談大事，你插什麼嘴？」此人只得離場。關羽對魯肅說：「赤壁一戰，我主公身先士卒，與孫權共同破敵，豈能沒有一塊土地分得？占有荊州，難道不該？」魯肅說：「當年劉備東奔西逃，敗軍長坂，要不是我主公支援，早就完蛋了，還談什麼荊州？」關羽是一介武夫，雖則業餘也讀點《左傳》，卻不善言辭，被魯肅駁得啞口無言。

其實魯肅的話很好反駁。曹操下江南時，劉備固然需要孫權，孫權何嘗不需要劉備。倘若不是劉備、諸葛亮與孫權聯合，給孫權壯膽，孫權大概像劉琮一樣，也投降了。可惜關羽說不出這番話來，也沒有決定返還荊州的權力，雙方這場會議，無疾而終。唯一的作用，可能是延緩從而最終避免了戰事的爆發。《三國演義》將此敷衍為關羽單刀赴會，實際上雙方都是單刀赴會，而從記載來看，會議的正面角色大概是魯肅。

劉備趕到前線、關羽剛剛開完會的時候，得到情報：曹操已經拿下漢中。劉備之所以敢在曹操兵發漢中的時刻，抽空來荊州，正是因為料定漢中天險，張魯又在此地經營近三十年，沒有那麼容易拿下，想要打個時間差。孰能料到，曹操只花了兩個月時間就拿下了漢中。劉備此時非常被動。如果繼續與孫權僵持甚至開打，新拿下的益州必定危險。於是劉備只好退讓，跟孫權約定，雙方以湘水為界，長沙、江夏、桂陽歸孫權，南郡、零陵、武陵歸劉備。這個結果，原先劉備實際控制的長沙、桂陽兩郡被孫權得到，實際上等於以兩郡換了孫權借給劉備的南郡。

實際上，曹操之所以能得漢中，完全是僥倖。細讀歷史可以發現，曾經用兵如神的曹操，與馬超、韓遂的渭南一戰是最後的神來之筆。從此以後，曹操志得意滿，將主要精力放在朝堂之上，沒有心思再打硬仗。我覺得這有兩個原因：一是建立魏國之後的曹操，做為一位成功人士，開始患得患失；二是曹操此時已經年滿六十歲，精力明顯衰退，戰鬥的欲望和意志都已經大不如前。

曹操曾聽涼州兵說，漢中很好打，陽平關下的南山、北山相距遙遠，無險可守。然而當他帶兵真正進入漢中，才發現根本不是如此。曹操感嘆：「他人商度，少如人意。」據《水經注》記載，此地「連峰接崖，莫究其極」。面對險峻山勢，曹操還專門寫了一首詩：「晨上散關山，此道當何難！晨上散關山，此道當何難！牛頓不起，車墮谷間。坐磐石之上，彈五弦之琴，做為清角韻，意中迷煩。歌以言志，晨上散關山。」以此詩與當年那首《觀滄海》對比，真令人感慨「甚矣吾之衰也」！

張魯聽說曹操親自帶兵殺到，覺得天下群雄已滅，自己這個小割據勢力沒有繼續存在下去的理由和必要，打算投降。張魯的弟弟張衛卻不同意。他覺得陽平關天險，漢中又已經營多年，有把握一戰，遂率軍抵達陽平關據守。

曹操和張衛在陽平關對峙，受制於地形，實在難打。曹操看不到獲勝的機會，傳令夏侯惇、許褚，讓他們告知屯紮山上的士兵下山回家。就在此時，發生了戲劇性的事件。山上士兵半夜行軍，走錯方向，誤入張衛一支分隊的大營。張衛軍本來就害怕曹操，現在看到天降雄師，以為曹軍夜襲，不戰而逃。謀士劉曄看到機會，立刻告知夏侯惇，再報告曹操：已經占據敵軍要塞，可以趁勢進軍。劉曄還指出：「如今糧草不繼，就此撤退，輸得太慘，不如狠命進攻，拿下漢中，就食於敵軍。」曹操這才命令軍隊猛攻陽平關。張衛見分隊大營被占，已經喪膽逃跑。

張魯見陽平關淪陷，決意投降。謀士閻圃說：「打了敗仗投降，曹操看你不起。不如先躲入少數民族地區，擺出繼續抵抗的樣子，再派使者談條件投降。」張魯聽了他的話，收拾行李跑路。跑之前，有人勸張魯把倉庫裡帶不走的糧食、財物一把火燒了。張魯說：「我本意是要投降曹操，這些東西不妨留給他。」於是在倉庫門上貼了封條，跑了。

曹操來了，見到倉庫裡滿滿當當，還貼了封條，非常高興，就派人連絡張魯，勸他投降。張魯出降，曹操封他為鎮南將軍、閬中侯，食邑五萬戶，又封張魯的五個兒子為列侯，還為自己的兒子娶了張魯的女兒。這真是格外的禮遇了。當年張魯曾想稱王，閻圃勸諫，遂罷。因為這項功勞，閻圃也被封為列侯。

曹操占領漢中之後，劉曄、司馬懿一致勸他：劉備在益州立足未穩，現在我軍攻占漢中，對益州造成了巨大的心理衝擊，應該趕緊趁勢進攻益州。曹操爬山爬得氣喘吁吁，感嘆說：「人苦不知足，既得隴，復望蜀啊！」後來，有情報說：「我軍攻占漢中之後，益州一日數驚。劉備軍斬殺了好多驚擾鬧事之人，仍然無法安定民心。」曹操召問劉曄：「現在進攻益州，如何？」劉曄沒好氣地回答：「劉備、諸葛亮治國很有一手，現在肯定已經安定了民心，做好了部署。再要進攻，難了。」

曹操休整完畢，率軍返回長安。臨行之前，他留夏侯淵鎮守漢中，徐晃、張郃為副。同時派張郃率軍深入益州，進攻益州東部的三巴地區。

張郃受命，深入三巴。劉備此時還沒有趕回成都，立刻遙命時任巴西太守的張飛拒敵。張飛率軍與張郃在宕渠相持了五十幾天，最後利用己方熟悉地理的優勢，誘張郃在一處狹隘的山間小道開戰。狹路相逢勇者勝，張飛大破張郃，張郃全軍覆沒，連馬都丟棄了，率領幾十個親信抄小路翻山越嶺跑回漢中。張飛大勝之後，在此地勒石為銘：「漢將軍飛率精卒萬人大破賊首張郃於八濛。」

劉備回到成都，整頓內務，加強守備，安定民心。謀士法正對劉備說：「曹操之所以打下漢中就急著回去，一定是後方有問題。我們應該準備拿下漢中。」此話說得很對。曹操現在的心思，主要在於清洗漢獻帝的潛在支持者，加快取代漢室的步伐。建安二十一年（西元二一六年），曹操從魏公晉爵魏王。他殺掉了一個崔琰，廢掉了一個毛玠，此二人都是名士。建安二十二年（西元二一七年），曹操設天子旌旗，立曹丕為太子。

這時，劉備也做好了準備，打算拿下漢中。他留諸葛亮鎮守成都，負責後勤供應。同時分兵兩路，一支由張飛統率，馬超、吳蘭為副，從西路攻打涼州境內曹軍的一個要塞；一支由自己親自率領，法正為謀士，黃忠、趙雲、魏延為將，直取漢中。

西路軍，遭到曹洪的阻擊，很快失敗，吳蘭戰死，張飛、馬超退兵。劉備的主力部隊，一度分兵襲擊徐晃、張郃，都遭到挫敗。劉備出師不利，心中著急，急令後方諸葛亮發兵增援。諸葛亮老成持重，接到命令，感到益州如果空虛，恐怕會出亂子。他遲疑不定，問從事楊洪的意見。楊洪說：「此事有什麼好考慮的？沒有漢中，就沒有益州。現在的形勢，就算女的也應該送上前線。」諸葛亮這才傾盡所有，發往漢中。

劉備兵力大增，徐晃、張郃不敢再分兵據守，逐漸收縮防線。劉備也指揮軍隊節節向前，對敵方主將夏侯淵形成了合圍之勢。

建安二十三年（西元二一八年），漢中軍情吃緊，曹操不得不再次親率大軍趕來。九月分，曹操抵達長安，不知因為什麼原因，在此駐紮了半年之久。等第二年（西元二一九年）三月分曹操趕來的時候，劉備已經斬殺了夏侯淵，占據了主動的態勢。

夏侯淵乃是曹營名將，擅長長途奔襲作戰，行軍飛速，常靠出其不意取勝。此前，夏侯淵長期在涼州負責平叛，是曹操的一柄好用的快刀。但是夏侯淵打仗過於冒險。曹操曾經苦口婆心指導他：「做為一名統帥，不僅要懂得勇，還要懂得怯。以勇為本，善於計謀，才是名將。光知道勇，不過是一介匹夫罷了。」夏侯淵哪裡聽得進去。但是曹操命將，曹氏、夏侯氏往往掌握軍權，異姓名將如張遼、徐晃、張郃之輩，只握有少量軍隊，只能做為鬥將衝鋒陷陣，否則就是讓他們之間互相牽制，還要設置護軍、督軍予以監督，無法人盡其才。所以夏侯淵儘管有明顯弱點，仍然擔任鎮守漢中的重任，而更加懂得以頭腦作戰的張郃，只能屈居其副。

此年正月，劉備渡沔水，打算占據定軍山。定軍山北臨漢水，東望漢中，居高臨下，是漢中的一道屏障。夏侯淵被吸引，也率軍來奪取定軍山，並在山下布置東南兩個據點，自己守南圍，張郃守東圍。法正對劉備說：「決戰的時候到了。」他為劉備定策，一方面猛攻張郃，另一方面派黃忠率軍從山上居高臨下，衝擊夏侯淵軍。張郃軍戰鬥不利，夏侯淵分兵救援張郃。同時劉備軍又燒毀了夏侯淵軍防守用的鹿角，夏侯淵居然親自率領四百多人，跑到離大營十五裡地的地方修補鹿角，真是藝高人膽大。這樣一來，夏侯淵就完全暴露在了居高臨下的黃忠的視野之中。

黃忠率領軍隊鼓噪猛進，一時間金鼓震天、殺聲動谷，一戰而斬殺夏侯淵。漢末三國大戰很多，但是一戰而斬殺名將的，卻非常少。黃忠此前默默無聞，從此一戰成名，位列蜀漢名將之一。斬殺夏侯淵，舞台上的明星是黃忠，幕後的導演則是法正。曹操聽說斬殺夏侯淵是法正的傑作，說了兩句話。第一句：「我就知道單憑劉備肯定打不出這樣的漂亮仗，背後果然有高人指點。」第二句：「天下的奸雄，差不多都已經被我收在麾下了，唯獨漏了法正！」

夏侯淵之死，令曹軍在漢中的局面變得非常被動。督軍杜襲與司馬郭淮，臨時決定推舉張郃為主將，帶領這支敗兵。張郃是令劉備忌憚的名將，劉備聽說斬殺夏侯淵後，也曾得便宜賣乖地說：「怎麼殺了這傢伙呢？我想殺的是張郃啊！」張郃也果然不負眾望，迅速做出部署，穩定了軍心。劉備斬殺夏侯淵，本想次日渡過漢水發動總攻，但看到張郃營壘整齊，毫無敗軍之相，只好繼續對峙。

三月分，曹操終於從長安兵出斜谷抵達漢中，姍姍來遲。但是此時的劉備已經對曹操渾然不懼。他放出大話：「曹操親自來，也沒用了。漢中肯定歸我了。」劉備軍膽子既大，在戰場上也更加積極。

有一次，黃忠見曹軍運輸幾萬袋糧食路過山下，就下山搶糧，留趙雲守營。趙雲看看約定時間已過，黃忠還沒回來，就率幾十個騎兵下山找人，正好遇上曹操主力部隊出動，雙方發生遭遇戰。趙雲奮勇搏殺，擊敗曹軍前鋒，但曹軍後續部隊源源不斷湧來。趙雲沒有辦法，只好且戰且退，退回大營。

曹軍一路追蹤而至。趙雲的部將張翼見勢不妙，趕緊想要緊閉寨門死守。趙雲卻說：「不必。敞開大門。」說罷，便大開營門，偃旗息鼓，鴉雀無聲。曹操看了半天，懷疑有埋伏，引軍撤退。趙雲突然命令部下擂鼓震天，殺聲大作，而實際上卻並不殺出去，只以弓弩亂射。

曹操的後軍大驚，往前亂跑亂撞，全軍大亂，踩踏而死、掉入漢水溺死的，不計其數。這一戰，乃是《三國演義》「空城計」的原型。第二天，劉備親自到趙雲的營壘巡行，檢視昨天戰鬥的痕跡，失聲驚嘆：「趙子龍一身都是膽啊！」

曹操在漢中與劉備相持一個多月，大戰沒有，小戰屢屢失利。他想起前次張魯守關，尚且那般困難，全靠運氣才能拿下漢中；如今劉備守關，又有法正這樣的高人指點，黃忠、趙雲這樣的猛將搏殺，實在沒有把握。曹操在矛盾心情之下，發了一道軍令，僅有兩個字：「雞肋。」眾將都不知什麼意思，唯有主簿楊修說：「所謂雞肋，食之無味，棄之可惜。大王以此比喻漢中，早晚要撤退。」

果然，曹操在漢中待到五月分，全軍撤退。漢中之戰，狹路相逢。六十五歲、功成名就的曹操，敗給了剛滿六十歲、正處於人生巔峰的劉備。明年（西元二二〇年），曹操就將退出歷史舞台。而劉備的人生軌跡，也越過了拋物線的頂點，開始急速下落。

第27章

關羽之死：無言的結局，嶄新的開始

漢中之戰以後，曹操在西部收縮防線，只重點保據幾個戰略要塞。劉備則抓緊時機，派劉封、孟達攻占上庸、房陵等幾個郡，營造東進之勢。而後劉備在群臣的勸進之下，正式自稱漢中王。這是東漢末年繼魏王曹操之後的第二個王。

劉備稱王，具有明顯的政治意義。漢高祖劉邦曾經斬白馬為盟：非劉姓不得稱王。劉備姓劉，且眾所周知是漢家宗室，他稱王，具有曹操不可比擬的合法性。劉備稱王，對內激勵從龍之士再接再厲，對外震懾曹操不要妄自稱帝。

劉備稱王之後，屬下雞犬升天。他立劉禪為太子，許靖為太傅，法正為尚書令，關羽為前將軍，張飛為右將軍，馬超為左將軍，黃忠為後將軍，趙雲為翊軍將軍，魏延為鎮遠將軍領漢中太守。同時，把曹操當年表薦朝廷封給他的左將軍、宜城亭侯印綬全部封還。這對於窮蹙半生的劉備來講，真是揚眉吐氣！

三方關係，是一個很有趣的模型。劉備得意，孫權和曹操都很不開心。

赤壁之戰，出力最大的是孫權，吃虧最多的是曹操，而最大的受益者卻是劉備。劉備不僅借到了孫權的南郡，且占據了荊南數郡，又向西襲取了曹、孫均想染指的益州，還虎口拔牙，從曹操口中把漢中硬摳出來。相形之下，孫權在東線近乎毫無發展。

建安二十年（西元二一五年），曹操拿下漢中的時候，孫權親率十萬大軍北上，圍困合肥。此時的合肥守軍，僅有七千人。守將張遼硬是從這七千人中選拔出八百死士，當晚殺牛飲酒、醉飽一頓。次日一早，張遼披甲持戟，率死士開城衝殺，大聲喊著：「張遼！張遼！」一路斬殺吳軍士兵數十人、將領二員，直接衝到了孫權附近。孫權從沒見過如此不要命的打法，大驚失色，跑到一個高土坡上，手下紛紛用長戟守衛。張遼在土坡之下大喝：「孫權，下來決一死戰！」孫權好歹也是敢於親自搏虎的英雄，卻被嚇得一動不敢動。張遼衝殺了一個上午，收兵回城。經此一戰，吳人喪膽，士氣嚴重受挫。這就是所謂「下馬威」。所以此後孫權十萬大軍，耗費十幾天時間，居然拿不下這座孤城，不得已，只好撤軍。張遼居然又領軍殺出大戰，險些生擒孫權。此戰之後，張遼威震江東，也奠定了他在曹營首席名將的地位，奠定了他在中國戰史上的地位。

孫權的鬱悶，不僅來自張遼，還來自關羽。劉備入川之後，鎮守荊州、與江東接壤的乃是關羽。關羽此人，驍勇無敵、剛愎自用，不善也不屑處理雙邊關係。魯肅在時，關羽守軍多次製造邊境摩擦，魯肅都以大局為重，妥善處理了。魯肅死後，江東執掌軍權的乃是著名的鷹派呂蒙。呂蒙一貫主張對劉備採取強硬態度，所以多次給孫權吹風：「劉備、關羽反覆無常，早晚必成為我們的大患。如今我們這班老臣還活著，關羽不敢輕舉妄動；我們一死，關羽更不會把江東放在眼裡。」

孫權也十分矛盾。從理智來講，如果得罪劉備，同盟內部衝突，只會便宜了曹操；但是劉備、關羽太得勢，對江東而言，也是此消彼長的關係。孫權曾經派人找關羽說媒，想迎娶關羽的一個女兒給自己的一個兒子做太太，以結秦晉之好。關羽根本瞧不上孫權，對來使破口大罵，百般羞辱。來使回江東添油加醋一說，孫權更是心中憤恨。

關羽眼中沒有孫權。他所看得起的人，除了親如兄弟的主公劉備，便是昔日知遇的曹操。現在他親眼看著曹操英雄遲暮，危機重重。

曹操真的老了，他早就沒有了年輕時的進取心，無力在戰場上開疆拓土，甚至處理身邊的事情都頗為吃力了。

許都有個太醫令叫吉本，他與忠心漢室的名臣金日磾之後金禕、司直韋晃、少府耿紀一起，想出了一個極其大膽的陰謀：劫持漢獻帝，暗中聯合關羽，推翻曹操。此時曹操身在鄴城，留守許都的是丞相長史王必。王必是曹操起家時的「披荊棘時吏」，辦事沉穩可靠。要攻擊這樣一個人物，只有靠出奇制勝。

建安二十三年（西元二一八年）正月，許都籠罩在辭舊迎新的氣氛之中。深夜，忙碌了一天的人們都已睡去。吉本等人趁著夜色火燒王必的府第，帶領千餘人攻擊留守的官兵。這突然襲擊把王必打了個暈頭轉向，肩頭還中了一箭。王必沒奈何，只好在部下的保護下倉皇逃離許都。

然而叛軍的主力只不過是吉本的宗族，實在沒有經驗。他們在近乎空城的許都四處叫喊著衝殺了整整一個晚上，居然也沒有鬧出大動靜來。清晨，王必連絡在許都附近屯田的軍隊，把吉本的叛亂平定。過了沒幾天，王必傷重而死。

消息報告到鄴城，曹操震怒。他下令對許都進行了血腥的清洗，因為這次事件而遭滅門之禍的世家貴族不計其數。同時，曹操還下令把許都的百官都押解到鄴城接受審查。

同在這一年的十月，曹操剛剛抵達長安，打算與劉備爭漢中，宛城守將侯音叛變，歸降關羽。曹操遙控指揮曹仁平叛。打到下一年，曹仁才斬殺侯音，屠城。

吉本與侯音之變，都被關羽看在眼裡。曹操加快取代漢朝的步伐，迫使漢朝的潛在支持者一個接一個浮出水面，連絡關羽。這還只是浮出水面的，潛在水下的不知還有多少。關羽決定出師北伐，掀起狂風暴雨，徹底顛覆曹操。

恰好此時，劉備進位漢中王，封關羽為前將軍，假節鉞。節，乃是權力的象徵，許可關羽在荊州範圍內自行其是；鉞，乃是刑罰的象徵，許可關羽在荊州範圍內生殺予奪。因此，關羽留南郡太守麋芳鎮守江陵，將軍士仁留守公安，親自出兵，圍困了曹仁所在的樊城。

關羽出兵，聲勢浩大。曹操立刻做出反應，派大將于禁、龐德率領七軍救援。龐德原是馬超部下的勇將，涼州戰敗後隨主流落漢中，又隨同張魯一起降曹，可謂三易其主。龐德的故主馬超、堂兄龐柔，此時都在蜀漢為官。因此，龐德領兵來到樊城的時候，曹仁覺得此人靠不住。龐德義形於色，表白說：「我受國恩，義在效死。今年我不殺死關羽，那就讓關羽殺死我！」龐德出兵，親自與關羽作戰，勇冠三軍，曾一箭射中關羽的額頭。關羽是三國有名的猛將，只有魯肅、甘寧、樂進等區區數人敢捋虎鬚，龐德竟也憑藉虎膽，預其末流。

關羽此次出兵，實在有不少糟心事。關羽自從隨劉備起兵以來，憑藉武勇，名聞天下。關羽征戰四方，流掉的血不知多少。他曾被一枝流矢射穿手臂，箭雖然拔掉了，但是每逢陰雨天，骨頭上就疼痛難當。詢問醫生，醫生說：「你中的那枝箭，箭頭有毒。治此病，須剖開臂膀，剜肉見骨，刮骨去毒。」關羽當時正在與諸將飲酒宴會，聽到這話，伸出手臂就說：「來吧。」醫生開刀刮骨，血流滿盆。關羽卻飲酒吃肉，談笑自若。這是出兵之前不久的事情。固然可見關羽之神勇不減當年，也可見關羽之身體早已傷病累累，不復壯年。

所以出兵之前，關羽就對兒子關平說了句話：「我年紀大了，此次出征，未必還能回得來。」英雄遲暮，讀之令人唏噓。三國發展至此，曹操老了，劉備老了，關羽老了，郭嘉、龐統、周瑜、魯肅都死了，董卓、呂布、劉表、袁紹、袁術，則更是墓木拱矣。時代屬於更年輕的人。

但此刻，關羽還要上演最後的輝煌。于禁、龐德領兵到樊城，駐紮城北，與曹仁守軍成犄角之勢。從八月分開始，大雨連下十幾天，漢水氾濫，平地水起五六丈。于禁帶來的軍隊，全遭水淹。而關羽，則發揮水戰與熟悉地形的優勢，駕駛大船，發動進攻。

于禁見大勢已去，臨陣投降。龐德立在堤岸之上，率領一支殘兵，彎弓射箭，箭無虛發，進行最後的抵抗。很快，彈盡糧絕，手下也已經或死或降。龐德率三個手下駕了一葉小舟，彎弓搭箭作防禦架勢，打算逃進樊城。結果一個浪頭打來，小船翻覆，三個手下淹死，只剩龐德一人，抱著覆舟，仍想逃跑，被關羽水軍俘虜，押到關羽面前。關羽問：「你兄在蜀漢，為何不降？」龐德站立不跪，破口大罵：「劉備一介庸才，哪裡敵得過魏王？我寧為國家之鬼，不為賊人之將！」關羽沒法，將他斬首。

西涼軍在漢末歷史舞台上以悍勇著稱，此時馬超雖然還活著，卻已形同傀儡，尸位素餐而已。龐德的表現，正是西涼勇士最後的熱血。可惜這股熱血遠離了大漠黃沙，來到了人生地不熟的水鄉澤國，終於湮沒在歷史的洪流之中。

關羽獲勝，急攻樊城。當時，曹操委任的荊州刺史投降關羽，許昌以南也有不少山賊、義軍叛亂，歸附關羽。關羽派人一一給他們發了印綬，借著「假節鉞」的權力許了他們官職。一時間，關羽聲勢浩大，史稱「威震華夏」。這是整個漢末三國，曹魏的腹心地帶唯一一次遭受如此嚴重的威脅。有人說關羽不過是叨天之功，走了狗屎運。實際上，關羽的戰鬥天才，絕不可小覷。于禁、龐德被水淹，而關羽卻能利用水利，不能說不是他對天時地利綜合運用的結果；許昌以南的群盜回應，不能說沒有關羽策反工作的功勞。這個「威震華夏」，固然有老天幫忙，亦有人謀在內。

天人合一的力量，竟至於嚇得曹操想要遷都以避鋒芒了。幸好司馬懿和蔣濟兩個，都告訴曹操：「孫權表面與劉備打得火熱，實際上桌底下過招不是一天兩天了。如今關羽得勢，絕非孫權願意看到的。不妨聯合孫權，對付關羽。」一句話點醒了曹操。

其實此時，孫權又何嘗不想聯合曹操呢？關羽水淹七軍、威震華夏之後，孫權趕緊派使者去關羽軍中，說：「我們願意派兵馬援助你。」關羽對孫權十分瞧不起：我出兵的時候，你不幫忙；現在見我打了勝仗，見風使舵，來湊熱鬧。他不僅不稀罕領情，反而辱罵孫權的來使：「我拿下樊城之後，難道滅不了你江東嗎？」關羽如果拿下樊城，就徹底控制了長江中游，順流直下，確實能滅江東。如今又有這句話，孫權自然想要聯合曹操，共同對付關羽。關羽的戰鬥天才，居然引起了曹操、孫權兩位雄主的被迫聯合，真是有些天才得過頭了。

孫權給曹操上表：「乞以討羽自效。」曹操也給孫權回信：「許割江南以封。」孫權得到回信，開始部署偷襲關羽的軍事行動。

曹操一方，給孫權回信之後，做了兩件事情：第一，派徐晃領軍增援曹仁；第二，把孫權的信複製兩份，一份用箭射入樊城，激勵軍心，一份用箭射入關羽軍中，惑亂敵心。

兩份複製文件都起了效果。樊城得到消息，士氣倍增。關羽得到消息，則將信將疑，士氣難免大打折扣。就在此時，徐晃的軍隊抵達前線，駐紮在距離關羽軍僅僅三丈遠的地方，逼而不打，遙為曹仁之聲援。這是曹操的計謀，他並不打算弄髒自己的刀，他打算借孫權的刀，來割取關羽的頭顱。

徐晃與關羽對峙。關羽以前被曹操俘虜、在曹操手下為官的時候，與張遼、徐晃感情最好。如今在戎馬倥傯之際，關羽居然還有閒情逸致在兩軍陣前與徐晃閒聊敘舊。曹操與韓遂的交馬敘舊，乃是離間計；關羽與徐晃的交馬敘舊，則反映出這位名將的氣度與天真。兩人敘舊不多時，徐晃突然下馬宣令：「誰能得關羽的頭，賞金千斤。」這話說得毫無預兆，剛才還是親親熱熱的面孔，此時突然翻臉不認人。關羽大吃一驚，說：「老兄，你何出此言？」徐晃正色道：

「我在為國家做事，公事公辦。」說完，麾軍大進。徐晃指揮軍隊，穩健地打下關羽軍屯駐的幾處高地，一點一點把關羽的勢力從樊城周圍驅趕開去。此戰之後，樊城解圍。徐晃並沒有進一步壓迫關羽。他看著南方，心想：接下來就是你的事情了，孫權。

孫權方的主將是呂蒙。呂蒙自從接了魯肅的班，就與關羽為鄰，常打交道。關羽知道呂蒙的戰略及武力均不同凡響，不敢掉以輕心。他出兵之前，就留了重兵守備後方。呂蒙見關羽存有戒心，就故意稱病引退，換了此時還名不見經傳的後輩陸遜代替自己。陸遜上任以後，先給關羽寫信，說自己年輕不懂事，今後還請多關照，語氣極其謙卑。關羽接信之後，不再以江東為憂，把留守的兵力全都拉到了前線。

在這種情況之下，假裝生病的呂蒙偷偷返回前線，開了幾十條商船，船上都是穿著白衣的商人。漢代賤商，商人衣服不得有紋繡，只能穿白衣。而在這些商船的船艙裡，卻藏匿了大批精兵。商船抵達關羽的勢力範圍，登岸之後先占領沿江烽火台，掐斷了關羽的情報系統，而後輕而易舉占領了南郡，麋芳、士仁投降。

南郡自從魯肅力主借給劉備以來，歷盡周折，此時終於借呂蒙之力重返孫權之手。孫權只感到揚眉吐氣，呂蒙也據以為不世之功。呂蒙原本是一員猛將，後來在孫權的勸說下開始讀書，據說進步神速。但是無論孫權還是呂蒙的閱讀量，都局限了他們，使他們無法體會魯肅的

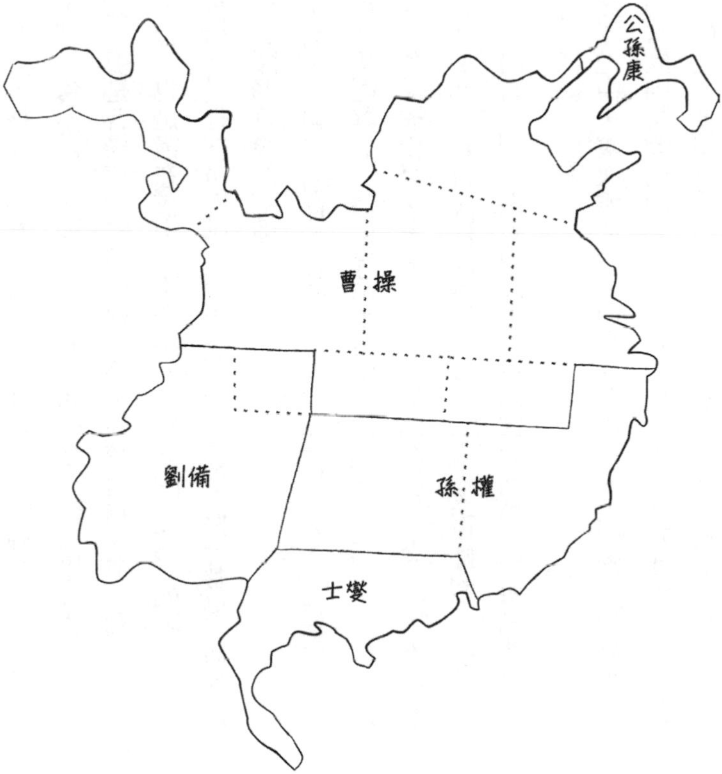

圖 17　孫權襲取荊州後的天下形勢

境界。南郡歸吳，從此孫劉聯盟再也無法恢復昔日的輝煌，而曹魏卻有餘裕來收拾吳、蜀了。

前線不利、後院起火的關羽，此時不再是不久前威震華夏的虎將，而成了人人可得而誅之的喪家犬。但是曹操特意關照前線諸將，嚴禁追擊關羽。關羽失去南郡，一定與孫權火拚；孫權拿下南郡，也是箭在弦上，不得不發。雙方的形式已如阪上走丸，其勢不至於地絕不會停止。曹操這場仗打得非常節制，只是自守而已，絕不擴大戰果。他就是要讓孫權親手結束關羽，從而徹底激怒關羽背後的劉備。

十幾年前，他親手逼孫劉聯盟，阻止了他統一天下的進程；如今，他要趕在死亡到來之前，親手拆散孫劉聯盟，為子孫鋪平道路。

呂蒙沒有令孫權和曹操失望。他拿下南郡之後，嚴令部下不得取老百姓一針一線，違令者斬。呂蒙有個老鄉，在軍隊裡服役。他隨手拿了老百姓的一頂斗笠，用來遮雨。呂蒙抓到這個現行，心中暗喜，卻垂淚斬殺此人，以示鐵面無私。此舉迅速消解了南郡百姓的敵對心理，收買了民心。

關羽撤退途中，屢次派使者來南郡探問消息。呂蒙都盛情款待使者，還領著使者參觀南郡被占領後的欣欣向榮的局面。使者返回關羽軍中，私下傳揚。將士得知家中無恙，紛紛喪失戰心。在此種情況下，關羽便知收復南郡無望，一路跑到當陽左近的麥城，暫時休整。當陽是當年劉備被曹操追殺大戰的地方，是劉備前半生事業的谷底，也是劉備後半生事業的起點，用來做為關羽的歸宿，真令人感慨。

關羽略作休整後，逃出麥城。此時，他身邊只剩下十幾個親信了，真可謂眾叛親離、窮途末路。關羽跑了沒多久，就遭遇孫權部將潘璋、馬忠的埋伏，被活捉。萬人之敵的關羽，與他的兒子關平一起，被押到孫權面前。此時的他垂頭喪氣，年老力衰，恐怕也並沒有像龐德那樣拒不投降、但求一死的勇氣。因此孫權還考慮，也許可以招降關羽，讓他抵敵曹操、劉備。但手下人都勸說：「關羽是個狼崽子，養不熟。當年曹操捉了關羽，沒有殺掉，如今差點被關羽逼到遷都，乃是前車之鑑。」孫權想想有道理，把關羽、關平斬首。

此時，孫權終於醒悟到：我殺了關羽，劉備一定不肯甘休。此事必須拉上曹操當墊背！於是把關羽的頭顱寄給曹操。曹操收到，自然明白孫權的計謀，於是略施小計，以諸侯之禮禮葬關羽。關羽英雄一世，死後身首異處，人頭被曹操、孫權這些政客倒手玩弄，真是令人感慨。也正因此，關羽在《三國志》中寥寥數語的簡單傳記，竟然被傳唱成一部不朽的傳奇，引動無數三國迷為之垂淚。

關羽既死，荊州易手，劉備吃癟，孫權得志，曹操坐山觀虎鬥。三國前期的風雲，動盪至此，亦可以做一收束而轉入三國後期的波譎雲詭了。

後記

這是我最早的一本小書，也是目前寫作跨度最久的一本小書。

二〇〇四年，一位同學為我申請了QQ。當時的QQ有很多聊天室，名目繁多。我常去的是「三國演義」，後來幾位聊友申請成立了「煮酒論史」聊天室，我受邀在裡面做了一陣子管理員。我所在的大學，當時正在一個周圍房價每坪不到一千的窮山僻壤開疆拓土建新校區，無暇管學生，故完全沒有教學評估、出勤考課之類擾民的措施。在這樣的大好環境之中，我沒有借錢買房坐等升值，卻把有限的生活費投入網吧。

我幾乎每週跑去外面的網吧包夜通宵（為其便宜故也）。前半夜在聊天室，昏天黑地談古論今。後半夜人散了，聊天室只剩幾個廣告號，時不時發一段小廣告。我也靜下來，開始想想事情，查點資料，補充匱乏的腹笥，預備明日鏖戰之用。第二天上課時，老師在上面照本宣科，我在下面拿個空白筆記本畫歷代疆域圖，歸納歷史的線索。有人說，舊時學者聊兩句天，就可以知道他學問的入手工夫——這位是由目錄學入的門，那位是由前四史入的門。我入史學之門，路子極野。那段時光，算是自我開蒙的「童子功」。

大約二〇〇六年某日，我照常通宵到後半夜，突然想寫東西。這種感覺毫無徵兆，突然來襲，沛然莫之能禦。我被這個感覺強行驅使，毫無抵抗能力，鬼使神差打開一個WORD文檔，鍵入「前三國的那些人那些事」十個字，然後擊鍵如飛，打出一份完整的目錄，就是您現在手上這本書的第一至二十二章（除去「官渡」一章）。從此以後，我將通宵的主要精力，投入本書的寫作。當時自然想不到此書居然會出版，不過藉以排遣午夜的孤獨而已。淩晨三、四點，烏煙瘴氣的網吧，有人在麻木地看小片，有人在機械地打遊戲，我則神游於十幾個世紀前的金戈鐵馬，讓那些亂世英雄的故事在螢幕上漸次呈現，快何如哉，不知東方之既白。這是網路時代的詩意。現在我把這樣的詩意，在課堂上講給學生聽，說我當年在網吧如何通宵聊歷史、寫三國。那班小崽子明顯不信，臉上流露出猥瑣的淺笑。時代發展得真快。

寫好的部分，我發表在搜狐「煮酒論史」論壇上連載。其間得到三國文史研究者燦爛海灘（沈忱兄）的鼓勵與網友的好評。大約在二〇〇七年四月一日兒童節，我寫完最後一篇。至此，「前三國」敘事始於西元一八四年黃巾起義，終於二〇八年劉表之死，全文完稿。同年五月，我以《周郎諸葛俱年少——前三國風雲》為題，將此稿貼在天涯「煮酒論史」論壇，六月二日起補寫了現第二十章「官渡」，六月十日寫完。

寫完就寫完了，沒有後來。這就是年輕的好處。對比現在非善本精勘不讀書、非先簽合同不動筆的虛驕，真懷念當時的草莽氣。

此稿後來常隨行篋——這是附庸風雅的說法，實際上是在隨身硬碟裡——直到二〇一七年。中國法制出版社先出了我的《別笑！這才是中國法律史》，不以我卑鄙，猥自枉屈，又來約新稿。我也終於毫無節操地翻出這本壓箱底的「前三國」，試圖以青春的結晶，換取一點糊口的稻粱。誰叫我當年沒有在學校門口買間七、八百一坪的房子呢，現在房價早已經破萬了。

我翻出舊稿，逐篇細讀，恍如隔世。借錢穆先生《秦漢史》序言的話說：「開卷細讀，恍如晤對十餘年前故人，縱談漢魏間事，雖不能一一盡如我意，要之此君所言，如出我肺腑間，真所謂相視莫逆，心悅而解，其快何如也！」看看，這就是現在的我，明明自己的胸臆之言，非要借重名人、徵引出處，以示嚴謹廣博。比起當年雖偶有失檢，卻單刀直入，孰得孰失，一言難盡。

我花了大力氣重理舊稿，以現在的嚴謹穩重，修訂當年的輕狂氣盛；以當年的才氣思力，補足現在的謹小慎微。溫習了當年的語言風格後，又續寫了今本第二十三至二十七章。為便利讀者，手繪幾張地圖插入書頁。這樣一來，這本書才像點樣子了。

台灣遠流出版社引進了我的每一本書，這次也不例外。他們對我的地圖進行更專業的處理，並且慫恿我寫一篇導言〈三國前夕的時間與空間〉，冠於篇首。遠流在行銷時，把我的《黑白曹操》、《權謀至尊司馬懿》、《道濟天下諸葛亮》稱為「秦濤的三國三書」，此次也許是想匯成「四書」吧？但無論如何，我對三國的寫作，至此要告一段落了。

中國法制出版社編輯劉冰清先生、遠流出版社編輯楊伊琳小姐的細緻審稿，使本書避免許多失誤；遠流出版社的總編林馨琴老師長年來為引進拙作的繁體版權不遺餘力。謹此致謝。

能感謝的也只有他們了。其他人去哪兒找呢？當年的ＱＱ聊天室早已關停，聊友們四散星隕，重墮塵世；當年發在搜狐的初稿，網上遍搜不見蹤跡，可能早已在更新改版中佚失；去年因為一次偶然的事故，我也徹底停用當年同學為我申請的那個ＱＱ號，要不是這本迭經改頭換面而本色依舊的小書，我去哪裡尋覓當年的雪泥鴻爪呢？

謹以這本小書，紀念我那怪異的青蔥歲月吧。

秦濤　丁酉臘月十五　鍵於湖塘雪窗

國家圖書館出版品預行編目(CIP)資料

三國之英雄亂世 / 秦濤著. -- 初版. -- 臺北市 :
遠流, 2019.08
面 ; 公分
ISBN 978-957-32-8613-4(平裝)
1. 三國史 2. 通俗史話
622.3 108011272

三國之英雄亂世

作　者——秦濤
總監暨總編輯——林馨琴
責任編輯——楊伊琳
編輯協力——金文蕙
行銷企畫——趙揚光
封面設計——陳文德
內頁排版——邱方鈺

發 行 人——王榮文
出版發行——遠流出版事業股份有限公司
地址：台北市 10084 南昌路二段 81 號 6 樓
電話：（02）36926899　傳真：（02）23926658
郵撥：0189456-1
著作權顧問——蕭雄淋律師
2019 年 08 月 01 日　初版一刷
新台幣定價 350 元　（缺頁或破損的書，請寄回更換）

ISBN 978-957-32-8613-4

原著作名——三國之英雄亂世
作者——秦濤